浙江省普通高校“十三五”新形态教材

传媒广告新锐系列教材
主编：徐卫华 副主编：方腾

广告赏析
超级符号十五题

徐卫华 刘佳佳 焦 玥 著

首都经济贸易大学出版社
Capital University of Economics and Business Press
·北 京·

图书在版编目（CIP）数据

广告赏析：超级符号十五题 / 徐卫华，刘佳佳，焦玥著. -- 北京：首都经济贸易大学出版社，2023.3
ISBN 978-7-5638-3447-1

Ⅰ. ①广… Ⅱ. ①徐… ②刘… ③焦… Ⅲ. ①广告—案例 Ⅳ. ①F713.8

中国版本图书馆CIP数据核字（2022）第211856号

广告赏析：超级符号十五题
徐卫华 刘佳佳 焦 玥 著
GUANGGAO SHANGXI：CHAOJI FUHAO SHIWU TI

责任编辑 杨丹璇
封面设计 风得信·阿东 FondesyDesign
出版发行 首都经济贸易大学出版社
地 址 北京市朝阳区红庙（邮编 100026）
电 话 （010）65976483 65065761 65071505（传真）
网 址 http://www.sjmcb.com
E - mail publish@cueb.edu.cn
经 销 全国新华书店
照 排 北京砚祥志远激光照排技术有限公司
印 刷 唐山玺诚印务有限公司
成品尺寸 170毫米×240毫米 1/16
字 数 241千字
印 张 14.25
版 次 2023年3月第1版 2023年3月第1次印刷
书 号 ISBN 978-7-5638-3447-1
定 价 68.00元

序：广告的道、学、术

中国人喜欢讲“道、学、术”，言下之意，“道”为最高，“学”次之，“术”则等而下之了。我的看法相反：“道”为最低，“道”而优则“学”，“学”而优则“术”。为什么呢？“道”的表述往往微言大义，或者采用打比方的形式。用黑格尔的话说，微言大义和打比方不是真正的思想，而是思想的软弱和不成熟的表现。“道”感觉像思想，但是还没有形成体系和方法，只能自己体会，不能教会别人，即使教，也是“我做，你看”。“师父领进门，修行在个人”，本质上是师父的无能。

亚里士多德在《形而上学》中说：“从业务上看，经验并不低于技术，有经验的人比有理论而无经验的人更成功。大匠师比一般工匠知道得更真切，也更聪明，他们知道自己一举手一投足的原因。但技术才是真知识，技术家能教人，只凭经验的人则不能。最精确的学术是那些侧重基本原理的学术。”这段话可以代表我们的追求了。

所以，一定要从最基本的原理出发，对每一个概念有清晰的定义，以严密的逻辑推进，形成结构性的科学，有明确的边界，并对还没有解决的问题加以说明，这样才能称得上一门学问，才可以在课堂上讲授，让学生能够学习和掌握。从“学”再进一步，知行合一，变成生产方法和流程，则进化为“术”，成为企业的技术，成为生产力。

基于此，华与华非常重视和高校的合作，我们与浙江传媒学院成立了“华与华·浙传超级符号研究所”，一年一个课题，就是为了产学结合，让“道、学、术”密切互动，一起探究广告之道，高效开发和积累广告的科学和技术。徐卫华、刘佳佳、焦玥等几位老师，是我们研究所的核心骨干，他们深入研究超级符号的理论和实践，完成了《超级符号理论与实例》的写作以及相关的学术建设，又将相关案例重新梳理，完成了这本《广告赏析：超级符号十五题》，把超级符号理论与方法引入高校的讲堂。

广告之道是什么呢？就是符号之道。一切传播都是符号的编码和解码，你开口说话，就是在用语言符号进行编码，以语音形式进行发送；听你说话的人，就是在进行解码，并做出行为反射。而语言和语音，特别是口语和语音，正是本书要探讨的重要内容。

你现在阅读的这本书，是作者以语言的文字符号进行编码的成果，你负责解码、学习知识、掌握技术，然后用它解决问题，服务社会。

所有的广告，包括品牌标识、包装、平面广告、电视广告、广播广告、广告歌曲、网络广告、展览展示，都在用语言、图形、声音符号来进行编码，传达刺激信号，谋求接收者的行为反射。

中国儒家经典《中庸》里说："天命之谓性，率性之谓道，修道之谓教。"

"天命之谓性"，用康德哲学来说就是"先验"，先于经验的"性"，人所区别于其他动物的"性能"就是符号。人是符号的动物，并且用符号构建了整个人类文明。广告传播，就是用符号编码去影响人的看法和行为。受众的行为反射——购买产品和替我们"播传"——是我们的最终目的。

"率性之谓道"，率性不是任性，是把符号的性能充分发挥出来，把广告的效果做到极致。率性的方法就是"道"。在华与华方法中，我们把这个"道"称为超级符号。超级符号，就是效率最高的符号。什么样的符号效率最高呢？就是人人都熟悉、人人都理解、人人都喜欢且人人都会按它的指引行动的符号。这样的符号在哪里呢？在文化母体里，我们要在人类的文化母体中找。怎么找，怎么编织，怎么运用，怎么传播呢？这就构成了本书要讲的问题，比如在蜜雪冰城的案例中，你可以看到这种超级符号编码方法席卷全球的能量。

"修道之谓教"。修行这些方法，就是我们的教学工作。

让我们开始吧！

华　杉

华与华营销咨询有限公司董事长

2022 年 6 月 5 日于上海

目录

绪论　什么是广告赏析？

第一节　如何学广告？
——从广告赏析学习法说起

（扫描二维码，观看本节课程视频）

对于广告，人们常常表现出有些矛盾的态度。他们不时会吐槽、抱怨，甚至投诉，比如广告挤占了自己宝贵的时间，广告打扰了自己平静的生活，广告推销了自己并不需要的商品……但是，他们的身体又常常非常“诚实”：不仅乐于为广告所推荐的商品或服务“买单”，而且乐于将广告作为茶余饭后的“谈资”，甚至乐于花些时间分享和转发那些让自己心动的广告，还不忘加一些评语。

无论是谁，总会不由自主地记住一些广告。我们不妨回顾一下，看看各位读者是不是记得近年来火爆网络的“刷屏”广告？例如，2017年招商银行的“世界再大，大不过一盘番茄炒蛋”，2018年苹果手机的“三分钟”，2019年的“啥是佩奇”，2020年B站的“后浪”，2021年蜜雪冰城的“你爱我 我爱你 蜜雪冰城甜蜜蜜”等。对于这些广告，大家是不是印象深刻呢？一夜之间“火爆”朋友圈，是这些广告的共同特点。

让我们以招商银行信用卡广告“世界再大，大不过一盘番茄炒蛋”为例，来体会一下这些广告的火爆程度吧！这则锁定留学生群体的广告，通过一道普通的家常菜——番茄炒蛋，直击受众的情感痛点，掀起全民讨论热潮，大幅度提升了品牌认知度与好感度。该广告上线后，播放量超793万人次；自发性话题#番茄炒蛋#阅读量突破1.5亿，相关讨论留言超1 200万条；招行银行留学信用卡搜索指数达12 653，同比增长353%，微博实时热搜排名第七；百度风云榜实时热点排名第一，为招行银行赢得逾5亿元价值的媒体曝光，办卡申请量达平日的3.8倍[1]。显然，没有大家的点赞、转发、分享，是不可能出现这样的“媒体奇观”的。

---

① 世界再大，大不过一盘番茄炒蛋[EB/OL]. [2022-04-20]. http://winner.roifestival.com/cn/winners/detail/fd7cdig?year=2018.

如此看来，人们对广告并不完全排斥，相当多的人对广告其实抱有浓厚的兴趣。爱因斯坦曾经说过，兴趣是最好的老师。兴趣不仅可以牵引人们的点赞、转发、分享广告，而且还可以指引人们自发性地分析、讨论，甚至研究广告。在此过程中，人们对广告的理解和认识也得以提升。

在我们看来，这其实是一种学习广告的方法，即“广告赏析学习法”。尽管这种方法早已存在，但北京外国语大学何辉教授算是国内最早公开倡导该方法的学者之一[①]。他曾热情洋溢地向读者推荐：“我想介绍的是一种从分析广告作品入门、轻松有趣地学习做广告的有效方法。这样，你可以不必受‘嚼甘蔗教科书’之苦，而同时获得对广告的理性和感性的认识。”[②]

何辉将这种方法称为“透视广告作品学习法”。在他看来，“广告知识并不是一定要通过书本获得的。如今，我们生活在广告的海洋中，这个广告的海洋，就是一所学习广告的‘天然大学校’。在这所‘天然大学校’中，你可以看到最新鲜的素材、最生动的案例；你可以看到成功，你也可以看到失败。只要你善于学习，你几乎可以从中学到广告最为实用、最为精华的部分。如若再加上你自身的实践，再加上刻苦的研究，不出意外的话，你一定是一个不错的广告人。如果你再有点天才，再遇到一点机会，你一定可以取得不一般的成绩”。[③]

我们非常认同何辉的主张，不过我们想再向前推进一步，在“透视广告作品学习法”的基础上，推动“广告赏析学习法”的进一步学理化、系统化和课程化，让它成为学习广告的重要进路。基于这样的目标，我们形成了本书的基本思路和总体框架，并以此来展开我们的讨论。

当然，在展开本书的讨论之前，有三个基本问题需要我们交代清楚，即：什么是广告？何谓广告赏析？如何赏析广告？

（扫描二维码，观看本节课程视频）

第二节　什么是广告？——形态与流程的两维考察

什么是广告？这是我们必须首先要交代的基本问题。这个问题，看起来

① 何辉早在2000年就出版了《从分析作品开始学做广告》（中国广播电视出版社），并于2016年将该书更名为《广告创作与分析：从分析作品开始学做广告》（人民出版社）。

② 何辉. 广告创作与分析：从分析作品开始学做广告[M]. 3版. 北京：人民出版社，2016：1–3.

③ 何辉. 广告创作与分析：从分析作品开始学做广告[M]. 3版. 北京：人民出版社，2016：1–3.

无须深究，似乎不言自明，但其实是一个非常复杂的问题。

对于这个问题，四川大学饶广祥教授有独到的发现：中文“广告”实际上对应英文中两个不同的词，即“advertisement”和“advertising”。在他看来，前者应该理解为“广告文本”，而后者则应该译为“广告活动”。这种“两分法”为我们考察广告提供了一个两维的框架。

只不过，“广告文本”和“广告活动”的表述略显学究，不如“广告作品”和“广告流程”来得通俗。同时，与饶广祥所采用的符号学理论视角不同，我们从“广告作品”和“广告流程”出发，其实是要分别关注“广告形态”和“广告策划”。

一、广告形态：“硬广告”与“软广告”

如果要追溯广告一词的词源，就必须回到英文的“advertisement”。该词其实可以理解为“广告作品”，即“用来描述作为报纸附属内容的广告”[①]。“广告作品”看起来是“静态的”，但实际上会表现出动态的变化，即广告形态的变化。在我们看来，对“广告形态”的认识是理解广告的重要起点。

1. 基于可识别性的“硬广告”

“硬广告”作为最常见的现代广告形态，是指那些具有较高可识别性的广告。它们的可识别性一般是“通过时空切割来实现的”，即“通过对报刊的版面（空间）或广播电视的时段（时间）进行切割，将广告与其他内容分离开来，形成独立的广告版面或广告时段，使广告具有较为明确的外在式样”[②]。

时至今日，在各种媒体上刊登或刊播的广告依然沿用着这种时空切割模式。以某报纸为例，其广告规格包括整版、1/2版、1/3版、竖1/4版、横1/4版和1/8版六类，显然是通过空间切割来实现的（见图1）。即使到了互联网时代，这种时空切割模式也被传承给了互联网展示类广告。

同时，时空切割模式让“硬广告”携带了“强制性”特征，即强制性地打断正常的媒介使用过程（包括阅读、收听、收看等），强制性地将广告信息呈现在受众面前。“硬广告”的作用机制在于，它以强制方式打断了受众正常的媒介使用过程，使商品或品牌信息获得曝光（exposure）机会。

---

① 徐卫华. 广告不疯狂[M]. 杭州：浙江工商大学出版社，2020：29.

② 徐卫华. 广告不疯狂[M]. 杭州：浙江工商大学出版社，2020：11.

某报纸广告价格表

规格（高×宽）	黑白	全国套彩	设计费
48.5×35.2cm（整版）	300 000元	400 000元	10 000元
24×35.2cm（1/2版）	150 000元	200 000元	5 000元
16×35.2cm（1/3版）	100 000元	140 000元	3 000元
24×17.3cm（竖1/4版）	80 000元	120 000元	3 000元
12×35.2cm（横1/4版）	80 000元	120 000元	3 000元
12×17.3cm（1/8版）	40 000元		3 000元

说明：
1. 广告需提前三个工作日订，要求加急刊登的广告，需加收全额广告费用的20%。
2. 凡指定日期及指定版面的广告，需加收广告费用。
3. 黑白规格仅限文字类公告。
4. 刊前24小时内要求撤版，需交全额广告费用20%的撤版费。
5. 电子版文件需提供方正飞腾5.1版文件或四色300dpi的jpg、tiff格式的图文件，版面中小于四号的黑色文字要求单色黑模式。
6. 广告费须刊前付款：广告费以外币结算的，按收款日外汇买入价折算人民币。
7. 刊登广告须按要求提交相关证明文件。
8. 本刊例从2020年1月1日起执行。

图1 某报纸广告价格表①

2. 基于融合性的“软广告”

所谓“软广告”，“泛指那些没有统一外在式样而融入媒体内容（包括新闻）之中，不具有可识别性或可识别性较低的广告类型”。“融合”作为“软广告”的基本特征，“让其在一定程度上克服了‘硬广告’强制性打断所带来的问题。也就是说，‘软广告’不会打断正常的阅读和收听（看）过程，受众媒体使用比较流畅”。②

软文是报刊“软广告”的代名词。西方的软文往往被称为“advertorial”。据考证，该词最早出现于1917年，意为“模仿报刊编辑内容格式的广告”③。广告大师大卫·奥格威曾告诫读者，“没有必要让广告看起来像广告”，并建议：“如果你能把它做得像编辑部文章版一样，它吸引的读者会比其他形式的广告多50%。”④奥格威所说的“像编辑部文章版一样”的广告，其实就是报刊

① 2020年最新广告价格[EB/OL]. [2022-04-20]. http://www.allchina.cn/Paper/PMP1-192.html.

② 徐卫华. 广告不疯狂[M]. 杭州：浙江工商大学出版社，2020：16.

③ Definition of advertorial：an advertisement that imitates editorial format [EB/OL]. [2022-04-20]. https://www.merriam-webster.com/dictionary/advertorial.

④ 奥格威. 一个广告人的自白[M]. 林桦，译. 北京：中信出版社，2008：178.

软文。

“植入式广告”是“将产品作为背景、道具或情景，用在电影、电视等娱乐项目或节目之中”[①]。“隐匿/不明确”被认为是植入式广告独特的个性烙印。“从本质上看，植入式广告之所以被称作广告，是因为它具有鲜明的商业诉求，但这种诉求又具有明显的隐蔽性。”[②]当然，“隐匿只是手段，不是目的，隐匿不是为了让消费者注意不到，而是为了在潜移默化中影响消费者”[③]。可见，植入式广告打破了内容与广告之间的界限，“希求在‘模棱两可’间搭乘‘内容’顺风车，‘潜入’受众心智，建立起商品或服务与消费者间的认知与情感联系”[④]。

无论是软文还是植入式广告，都是“软广告”，都回避了“硬广告”的时空切割模式，而融入媒体的内容之中，满足受众媒体使用流畅性的需要。

3. 基于商务信息的“资讯化”

其实，“硬广告”和“软广告”具有共同的本质，即本质都是商业资讯。武汉大学张金海教授曾提出：“我们是否可以考虑为网络时代的广告作一新的定义：凡在网上发布的有关生产与消费、供应与需求的所有商务信息，都属于网络广告的范畴。”[⑤]

这一预言得到了互联网发展的验证。无论搜索引擎的“付费搜索”还是社交媒体平台的“信息流广告”，或是内容电商平台的“种草拔草”，抑或直播电商平台的“直播带货”，无一不体现了广告作为商业资讯的本质。

概言之，我们讨论的广告并不局限于“硬广告”，还包括各种形式的“软广告”，同时也包括各种“资讯化”的广告。

二、广告策划：广告的“前台”与“幕后”

作为“广告活动”的“advertising”，强调广告的“操作过程”，暗含“广告策划”的指向。基于此，我们主张把“advertising”理解为“广告策划”。

如果把广告比作一场演出，那么“广告作品”其实是“前台”的表演，

---

① 薛敏芝. 植入式广告的国际运营及国内发展趋势[J]. 中国广告，2007（9）：128-133.

② 卢长宝，王丹丹. 国外植入式广告研究新进展评价[J]. 外国经济与管理，2010（12）：36-42.

③ 丁汉青. 植入式广告：一种多赢的广告营销形式[J]. 青年记者，2011（4）：69-71.

④ 丁汉青. 植入式广告：一种多赢的广告营销形式[J]. 青年记者，2011（4）：69-71.

⑤ 张金海. 20世纪广告传播理论研究[M]. 武汉：武汉大学出版社，2002：177.

是消费者直接能听、能见、能体验，甚至能参与、审美的对象；“广告策划”是“幕后”的活动，一般是广告人的“专属区域”，是决定广告成败的关键。

1. 作为“前台”的“广告作品”

从消费者的角度说，“广告作品”是日常所见的“广告物”，它们构成了最为真实的生活日常。“对于一般人来说，只要言及广告，首先想到的就是各种媒体及形式的广告作品与广告物”，“因为人们对于广告最直观的认识就是那些令人瞩目、让人好奇、引发讨论的广告作品了，而且透过那些五光十色的广告作品及文本，的确可以有很多值得研究的论题”[①]。

中国传媒大学高山博士认为：“广告作品既是所有广告运动的最终呈现环节，所有的广告运动——策划、调查、方案都需要通过广告作品进行最终的呈现；又是受众接受广告的第一环节，对广大受众而言，广告作品是接触特定广告和广告商品的第一步，其重要性不言而喻。”“相对于对整个传播‘操作’过程的研究，如何将广告概念转化为具有表现力的作品，才是整个过程中最为核心的工作。”[②]

2. 作为“幕后”的“广告策划”

作为幕后的“广告策划”，“是策划人员根据广告运动的流程，围绕广告目标，对广告运动全过程进行决策和谋划，从而编制广告计划，作为指导广告运动有效开展的依据的过程”[③]。

广告策划是对广告运动的整体把握，它涉及市场研究、目标制定、策略选择、执行发布和效果测定等广告运动的全部环节；广告策划不是一个静态的计划（plan），而是对广告运动各环节和要素的动态把握，是有目的、有计划、有步骤的活动。可以说，“广告策划”一词的含义“大致相当于‘计划’（planning）+‘策略’（strategy）”[④]。

在西方文献中，还有另外一个相关概念——“advertising campaign”（广告运动）。按照舒尔茨等人的说法，广告运动指“广告主为广告制定一项能测定的目的或目标，决定达成此目标之最佳方法，发展出达成此目标之必要战术，把以上努力与某产品或劳务的其他销售努力相结合，然后去执行所计划

① 陈谦，刘芳. 广告新论：若干问题的学术探讨[M]. 北京：中国社会科学出版社，2010：7.

② 高山. 广告作品的重新定义[J]. 现代传播（中国传媒大学学报），2015（7）：164-166.

③ 潘向光. 现代广告学[M]. 杭州：浙江大学出版社，1996：222.

④ 潘向光. 现代广告学[M]. 杭州：浙江大学出版社，1996：221.

的活动”[①]。

3. 透过“前台”了解“幕后”

广告赏析的本质是打通“前台”与“幕后”，即通过“广告作品”来领悟“广告策划”的真谛，从而由浅入深地理解背后的“广告计划”和“广告策略”。

如何辉所说，“在学习和认识的规律上，他们大概有一个自浅入深、由易入难的过程。你的眼光也将逐渐从最表象的广告作品深入广告活动的内核，从广告创作的圈子扩展到广告过程的其他部分。这种学习过程更加符合我们的学习规律”[②]。因此，“如果你想做一个广告人，最简单的办法就是多看广告，然后再转一转脑瓜，多想想这个广告为什么要这样做或那样做，它背后的表现策略、广告策略是什么。再深一层，你可以分析广告背后的企业的营销策略、竞争战略等等”。“经过这种训练，你将能从一则简单的广告中看到更多的别人看不到的东西。你的脑袋里不仅储存了大量可以借鉴的广告表现方式，而且你思考问题的能力也将在无形中大有提高。”[③]

我们认为，从“前台”通达“幕后”是可行的方法。对于这些细节的追问、思考和探究，往往是认识广告的重要“抓手”，也是我们学习广告的重要方法。总之，我们不打算给广告简单地下一个定义，而是从广告形态和广告策划两个维度搭建一个开放性的认知框架。

（扫描二维码，观看本节课程视频）

第三节　何谓广告赏析？——“见”“视”“观”的三位一体

所谓广告赏析，就是对广告案例或作品进行欣赏或鉴赏、分析或评析的过程。尽管广告赏析的教材已经不少，但相关理论研究却严重不足。不过，文学鉴赏的研究成果丰硕，为我们提供了一些可资借鉴的理论资源。

著名的教育家夏丏尊和叶圣陶曾提出，文学鉴赏就是“看”的过程；这个过程又可以细分为三个阶段，即：“见”—“视”—“观”。华中师范大学

---

① 舒尔茨. 广告运动策略新论：上册[M]. 北京：中国友谊出版社，1991：2.

② 何辉. 广告创作与分析：从分析作品开始学做广告[M].3 版.北京：人民出版社，2016：1–3.

③ 何辉. 广告创作与分析：从分析作品开始学做广告[M].3 版.北京：人民出版社，2016：5.

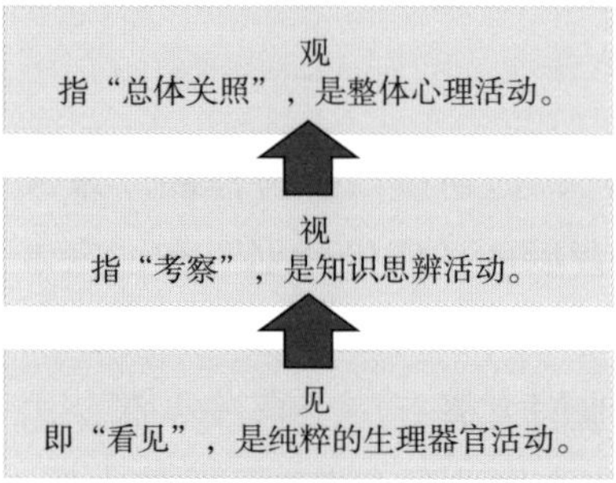

图2　文学鉴赏的三个阶段

魏天无教授吸收了这种观点，认为“从理论方法的角度，可以把阅读过程划分为‘见’‘视’‘观’这样三个依次上升的阶段”，“这三者是相互渗透、难以割裂的”；“从文学解释学的角度说，阅读中每一个后续阶段的完成都会对此前的阅读活动产生影响；阅读的过程类似于螺旋上升的过程，既有循环往复，也有相互的修正”（见图2）[1]。

在我们看来，广告赏析是“见”—“视”—“观”的“三位一体”；同时，我们主张，应该推动广告赏析从“见”到“视”再到“观”，透过“前台”的广告作品达成对“幕后”的广告策划的深刻理解和把握。

一、“见”：纯粹的生理活动

按夏丏尊、叶圣陶的理解，广告赏析的“见”就是“看见”广告。它是感觉器官在活动，是纯粹的生理活动。既然广告是面向消费者的信息沟通，追求广告传播效果的达成，那么广告赏析不是什么“阳春白雪”，而是日常的生活经验。

其实，即使是文学鉴赏，也并不排斥真实的生活日常。陶渊明曾有诗云：“奇文共欣赏，疑义相与析。”[2]作品首先要引起阅读者喜悦、赏识的情感，然后才有进一步对有“疑义”的地方进行剖析的兴趣。这两句诗后来形成了一个成语——“赏奇析疑”，这是现代汉语中“赏析”一词最直接的来源。正因为如此，“赏析”在相当长的时期内仅限于“奇文”，被认为是文人雅士的活动，而与普通民众没有什么关系。直到宋代及更晚的时候，才有了“雅俗共赏”之说[3]。

广告赏析理应是典型的“雅俗共赏”。对于今天的人来说，广告是一件再平常不过的事物了。大多数广告虽算不上“奇文”，但也常常被人们所关注。

---

① 魏天无. 文学欣赏与文本解读[M]. 武汉：华中师范大学出版社，2011：2.

② 陶渊明《移居其一》：“昔欲居南村，非为卜其宅。闻多素心人，乐与数晨夕。怀此颇有年，今日从兹役。敝庐何必广，取足蔽床席。邻曲时时来，抗言谈在昔。奇文共欣赏，疑义相与析。”

③ 朱自清. 论雅俗共赏[M]. 桂林：广西师范大学出版社，2004. 转引自：魏天无. 文学欣赏与文本解读[M]. 武汉：华中师范大学出版社，2011：2.

人们还会不由自主地给予某种形式的“反馈”：也许会心一笑、阅后即焚，也许热烈讨论、转发分享，也许小心收藏、点击下单。此时，“广告赏析”的过程已经启动了。

作为一种日常生活，“看广告”大都是在无意识之中进行的，不需花费什么精力，也不需花费太多时间，闲暇之余、茶余饭后，权当谈资；当然无须什么理论，也无须什么标准，仁者见仁，智者见智，所见即所得。此时的广告赏析是一个典型的“见”的过程，消费者虽然不是“照单全收”，但也基本上遵循着“刺激—反应”的模式，以接近纯粹的生理形式来处理广告信息，并接受广告的影响。

就公众的体验而言，广告赏析可以是一种日常生活，可以是一种纯粹的生理反应，自觉或不自觉地积累有关产品和品牌的资讯，丰富有关消费的经验和常识，以便做出当下的决策或以备未来的不时之需；从认知的角度来说，这种过程无须理性的参与，只要“跟着感觉走”即可，是从感性到感性的过程。

二、“视”：知识的思辨活动

套用夏丏尊和叶圣陶的观点，广告赏析所涉及的“视”的过程就是“考察”，包括思考、质疑、驳难、追究等思辨性活动。在此过程中，无论经验积累所致还是理论学习所得，知识的运用是必不可少的。

显然，广告赏析不能停留在感性层面，而应该从感性提升到理性，实现从日常生活经验到思辨性的转变，从而洞察广告作品背后的策略。打个比方说，人们就是观看广告“演出”的观众，舞台上的灯光、舞美、音响，演员的唱念做打等所有细节都直接呈现给了观众，给他们带来生理体验和直接的情感反应。当然，这时的“欣赏”还停留在“见”的层面。

一旦观众积累了足够的经验或者储备了一定的理论，他们就不再是一般意义的观众，而是掌握了“门道”的“行家里手”。演出的所有细节都可以被充分放大，演员的一招一式、舞台的一景一物，无一不被他们细细品味；演出的调度、演员的配合、音乐的衔接，无一不进入他们的“法眼”。正所谓“外行看热闹，内行看门道”，他们从“见”到“视”，看到了一般人看不到的地方。

何辉也认为，“在学习和认识的规律上，他们大概有一个自浅入深、由易入难的过程。你的眼光也将逐渐从最表象的广告作品深入广告活动的内核，从广告创作的圈子扩展到广告过程的其他部分”①。在这个过程中，广告赏析不再只是纯粹意义的生理活动，而是思辨性活动，诸如思考、质疑、驳难、追究等。

其实，广告赏析的“观”是所有广告人成长的必经过程，也是学习广告的重要方法。何辉认为：“如果你想做一个广告人，最简单的办法就是多看广告，然后再转一转脑瓜，多想想这个广告为什么要这样做或那样做，它背后的表现策略、广告策略是什么。再深一层，你可以分析广告背后的企业的营销策略、竞争战略等等。”“经过这种训练，你将能从一则简单的广告中看到更多的别人看不到的东西。你的脑袋里不仅储存了大量可以借鉴的广告表现方式，而且你思考问题的能力也将在无形中大有提高。”②

如果说“见”是从感性到感性的过程，是纯粹的生理活动，那么“视”就是从感性到理性的过程，思辨性活动必不可少。当然，这里说的“思辨”并不限于由知识驱动，经验也是重要的动力来源。

三、“观”：整体心理活动

按照夏丏尊和叶圣陶的观点，“观”是指“总体关照”，是整体心理活动：“这时，单纯的阅读行为与思索探究、知觉顿悟已经浑然一体，因而能够对作品做出全面而又恰当、准确的解释和评价。”在我们看来，这里所说的“观”其实是一种基于细节又不停留于细节的总体认知，是一种见微知著、了然于胸的状态。

所谓“见微知著”，指见到事情的苗头，就能知道它的实质和发展趋势。《韩非子・说林上》中说：“圣人见微以知萌，见端以知末，故见象箸而怖，知天下不足也。”对于广告赏析而言，“见微知著”是指从一些不起眼的细节中可以推论出广告背后的策略。如前所述，一些看起来稀疏平常的细节，其实也可能极不平常。它们呈现于广告的“前台”，但却勾连着广告的“幕后”。这就需要你如同出色的侦探，绝不会放过案发现场的蛛丝马迹，那些看似微不足道的细节，可能是案件侦破的重要线索。

所谓了然于胸，是指对于事物以及事物发展具有结构化、全局性的认识。

---

① 何辉. 广告创作与分析：从分析作品开始学做广告[M]. 3版. 北京：人民出版社，2016：1–3.

② 何辉. 广告创作与分析：从分析作品开始学做广告 [M]. 3版. 北京：人民出版社，2016：5.

《晋书·袁齐传》说，“夫经略大事，故非常情所具，智者了于胸心，然后举无遗算耳”。广告赏析之“观”，除了指那种见微知著的敏锐度，也指了然于胸的整体感和全局观。其实，任何一则广告作品都是企业的市场战略工具，因此必然经过精心策划和设计，可谓“机关算尽”；广告虽然经常借助于艺术手段，但广告作品不是艺术作品，绝不会任性而为，而是始终服务于企业市场战略。因此，广告赏析的最高境界，就是通过广告作品这些外在的表现去洞察企业和品牌的战略规划以及实现战略的路径。

可以说，广告赏析堪称一种学习方法和研究进路。它通过“见”—“视”—“观”的“三位一体”，推动广告赏析从“见”到“视”再到“观”，即：从感性到理性，从局部到整体，从“前台”到“幕后”，获得洞察广告背后策略的训练，积累丰富的表现素材和准实践经验，同时提升战略规划和策略思维能力。

（扫描二维码，观看本节课程视频）

第四节　如何赏析广告？——经验与理论的双重引入

接下来，我们就要聊聊如何赏析的问题。何辉教授曾明确地提出“透视广告作品学习法”，并较为详细地展示了该方法的实践应用。不过，“广告作品”终究只是广告赏析的“抓手”，而不是广告赏析方法的核心。

在我们看来，广告赏析方法的核心是妥善处理广告实践和广告理论的关系。对此，我们主张“经验与理论的双重引入”；唯有此，才能推动广告实践与广告理论研究的相互验证，并达成广告赏析的“见”—“视”—“观”的“三位一体”。

一、经验的积累必不可少

从根本上说，广告学是一门实践性、应用型的学问。对于广告学习者而言，实践经验的积累是必不可少的。华与华创始人华杉曾经说过，“在华与华方法里，我们说，没有创意，策略等于0；没有手艺，创意执行得不好，那创意也等于0”。这里所说的“手艺”，看起来是对“技艺”的重视，但实际上也是对实践经验的强调；没有实践的千锤百炼，“手艺”只能是“无本之木”“无源之水”。

不过，在强调实践经验的同时，我们常常陷入一个误区，即片面地强调“一手经验”，而贬低“二手经验”，认为但凡是实践经验，就必须是亲自实践得来的。张爱玲的《童言无忌》中有一段话，“生活的戏剧化是不健康的，像我们这样成长在都市文化的人，总是先看到海的图画，后看见海；先读到爱情小说，后知道爱”。不过，人的一生太过于短暂，即使穷尽一生，也难说有多少“一手经验”。因此，无论都市人还是乡下人，要学会“爱”，也多少需要求之于“二手经验”。

实际上，数量庞大的广告作品正是“二手经验”的浓缩。让我们再次引用何辉的话：“我们生活在广告的海洋中，这个广告海洋，就是一所学习广告的‘天然大学校’。在这所‘天然大学校’中，你可以看到最新鲜的素材，最生动的案例；你可以看到成功，你也可以看到失败。”[①]这些广告不管是成功的还是失败的，都是真金白银地用钱“砸”出来的，或多或少为我们提供了可资借鉴的经验或者可以吸取的教训。

当然，我们强调“二手经验”的重要性，并不等于主张不加思考地照抄照搬，更不等于否定“躬身入局”。我们只是认为，广告赏析作为一种研究方法，本质就是将他人的“二手经验”转化为我们自己对广告的理解和认识。

二、理论的引入不可或缺

抽象地说，任何学科或专业都不可能离开理论，理论所具有的穿透力让其不仅可以指导实践，而且可以追问和反思学科或专业的根本价值。因此，广告赏析想要达成“见”—“视”—“观”的“三位一体”，除了大量的实践经验（含二手经验）之外，不可或缺地需要系统理论的引入。

不过，说到广告理论，实在令人尴尬。广告人普遍接受的其实是前述强调实践经验的观点。只要随便翻翻那些广告学必读书目就会发现，进入书目清单的大多是经验性的书籍。左晶所著的《西方广告经典原著选读》一书，精选了七本与广告有关的经典原著。其中，五本广告学原著全都是典型的畅销书；另有一本属于教材（舒尔茨等人的《整合营销传播理论》）；唯一的一本学术性著作其实属于广告学的上位学科——传播学（拉斯维尔的《社会传

---

① 何辉. 广告创作与分析：从分析作品开始学做广告[M]. 3版. 北京：人民出版社，2016：1-3.

播的结构与功能》)。①

这种现象一方面印证了广告人普遍存在的“重实践、轻理论”的倾向，另一方面也被当作“广告无学”的直接证据。无独有偶，上海大学许正林教授主编的《西方广告学经典著作导读》一书所选录的三十九本书中，大部分都是教材和业务书籍；算得上学术专著的仅有五本②，占比仅为12.8%。对此，饶广祥曾感叹：“广告学研究规模虽大，却长期处于有‘术’无‘学’的尴尬境地”③，“尽管实践研究是广告研究的主流，且已发展了近百年，但并未形成系统的广告理论”④。

当然，广告理论研究也并非“白纸一张”，只不过其成果大多属于广告文化研究，且大多脱离广告实践本身。“广告文化研究视角因为研究指向的局限，从未真正深入广告的内部运作逻辑做论证。例如，众多学者认为广告是构建神话的手段之一。但对广告如何通过具体的操作来实现神话的构建没有深入分析。”⑤“(广告)批判学派的学者们主要来自社会学、儿童教育学、发展心理学等领域，故他们能超越广告主利益导向的实用主义领域，扬弃经验主义的实用观，但在他们绕开陷阱的时候，又踏入了茫茫沼泽，滑入了另一种实用主义，即社会总体的实用主义。在这个领域里，他们只有观念，没有技术；只有批判，少有对策。”⑥

三、经验与理论的相互支撑

其实，“有术无学”并不是广告特有的现象，广告学的上位学科——传

---

① 该书选取的七本书分别是：大卫·奥格威的《一个广告人的自白》，詹姆斯·韦伯·扬的《产生创意的广告技巧》，丹尼斯·希金斯的《广告写作的艺术》，罗瑟·瑞夫斯的《实效的广告》，艾·里斯和杰克·特劳特的《定位》，哈罗德·拉斯维尔的《社会传播的结构与功能》，唐·舒尔茨、斯坦利·田纳本、罗伯特·劳特朋的《整合营销传播》。参见：左晶. 西方广告经典原著选读[M]. 北京：知识出版社，2013.

② 这五本学术专著分别为：李尔斯的《丰裕的寓言：美国广告文化史》、舒德森的《广告：艰难的说服》、拉尼奥的《广告社会学》、塔洛的《分割美国：广告与新媒体世界》、杰哈利的《广告的符码》。从许正林教授对其分类亦可以看出，这五本学术专著均属于“广告文化研究”。参见：许正林. 西方广告学经典著作导读[M]. 郑州：郑州大学出版社，2009.

③ 饶广祥. 品牌与广告：符号学叙述学分析[M]. 成都：四川大学出版社，2020：32.

④ 饶广祥. 品牌与广告：符号学叙述学分析[M]. 成都：四川大学出版社，2020：35.

⑤ 饶广祥. 品牌与广告：符号学叙述学分析[M]. 成都：四川大学出版社，2020：36.

⑥ 蔡勇. 消费者发现与主体性缺席：现代广告理论及运用史评[M]. 北京：中国传媒大学出版社，2008：181-184.

播学同样也有同样的尴尬。用丹·席勒的话来说，“在很长一段时间里，传播这个领域耽溺于狭隘的工具提问；毫无疑问，这遮蔽了传播研究在理论上与其他领域的相互联系。‘我们怎样才能发展更为可靠的民意调查方法？’‘怎样才能测量电视暴力的水平？’‘怎样才能进行更为有效的政治竞选或市场销售？’诸如此类的提问，由于太过于现实，仅存于当下，并且其目标又经常流于遭人操纵的下场”①。

不过，“纵观各家观点，广告研究至少需要包括两大方面：第一，广告技术操作研究；第二，广告文化研究。到目前为止，广告技术操作研究和广告文化研究是主流，尤其是广告技术操作研究，占据了广告研究的绝大比例”。前文已经讨论了广告文化研究的问题，这里，我们来说说广告技术操作研究：一方面广告技术操作研究占据主导，但另一方面广告却“有术无学”，难道只是因为广告研究存在着“实用主义倾向”吗？

在我们看来，广告学界与业界之间缺乏学术的协同与合作才是问题的根源。一方面，广告业界迷恋于经验性的总结，缺少抽象的提炼和科学归纳，其成果虽然广泛地流传于学界，但却无法进入规范的学术体系；另一方面，广告学界虽然以学术为业，但缺乏对实务的体察和理解，所形成的理论成果常常被看作“纸上谈兵”，难以获得业界的认可和尊重。长期以来，广告的业界与学界之间相互隔离，各干各活、各说各话；而广告的“有术无学”正是这种隔离状态的产物。

为了打破这种隔离状态，我们选取了我国原创性的品牌营销传播理论——“超级符号理论”：一方面，该理论来自广告实践，是一线广告人提出并发展的，在20年间积累了数百项成功案例；另一方面，该理论的理论体系基本成型，其知识生产过程吸收了学界的参与，使其具备了学理性和系统性。基于此，我们遴选了15个核心问题，以超级符号理论为工具，来深度剖析广告作品和案例；同时，通过对广告作品和案例的分析来阐述超级符号理论的主张，进而推动超级符号理论的普及和应用。

---

① 丹席勒.传播理论史：回归劳动[M].冯建三，罗世宏，译.北京：北京大学出版社，2012：2.

第一题　什么是超级符号？

第一节　营销传播效能的“命门”是什么？

（扫描二维码，观看本节课程视频）

“命门”是一个中医概念，指的是人体生命之门，先天之气蕴藏所在，人体生化的来源，是人体生命的根本和维持生命的要素。对于营销传播而言，“命门”指代的是效率提升的根本和关键。

在营销传播领域有一句流传百年的名言，来自20世纪初美国最大的百货公司老板——约翰·华纳梅克的感慨：“我知道我花在广告上的资金有一半被浪费掉了，但我无法知道究竟是哪一半。”

时至今日，“品效合一”的概念被大谈特谈。这一概念来自电商和互联网运营等领域，也可以说是上述“浪费一半”的格言在今天的延伸讨论，实时动态的数据反馈给效果评估带来了诸多可能。

“品效合一”的概念更加直接地显现了营销传播发起者内心深处的目标，他们不仅想追求短期效果，希望可以很快挣回在营销传播上投入的资金，还想要长期效果，希望未来还能持续盈利。简而言之，他们希望营销传播的投入不仅可以带来直接销售，而且能够建设长期品牌。

的确，营销传播效能通常是一个不断损耗的过程，也是一个极为复杂且困难的议题。回到我们这一节的主题，所谓“命门”，就是使某些营销传播行为成功而另外一些失败的关键因素。现实中的营销传播可以分为两种：物有所值的成功传播行为，以及浪费人力财力的失败传播行为。

我们举一个日常生活中的例子来说明这个问题的复杂性与困难性。

比如一个洗衣液企业在电视上投放广告，这个广告需要经过消费者的选择性注意、选择性理解才能被消费者选择性记忆，上述的每一个环节都存在诸多内外部的影响因素，消费者的心理过程对企业而言是不易捉摸的，在营销学上往往被称为“消费者黑箱”。所谓黑箱，是指人们不能或暂时无法分解或剖开以直接观察其内部结构，或分解、剖开后其结构和功能即遭到破坏的系统。消费者对于洗衣液广告的外部信息刺激的心理活动过程，对企业来说就是一种看不见、摸不着、不透明的东西，即“黑箱”。

假如消费者在电视上看到了洗衣液的广告，一周后在逛超市的时候激发了对这个洗衣液的品牌记忆，于是产生了购买行动，可以说，广告影响了销售，但是很难通过数据证明二者之间的关系。由于这种行为断裂与反馈效果的时间滞后性，所以营销传播的效果评估模型大多基于传播层面的消费者心理变量，以此代替销售增长来衡量广告效果，涉及感知、认知、情绪、好感度、说服、联想、行动等维度。虽然能掌握营销推广前后销量变化数据以及不同营销传播信息的投放所引发的销量数据，但依然很难具体量化营销传播对于销售的作用。

再假如消费者觉得企业投放的洗衣液广告很好，到了超市本打算购买，结果发现另外一个洗衣液品牌在做促销活动，不仅打折还送一袋洗衣粉，于是消费者在一瞬间改变了之前的购买决定，选择了正在促销的洗衣液品牌。消费者购买某一产品可以基于多种原因，比如以往的购买经历、商店陈设、价格等，销售达成本身即是一个复杂的结构，它受到诸多变量的影响，包括广告、价格、产品包装、终端陈列、终端促销活动，甚至竞争对手的营销行为等。从结果上来讲，销售没有达成，但不能说这个广告的投入毫无价值。

在当下的数字时代，高能见度的决策链路行为数据为测量营销传播的效果提供了测量基础，比如一个洗衣液的企业投放一个DSP（需求方平台）广告，消费者看到广告后点击进去，直接跳转电商进行购买。消费者观看广告、点击、跳转、浏览、购买等一系列行为一次性完成，每一个环节在后台都有清晰的记录，也都有相关的转化率分析结果，这显然可以证明购买行为背后的广告动因。广告带来的效果如何明确地测量以及可视化呈现，并在下一次的投放之前进行优化提升？可以通过效果去精确检验先前的营销传播内容。

但是，这依然存在诸多困惑，在定量测量要素之外，还有大量的定性测量指标，比如情感、态度、满意、质量感知等[①]。具体到企业的营销传播活动中，它们同时还会选择在不同媒体上投放不同内容创意的广告，不同媒体的营销传播信息对消费者的影响有其独到效果；营销传播信息不仅具备瞬时效

---

① BROWN M. Social media metrics you should be thinking[J]. Social media today，2010（7）.

果，还具有延迟效果；不同周期时段也会有效果方面的变化；连续的信息曝光存在重叠效果和重叠衰减效果；不同细分市场对广告的反应也各不相同[①]。真正让营销传播实现完全科学化并且成为庞大商业运作结构中可控的一个环节，其道路依然漫长。

任何一家企业在发起营销传播活动时都希望获得最大的收益，不仅在短期内可以挣回投入的资金，还想在未来也能持续盈利，正如近年来被广泛讨论的“品效合一”一样，企业希望营销传播的投入不仅可以带来直接销售，而且能够建设长期品牌。企业发送“1”，希望可以得到“1”、“10”甚至“100”的结果。

理想很丰满，现实却往往很骨感。营销传播的效果从本质上依赖于人们对于信息的反应，这些复杂的反应过程涉及注意信息、加工信息、记忆和对于信息的反应。消费者对营销传播信息的外部信息刺激的心理活动过程，被认为是一种看不见、摸不着、不透明的东西，即“黑箱”。企业发送“1”，可能只能得到“0.01”。在下列各个阶段中，任何时候都有可能出现问题，造成营销传播投入的浪费，甚至功亏一篑：

企业希望目标消费者可以从茫茫信息海洋中注意到它们，然而并没有；

企业希望注意到信息的消费者都可以正确地理解信息，然而并没有；

企业希望所有注意到这一信息的消费者都可以一丝不差地接受这个信息，然而并没有；

企业希望消费者记住它们的信息，每当有需求时选购它们的商品，然而并没有；

企业希望消费者在看到信息之后直接去购买它们的产品，这是很多企业的终极目标，然而并没有；

企业希望消费者可以持续购买它们的产品，并且把产品推荐给身边的人，替它们传播，然而并没有。

如果说传播学是研究信息交流的学问，其关注的要点在于如何理解与沟通，那么，营销传播在品牌建构与企业增长中的作用就是完成商品与消费者的沟通，具体而言，就是筛选、组织和创造特定的商品信息或品牌理念，尽可能高效地传达到目标消费者，从而达到引导或者改变消费者行为这一终极

---

① 泰利斯. 广告效果评估：广告何时、如何和为什么有效[M]. 李洋，张奕，晓卉，译. 北京：中国劳动社会保障出版社，2005：5–7.

目标。

符号学提供了一个提升营销传播效能的关键视角。人，因为能够使用符号，会思维和创造，建筑了文化和文化系统，从而有别于动物。神话、艺术、宗教、语言、历史和科学都是组成符号圆圈的不同的“扇面”。

符号的功能体现在传播层面，聚焦于三个方面：

其一，指称识别功能。你需要一个符号来指称你的对象，符号学里称之为能指和所指，比如“狗”这个词，就是一个能指，它的所指是狗这个具体的动物。营销需要找到一个能识别并浓缩企业价值的符号。

其二，信息压缩功能。符号的指称有时候会浓缩大量信息。回想曾经学过的数理化知识，方程式、特殊符号等串起了整个科学体系；语文、拼音、标点等符号也是我们学习语文的基本前提；甚至在社会生活中，敬礼、竖大拇指、飞吻等都是典型的动作符号，比如把食指竖起来放在嘴边，再配上一个声音符号“嘘”，指代的就是“别说话”的意思。营销需要尽可能找到一个符号，以影响消费者的看法并推动其对企业的喜爱。

其三，行动指令功能。符号有强大的意志力，能够影响人的看法，指挥人的行动。比如“红灯停，绿灯行”，我们从小就学习并习惯、依赖于符号的命令，符号与人的关系就像水和鱼的关系一样，我们往往并不会察觉到它的存在，但它无时无刻不在影响和指挥我们的行动。

符号学在商业传播中的应用，就是从符号层面进行研究并探寻营销传播发生效力的内在机制，营销传播实质上是一种符号的传递行为，即利用语言文字或视听形象等来传播有关商品或服务的信息。词语和符号是人类的第一技术，也是营销传播所有思考的入口，在这个过程中，发送者把既定的信息编码成为“文本”，接收者通过解码来解读“文本”从而理解信息。

具体来说，“符号”代表一个整体，由“能指”和“所指”组成。“能指”在语言符号中表示符号的音响形象，在非语言符号中则表示通过感官所感知的媒介物，是带有物质性的，如物体、图像、气味等，“能指”一般可以理解为符号形式。“所指”表示语言符号和非语言符号所表述的概念，即符号的意义，一般可以理解为符号的内容。不论什么符号，“能指”和“所指”缺一不可，符号“是一个像看门户的两面神一样的有两方面的存在物”。

一、符号的任意性与约定俗成

索绪尔认为任意性是一切符号系统的基本原则①，即符号的所指和能指之间不存在自然的、必然的联系，而是任意地联系。所谓任意性，并不是说说话人可以随意指称事物，而是说符号的选择没有明确的目的。不同语种对表达同一概念所使用的词的语音和书写是不一样的。比如汉语中用“狗”指一种听觉、嗅觉灵敏且被人类驯养来看守门户的家畜，但英语却称之为“dog”，发音和写法完全不一样。换句话说，在表达同一事物的概念时，可以采用不同的符号形式。

符号虽然有任意性，但是一旦确定下来，个人是不能对它加以随意改变的，这就是“约定俗成”，也就是符号的习惯性。否则，符号可以由个人挑选的话，那便会造成社会生活秩序的混乱。世界大多数国家和地区都有各自长期积累而又相对稳定的符号系统；在全球文化传播中，也有诸多能够跨越文化与地区差异的人类共同熟知的符号系统。有些非语言符号系统，如交通安全标志、机场指示、握手礼等已经为大多数地区所接受而通行。

二、符码：发送者与接收者的共同规则

符号之所以能够从任意性到“约定俗成”，在于符号背后完整而严密的规则，符号学称它们为“符码”。符号包括构成信息的符号形式及其所表达的意义，以及有关符号的结合方式的种种规定。符码的作用是在传播过程中体现出来的。信息发送者要想准确地达到沟通的目的，就必须遵从使接收者也能理解的共同规则，从而去构成信息的符号及其意义，而不能由信息发送者随意指定。

可以说，人类的思维是符号化的思维，离开了符号，思维就无法进行，也就是说，符号可以规定人们思考的方式。符号一旦约定俗成，产生有固定符码的符号系统，就能规定人们怎样去思考。我们在日常成语中所提到的“鸡同鸭讲”“对牛弹琴”，指代的就是传收双方不按照符码规定沟通而出现的尴尬局面。营销传播之所以能够取得成功，往往是因为在选择符号的过程中

---

① 索绪尔作为语言学家，认为任意性支配着整个语言系统，这是语言的本质特征。索绪尔还认为绝对任意的符号是最接近符号学理想的符号。但诸多学者对这一原则提出了质疑，典型的如同符号学家皮尔斯提出的符号的“象似性”原则，象似符（icon）就和任意性的原则直接冲突。本书并不具体涉及这些争议，更多的是聚焦符号任意性的对立面，即习惯性，强调能指与所指之间的“约定俗成”。

借用了符码规则的强大约束力，在对接收者所处的符号系统进行全方位思考的基础上，通过符号引发接收者的“解释”，从而引导人的潜意识不自觉地主动参与营销传播行为。

第二节　超级符号的原理与方法

（扫描二维码，观看本节课程视频）

超级符号认为一切传播都是符号的编码与解码，营销传播需要从解码出发来思考编码。超级符号使用传播效率最高的符号来进行编码。超级符号的“超级”在于其选用的符号在指称识别、信息浓缩、行为指令功能上达到最强。经过选择并改造的“超级符号”，是人人都看得懂的符号，是人人都按照它的指引行事的符号，人们甚至不会去思考它为什么存在，只要一看见这符号，就会听它的话。

超级符号理论与方法涵盖对符号的选择、改造和占据的整个过程。超级符号选择具有强大心理与行为影响力的符号，力图占据这一符号自身的价值、意义、品类感、消费者偏好等既有特性，根据营销需求将其改造为一个可注册的商标，或者形成消费者心目中具有排他性的品牌认知，成为不断沉淀的品牌资产[1]。作为一种编码方法，超级符号可以应用于一切传播形式，包括品牌命名、品牌形象设计、包装设计、平面广告、音频广告、视频广告等[2]。

超级符号方法是刺激消费者本能的最高效的反射方法。符号是大脑深处的意识，是文化条件反射，是一个直接的、本能的反射捷径。这个反射是本能的，是在一瞬间完成的[3]。超级符号向消费者发送了一个信号，它是一个有符号载体的意义发送，引发接收者潜意识的介入，它不要求解释，却要求接收者以行动反射。人类在文化中会习得一些固定的信号反应[4]，我们可以从

---

① 参考了“超级符号”的提出者华杉、华楠已出版的《超级符号就是超级创意》《超级符号原理》等著作，以及相关活动的演讲实录、内部培训等资料。

② 华杉，华楠. 超级符号就是超级创意[M]. 南京：江苏凤凰文艺出版社，2019：2–5.

③ 华杉，华楠. 超级符号就是超级创意[M]. 南京：江苏凤凰文艺出版社，2019：19.

④ 符号学界对符号的解释众说纷纭，至今没有接近一致的意见。把信号排除出符号，会造成理论和实践上的极大困难；把信号包括在符号内，一样会引起许多困惑。这的确是一个两难之境。结合国内著名符号学者赵毅衡的观点，在本书的讨论中，我们认为信号符合符号的基本定义。

以下三个方面进一步理解超级符号的内涵。

第一，超级符号选择具有强大心理与行为影响力的符号，其目的是占据这一符号的价值、意义、品类感、消费者偏好。

在人与真实世界之间隔着一层看不见、摸不着的“符号外衣”。符号是有生命的，它对人们的心理和行为有着强大的影响力，符号背后是人类所共同拥有的文化契约。人们受符号指引，被符号规定，按符号行动，在符号的运作方式中生活。甚至可以说，符号就是我们的存在，没有符号给予人的世界的意义，我们就无法作为人存在于世。超级符号用传播效率最高的符号来编码，引爆人们大脑深处的潜意识，以此降低营销传播的损耗，放大营销传播的效能。

第二，超级符号依据购买理由或品牌形象的需要对符号进行改造，形成刺激信号，快速完成价值记忆，产生行动反射。

正如罗兰·巴特所言，“商业动机不是被掩饰，而是被一种大得多的再现作用所倍增，因为它使读者与人类的宏大主题进行沟通”。超级符号依据购买理由或品牌形象的需求对符号进行改造，在符号解码时，抓取接收者的潜意识，放大刺激信号。同时，将接收者转化为发动者，实现媒体维度的信号放大，完成品牌识别、记忆、价值传达、消费者偏好等目标，将以往漫长的传播认知、情感、态度和行为过程一下子转换到价值记忆与行为反射上。

第三，超级符号的最终目的不仅是要占据作为法律层面的可注册的商标，更是要在消费者心目中打造成具有排他性的品牌资产。

在选择并改造符号之后，其最终的目的是如何占据。以可口可乐为例，经典的玻璃瓶包装的形状是由一个女人身体的符号所演变而来的。它借用了那个符号，使得人们喜爱这个瓶子的形状，经过在时间长河中不断地发展，在可口可乐成为全世界到处都有的第一饮料品牌的时候，经典的可乐瓶就进化成了一个符号。这个脉络可以概括为“始于符号，成为符号”。超级符号成为消费者购买行动的指引，若消费者看到可口可乐的瓶子就去购买它，无论这个瓶子在法律上是不是被保护的，就说明在消费者的心中它就属于可口可乐，它可以为消费者提供稳定的价值承诺，甚至成为人类共有的文化符号。

超级符号可以概括为“行为主义符号学”。超级符号理论认为，一切传播都可以视为刺激信号和行为反射，信号能量越强，带来的行为反射也越明显，这背后源于行为主义心理学的理论智慧。超级符号理论还认为一切营销传播都是对品牌资产的长期投资，超级符号是人类文化的原型，蕴含人类文化的原力。符号本身具有历史向度，品牌发展的最高境界是成为人类的文化符号，这背后源于精神分析心理学的理论智慧。

超级符号绝不仅仅是我们所理解的“视觉符号”，也不是更为狭隘的品牌标识。超级符号的“符号”包含听觉、嗅觉、味觉、触觉的所有感官维度的符号，以及语言这一人类最为重要、不成比例的庞大符号系统。本节对超级符号的形式进行深入思考，将超级符号划分为五感符号和语言符号两大类别，图像和语词构成了知识的双重编码，也是超级符号应用中最为重要的两类符号形式。

一方面，人的视觉、听觉、嗅觉、味觉、触觉五大感觉，成为构建品牌符号的五大路径。从这一点来说，符号包括视觉符号、听觉符号、触觉符号、味觉符号和嗅觉符号等。2021年诺贝尔生理学或医学奖得主的成果在“发现温度和触觉感受器”方面有卓越贡献。获奖者之一——科学家朱利叶斯（Julius）在诺奖公布后的采访中说，“感觉系统是伟大的，正是有了它，我们才能感知我们所生活的世界的一切”。温度和触觉受体的发现，是继视觉、嗅觉、味觉、听觉之后，“人类与客观世界又一次激动人心的握手”。

另一方面，除了上述五种感官维度的符号思考，语言符号系统也是超级符号应用的重要领域。索绪尔认为，语言虽然只是人类使用的符号之一，却是不成比例的超大符号体系。语言符号系统是人类创造出的一种最为先进、完善的符号体系，在一切符号形式中占据着基础地位，包括口语和文字的语言符号。作为一种有组织结构的、约定俗成的习得符号系统，语言符号用以表达一定地域社群和文化社群的经验。

有机构专门列举了20世纪美国十大品牌形象（见图1.1），分别为万宝路硬汉、麦当劳叔叔、绿巨人乔利、贝蒂厨娘、劲量兔子、皮尔斯伯里面团娃娃、杰迈玛姑妈、米其林男子、凯洛格老虎托尼、奶牛埃尔西。色彩丰富、充满想象力的品牌形象往往能够帮助品牌突破市场的混乱局面，建立消费者的认知，传达关键的产品利益点。纵观这些成功品牌，无一例外，都可以在符号背后找到其历史深远且影响力巨大的意义体系，有的甚至是对古老神话的重塑。

图1.1　20世纪美国十大广告形象

我们以十大品牌形象之一的绿巨人乔利（Jolly Green Giant）为例，来进一步理解超级符号理论。它的创意最初来自一个巨大的豌豆荚。在美国的历史中，豌豆荚以及巨人形象都有诸多传说和积极的联想，自南北战争以来，豌豆成为美国很多地区过年必备的食物之一。绿巨人的取材来自传说中的巨人樵夫——保罗·班扬，他是美国民间传说中的人物，力大无穷，伐木快如割草（见图1.2）。他体型巨大，传说其只需迈一小步，就能跨越三条街。密歇根州半岛的形状貌似手套，因而被人说成是保罗·班扬的手印。

每个人都喜爱的绿巨人最早是由美国明尼苏达谷制罐头公司（Minnesota Valley Canning Company）于1928年推出的，其在标签上印制了一个绿巨人的形象，从而巧妙地绕过了不准公司起名为“绿巨人”的商标法。绿巨人即由美国人熟悉的豌豆荚和巨人形象组合而成。

图1.2　绿巨人的人物原型

图1.3　绿巨人品牌包装

著名广告人李奥·贝纳在1930年的印刷广告中将绿巨人乔利推向大众生活中，“月光下的收成”的标题，配上“无论日间还是夜晚，绿巨人的豌豆都瞬间选妥，风味绝佳，从产地到罐装，不超过3小时”的正文，使这个广告成为李奥·贝纳的代表作和广告史上的经典作品。图1.3是绿巨人品牌广告的示例。

在20世纪60年代的电视广告中，绿巨人乔利的人性化特征不断得到丰富。在最初的电视广告中，一个演员将身体涂成绿色，并穿上粘满叶子的服装，后来，广告采用全动画制作技术，绿巨人始终在背景中出现，不刻意去吸引人们的目光，只说着“嚯嚯嚯”。他几乎不移动，不走路，也永远不会离开他的山谷。

如今，一座55英尺（约16.764米）的绿巨人塑像耸立于明尼苏达州的Blue Earth镇，它已经成为当地地标性的建筑，绿巨人也成为人类文化中的一个经典符号。

在过往的近一百年时间里，绿巨人的品牌形象符号带领着越来越多的产品不断发展壮大，走向世界各地，成为推动其产品销售的有力因素。在绿巨人的系列产品进入中国时，它的包装背景与主打图案是绿巨人，它的广告宣传是绿巨人，它的门店的背景墙甚至是开业活动都会有粘满树叶的绿巨人演员出现。

李奥·贝纳谈道，广告人最重要的努力目标是支持并扩大广告宣传与符号的权威。“品牌创造历史，品牌会变成历史。它们会变成我们共同的故事，或者我们个人、个别的故事。……在我们集体和个人记忆里的，是我们先民的故事，是我们的初恋，是我们实现或未完成的梦想。广告的世界糅合了这些最深层的回忆和渴望，我们只要研究、了解这些非意识的地图，就能找到我们品牌最确定的道路。”①

① 库夫林. 摘星的人[M]. 林渭富，译. 台北：滚石文化出版社，2004.

有些符号生来即是符号，有些符号是在消费过程中演变、沉淀，从而进化为符号的。历久不衰的大品牌最后会变成某种标志——不只是企业的标志，而且是整体文化的标志。

回顾绿巨人的品牌发展历史，每一笔在绿巨人符号上的广告投入都是品牌资产的长期投资的一部分。符号系统生命力强大，强大到以个人的生命来看，它是接近于永恒的。从这个角度来看，超级符号就是品牌工作的起点，也是终点。

品牌营销的终极目标就是建立一套超级符号系统，并让这个超级符号系统在它所在的领域占领制高点。培养超级符号越难、时间越长，积累的优势就越大。如果说企业的使命是永续经营，那么，超级符号就需要永续积累。

第二题 什么是文化母体？

"元宇宙"一词的出现让很多人开始思考一个问题：互联网搭建出来的虚拟世界，到底是现实世界的再现，还是通过碎片化的存在与现实交织在一起、弥补了现实的裂隙？实际上我们可以发现，对于在虚拟世界流行的东西，大多都能在现实中找到它们的影子，我们很难创造出一个全新的事物，一到节假日人们就玩得不亦乐乎的"微信红包"就是一例（见图2.1）。

图2.1 微信红包

中国各地都有新年给家里的小孩发压岁钱的习俗。过去的人们认为有一种叫作"祟"的小妖怪，专门吓唬小孩，于是特别定制铜钱"压祟"。后来人们开始用真正的货币来发压岁钱，压岁钱的意义也从"镇恶驱邪"变成了"财源广进""步步高升"等世俗的祝愿。据说"微信红包"的出现来自腾讯公司内部的一个习俗：春节回来第一天上班，大家会排队去老板那里领红包，总经理以上的领导也要给大家发红包，场面熙熙攘攘，就像春运火车站一样。因为人太多，一次来几十个人领红包，于是随机红包就产生了，领到大红包的人特别开心。后来大家发现，不但领红包的人开心，发红包的人也开心，因为一群人围在一起，让发红包的人有一种众星捧月的感觉。

"微信红包"具有社交属性，但产品的本质是金融工具，财付通也需要绑卡才能使用，绑卡一直是财付通推广的难题。2013年微信财付通的个人支付功能上线不久，一直不温不火，“微信红包”的出现带来了转机。“微信红包”先在公司内部火爆起来，从互联网公司到金融公司，再到媒体行业，2014年春节，全国有一千万人在玩“微信红包”。“微信红包”的出现使得财付通绑卡人数的增长和“微信红包”的玩家数量增长成正比。2015年是“微信红包”的里程碑，“微信红包”和中央电视台春节联欢晚会合作，推出了“摇一摇”活动，仅除夕一晚，“摇一摇”次数就达100亿次。

除了使用人数的增加，人们自发开拓了新的使用场景。春节发红包原本就是民间各地的习俗，但2015年后，除了春节，七夕等节日也成为用户使用“微信红包”的高峰。2016年开始，“微信红包”开始从一、二线城市拓展到三、四线城市。很多人过年的固定节目，除了看春晚、吃团圆饭、打麻将之外，就是互相在微信上发红包：长辈给晚辈发，同辈互相发，各类群里大家轮流发。在微信上发红包俨然成为“新民俗”。

红包可以看作中国传统农历春节最重要的母体道具之一。“微信红包”是春节长辈给小朋友压岁钱这个悠久民俗的现代变体，保留了文化母体的多种形态，“微信红包”的风靡进而丰富了“春节”这一母体的仪式，成了文化母体的一部分，壮大了文化母体。现在人们已经很少准备几十个纸质红包以现金的形式发红包，但“微信红包”在手机里的样式还是一个大红色、长方形信封的模样。“微信红包”拓宽了红包的使用场景，比如生日、婚礼等，甚至开会迟到、遇到喜事等日常事件，都要发红包。红包的金额一般不会太大，主要是为了“讨个吉利”，一般情况下“微信红包”的上限额为200元。最近几年，“微信红包”从虚拟世界回归现实，人们把“微信红包”打印出来放入现金，做成“微信红包蛋糕”，这种蛋糕保留了“微信红包”的形态和点一下就能领红包的“动作仪式”，只要点一下上面的“开”字，就能吐出现金。

从用红纸包裹着特质的铜钱到用红包包着可以流通的钱币，从象征着“驱魔除祟”到象征着“大吉大利”，完成了红包含义的世俗化；而从现金红包到“微信红包”，实现了红包形态从现实到虚拟的转化；从“微信红包”到“微信红包蛋糕”，又实现了虚拟符号的实体化，红包的场景再一次被扩展。红包不再是春节专属的道具，而成为春节下辖的复杂的符号体系中的一种流变，“微信红包”的地位则上升成为母体的一个重要符号。

第一节　终极一问：广告创意从何而来

（扫描二维码，观看本节课程视频）

"微信红包"是产品设计中一个成功的创新。"微信红包"设计者吴毅认为，微信支付次数实现指数级增长，依靠的拐点就是"微信红包"。微信通过自己创造的支付场景拿下了微信支付的大批绑卡用户。"微信红包"这个功能由20个人的团队做了3周，投入比大多数互联网产品都高，但它所带来的回报也远远高于非创新性功能①。

广告好不好，关键看创意。人们经常将创新和创意作为衡量广告的标准，许多广告人在广告创作中也时常因为找不到合适的创意而发愁。那么广告的创意到底从何而来？本章将在超级符号理论的体系下尝试给出答案。

相对于产品创新，广告创意一直被认为是没有章法可循的，广告的创意没有结构，没有固定的规则或模式，好的创意来自打破常规，至于什么是常规，却见仁见智。但在广告活动的实践活动中可能完全不是这样，几乎所有的创意都能在过去找到痕迹，人类无法创造出全新的事物，人们想象中的外星人和神明的形象都是以人类自身为基础的。如果一个品牌形象在现实中找不到清晰的原型，人们就很难对它形成有效的正面认知，再怎么卖力气宣传也没用。

2012年伦敦奥运会吉祥物文洛克，被称为"史上最丑的奥运会吉祥物"。据说它是经过精心设计的，"头上的灯代表伦敦著名的黑色出租车；头上的三个尖代表领奖台上的三位获奖运动员；额头的形状和奥林匹克体育场穹顶的形状一样；眼睛是捕捉世间万物的照相机镜头；手腕上戴着的是奥运五环颜色的手环；金属外壳则是用建造伦敦奥林匹克体育场的最后一批钢铁滴制而成的"。但总体看来，文洛克怪异又丑陋，英国《卫报》说"它是一个曾经有创造力的国家做出的糟糕透顶的设计"。与之类似的还有2025年大阪世博会的吉祥物布基米。该吉祥物以蓝色和红色为主色调，蓝色象征"水都"，红色象征"生命的光辉"，据说以细胞为原型，寓意是融合、包容、变化。对于它在参评的1 898件作品中胜出，包括日本本国民众在内的世界各地人民纷纷表示"不解"，认为这样的吉祥物不符合日本这个"动漫大国"的创意水平。

---

① 前微信支付总经理：微信红包是这样诞生的[EB/OL]. [2022-05-01]. https://www.36kr.com/p/1721351438337.

埃瑞森商学院 (Arison School of Business) 市场营销学教授雅各布·格登堡 (Jacob Goldenberg) 在其著作《盒内思考：有效创新的简单法则》中说，所有的创意解决方案都有特定的共同体系，比起自由联想式的头脑风暴，在体系里工作能获得更多创造力。这本书的作者对世界各大广告奖项中的200条获奖作品进行了分析，发现“广告创意存在着大致的模式，这些模式随着社会文化的转变而转变，转变的速度略慢于社会文化的转变”。

超级符号理论把这种“大致的模式”归结为“文化母体”。超级符号理论认为，广告创意来自文化母体。所谓“文化”，是指人类一切物质文明与精神文明的总和，文化的本质是“符号”；文化母体侧重于文化的母体性特征，所谓“母”，泛指能有所滋生的事物，比如“酵母”“字母”“分母”等。“母体”一词受电影《黑客帝国》中“The Matrix”的启发，本意是子宫、孕育生命的地方。文化母体是一种个体“不假思索”背后的深层文化结构，是一种有关人的底层认知系统。文化母体循环往复地出现，每个人都生活在文化母体之中。文化母体成为我们所有人的共同经验、共同知识、共同观念，这是我们与生俱来的、祖先传下来的、每个人都知道的，而且每个人的观念和行为都会受其影响，甚至会受其操控，自发卷入。文化母体有它约定俗成的时间、仪式、道具，不可抗拒、必然发生，以仪式和符号的形式体现出来。

超级符号理论认为文化母体具备四个特征：永不停息、无所不包、循环往复、真实日常。超级符号的创意来源是文化母体，它所追求的不是创新，而是把握演化中不断循环的不变的部分。这与许多广告人认为的“创意来源于生活”的理念不谋而合，不过这里的生活是“变化着的生活”，而非“固定不变的生活”。以前文“微信红包”为例，它的文化母体是“春节”。春节具有极强的仪式性，人们从前一年的腊月初八开始筹备，一直到来年的正月十五，春节才算真正结束。对于基于农耕文化的中国人来说，一年四季有许多节日和节气，这些节日和节气基本都是围绕着地球、太阳、月球转动的周期衍生出来的。在中国人自殷商而下的几千年里，许多节日都已经发生了变化，人们保留其中的一些仪式和符号，并对节日赋予新的含义，比如上巳节、寒食节和二十四节气中的清明时节逐渐融合成现代的“清明节”和广西地区的“三月三”歌会。而春节的庆祝方式也发生了变化。宋代王安石《元日》中提到当时庆祝春节的几个仪式：放爆竹、捧屠苏酒敬长辈、更换桃符。现代中国人过春节除了放爆竹外，团聚饮酒、贴春联的形式基本保留，最近四十年又产生了新的仪式：看春节联欢晚会。改革开放后，家家户户经济条件变好，都购入了电视，春节团坐观看春节联欢晚会成为过春节的新习俗。随着电视媒体的衰微，除夕之夜看春晚的人开始逐渐变少，但借靠“春晚摇一摇”火起来的“微信红包”依旧保留着热度，作为文化母体的仪式和道具延续下去。文化母体的仪式随着时代的流转，有的蓬勃发展，有的逐渐衰败，这是一个缓慢的过程，人们参与文化母体的仪式一直在更迭，但基本都慢于文化演化的脚步。

基于春节这一文化母体延伸的品牌营销活动，在春节期间往往格外活跃。如春联、窗花、鞭炮在春节卖得特别好，在其他时间则基本无人问津；以大红色为主色调的礼品礼盒占据了商场的大量货架，为顾客走亲访友做准备，超市里循环播放着一首歌《恭喜恭喜》，曲调欢快有力，和刘德华的《恭喜发财》成为中国春节期间最常听到的歌曲。随着中华文化在世界的影响力增强，许多外国品牌也推出一些“中国春节限量款”设计，这些产品大多对中国春节文化符号进行简单拼贴，如刺绣的“福”字、水钻组成的生肖图案等，华伦天奴、菲拉格慕、芬迪等品牌的新春专属限定系列都受到了好评。这体现了世界品牌对中华文化和中国消费市场的重视。

在亚洲的其他国家也有过中国农历春节的习俗，在日本，春节原本也是中国农历初一，明治维新后改为公历的1月1日。尽管时间有所调整，但庆祝春节的不少仪式保留了下来：每年的12月31日除夕守岁，春节吃“年越荞麦”或年糕汤，家中成员从年幼到年老依次喝屠苏酒，雕刻象征长寿的仙鹤、龟的剪纸贴在住宅内外，去寺院敲钟祈福，互赠贺卡；在电视媒介盛行的年代，日本也出现了类似中国“春晚”的“红白歌会”，一家人团坐观看。近年公益广告常常使用这样一个情节：平日里散居各地的中国人，不管乘坐什么样的交通工具，不管路途多么遥远，都要在春节前返乡与家人团聚。这类广告往往极能打动人心，引发共鸣。如果没有春节这个延续了数千年的文化母体，很难解释为什么思乡之情在新年的那个月会分外浓厚，为什么平日里省吃俭用的在外务工人员会大量采购礼品，带着一年的积蓄，在这几天与家人团聚，为什么在除夕夜要放爆竹、初一要贴春联、正月十五要吃汤圆。

创意从文化母体而来。文化母体蕴含着巨大的生命力、传播力和行动力，永不停息、循环往复、无所不包、真实日常，并且以仪式和符号的形式出现。超级符号的创意来源就是要找到文化母体；企业进行营销传播，就是要借助符号、词语、仪式来呈现文化母体，建立强大品牌，把品牌融入消费者的生活，这样才能使品牌有着恒定无限的价值。每当文化母体循环至此，购买就会发生。

第二节　底层逻辑：文化母体四部曲

（扫描二维码，观看本节课程视频）

品牌从文化母体中寻找灵感的例子不胜枚举，文化母体的运转对世界的影响力有时超出我们的想象，比如以春节为中心的文化母体可以影响到中国高铁在2008年后的快速发展。在西方世界，以圣诞节为核心的文化母体创造出了另外一个商业神话。大多数并不信奉基督教的中国人对圣诞节的源起、仪式、道具或许并不清楚，但几乎每个人都认识那个穿着红色衣服、留着白胡子的圣诞老人（见图2.2）。而圣诞老人是著名品牌可口可乐创造出来的经典品牌形象。1931年，为了促进可口可乐的冬季销售，可口可乐公司聘请了一位名叫哈登·桑德布洛姆的插画师为杂志广告绘制海报，海报上首次出现了白发红衣的老爷爷为孩子们分发可口可乐的形象。九十年后，这个圣诞老人的形象成了“标准”的圣诞老人形象，风靡全球。除了圣诞老人之外，可口可乐还有一个历史更为久远的品牌形象——北极熊，大约在1922年北极熊就出现在了可口可乐的平面广告里，但据说由于美国一家公益组织借北极熊形象宣传了碳酸饮料的危害，可口可乐决定重新启用圣诞老人作为品牌形象。和北极熊相比，圣诞老人的品牌价值更大，因为它的唯一含义就是圣诞，而北极熊的形象还有许多可被解读的空间，没有被可口可乐真正私有化和母体化。

图2.2　圣诞老人

每年冬季，可口可乐都会举行盛大的促销活动，很多超市的店员戴着小红帽为可口可乐促销，圣诞老人在一旁憨态可掬地发放礼物，与来往的人群合影。这个符号强大到没有人意识到这是可口可乐创造出来的，可以说，可口可乐统一了全世界的圣诞老人形象。按照超级符号理论分析这一过程：首先，寻找母体。可口可乐发现世界多地的民间故事里都有一个圣诞使者的存在，他可能是个年轻人、穿着绿衣服、看起来瘦瘦的，也可能是个老人，人们把他编进故事里讲给孩子们听，所以很多孩子都知道他的存在。其次，回到母体，可口可乐请人设计了一个极具识别性、富有亲切感、大人和小孩都喜欢的老爷爷形象，穿着与可口可乐商标同色的衣服，在圣诞节期间出现在可口可乐的促销现场。最后，成为母体，壮大母体。现在人们觉得圣诞老人就是可口可乐设计出来的这个样子，人们喜欢憨态可掬的圣诞老人，甚至扮作圣诞老人，圣诞老人的形象被具像化、清晰化。这个符号免费开放，所有人都可以使用这个符号。因此，现在全世界喜欢的这个圣诞老人，其实是被可口可乐替换过的圣诞老人。如果有人说圣诞老人穿着绿衣服或者围着兽皮，大家反而会不认可。

文化母体的作用过程可以概括为十六个字的“文化母体四部曲”，即：寻找母体、回到母体、成为母体、壮大母体。超级符号的母体观回应文化母体思想在营销传播领域的应用，具体可以概括为：营销传播借助超级符号编码，将品牌（商品）寄生于文化母体上，从而获得文化财富，激发母体行为。

品牌利用文化母体营销的底层逻辑是品牌寄生。所谓品牌寄生，就是让产品在文化母体中充当道具，文化母体为品牌提供“营养”和“居所”。文化母体异常强大，且必然发生，个体无力抗拒，品牌寄生于文化母体中，借用母体的能量和文化财富，只要品牌寄生成功实现，消费者的购买也必然发生。

以田七牙膏电视广告为例，品牌寄生在人们拍照的仪式中进行传播。照相和笑脸并不是一直匹配的，由于早期摄影技术有限，底片抓取形象的时间较慢，人们需要在相机前保持定格很久，故而清末、民国时期的照片里的人物多半神情凝重、神态疲惫，很少有笑容出现。改革开放后，许多中国家庭都购入了相机，但由于当时需要使用特定的胶卷显影，照相对特定的光线和环境都有要求，照相对很多人来说是一次珍贵而富有意义的活动，特别是记录一群人“团聚”的合照，大家都希望能保留住开心的瞬间，于是人们在相机前一起喊出嘴角翘起的口号，以此在照片上保留微笑的形象。田七牙膏的电视广告借用人们习惯在照相时摆出笑脸、瞪大眼睛防止闪光灯刺激闭眼和齐声喊出仪式化口号的特点，设计了一个在拍照时大声喊出“田七”的生活场景，将品牌寄生于此，田七品牌因此与日常生活中的符号和仪式建立了连接。现在人们拍照多用手机，拍照从少数的仪式化时刻记录逐渐衍生为通过自拍再现真实日常，照片上人们的笑容不再是标配，照相追求表情的自然，一群人合照也不必担心胶卷费用而是可以反复重拍，在照相时齐声喊“田七”的现象逐渐减少。

品牌寄生在文化母体中，能够提高与消费者的沟通效率。我们的每一个行为都在执行母体的需求，人类社会为我们的每一个行为都准备好了母体所需的场景和道具。在品牌价值传播的过程中，有一些信息的含义极其复杂，如果不是在特定文化中成长起来的人，很难准确理解其中的含义。比如“怕上火喝王老吉”，“上火”到底是什么，其实很难用简短的语言解释清楚，但作为中国人，从小到大，各类积食、溃疡、咽喉肿痛、便秘等身体小恙都会被家长归为“上火”。“去火”的方法可能各地都有不同，但王老吉把广式凉茶定位为“去火”，就让顾客自动带入了各类有可能出现“上火”的生活场景。在电视广告中吃火锅、熬夜看比赛等画面的暗示下，王老吉成为预防“上火”问题的道具，无须解释“上火”的原因、症状、病理等，人们在中医“治未病”和“养生”思想的文化母体影响下，自动把王老吉带入各类有可能引发“上火”的场景。而这类广告创意是很难在中国之外的市场流通的。

超级符号理论认为广告的创意来源于文化母体，文化母体为超级符号提供原型和原力，在文化母体中，既可以找到这个符号的最初版本，也可以找到它演化后的多个版本。品牌寄生的作用机制理论来源于对神话研究闻名的文化学者叶舒宪提出的N级编码理论。他认为在文化结构中存在一个编码程序，分别是一级编码——物与图像，二级编码——文字，三级编码——古代经典，以及后续的N级编码——后代创作[①]。借用N级编码程序，将其作为超级符号从发现到成型的一种方法论，具有极强的解释力与合理性。

第三节　约定俗成：“雅”与“俗”之争

在许多领域里都存在着“雅”“俗”之争，在广告营销领域，人们喜欢通过描绘上层社会生活方式来塑造品牌的高级感，吸引普通的消费者，促进消费潮流自上而下的模仿和流动；广告语为了体现品牌的志存高远，偏爱使用

（扫描二维码，观看本节课程视频）

① 叶舒宪，章米力，柳倩月. 文化符号学：大小传统新视野[M]. 西安：陕西师范大学出版社，2018：8.

隽永拗口的书面语，广告语很难通过“说—听”的方式表达全部的含义，必须通过“视觉—大脑”的反复思考才能了解其中真意。这无形中提高了品牌传播的成本，包括教育大众的成本（普通人接受新鲜的生活方式需要一定的时间）、信息传播损耗的成本。

“崇雅抑俗”的现象存在于许多文化中，这与“崇文尚文”和精英统治的历史密切相关。当书面语只能被少数特权阶级掌握时，整个社会自然就形成一种表达的“等级制”。在中国古典文学作品中，诗的地位要远高于词、曲和小说，这种等级制的存在主要是创作者的身份等级差异导致的。

不过，这种“崇雅抑俗”的社会风气与品牌传播的逻辑相悖，品牌要把信息传播给更多的消费者，广告的“到达率”是品牌计算媒介成本的重要指标，只有尽可能多地吸引消费者，让消费者知晓、喜欢、谈论，才有可能实现产品的持续购买。这对高端品牌和普通品牌都很重要，高端品牌的品牌价值需要社会的认可，普通品牌需要足够大的销量赚取利润。有些品牌自称“小众”，不过是为了满足人们与通俗化保持距离的一种自我形象管理，“小众”品牌自身的梦想其实都是成为大众熟知的品牌。

超级符号原理认为，企业应该把“俗”作为品牌营销信息传播的目标，这个“俗”是“通俗”“民俗”“风俗”“习俗”，是人们的“约定俗成”和文化母体，不是“庸俗”“低俗”“媚俗”。“俗”本质上是一种流行程度高的体现，可口可乐把圣诞老人从宗教化、神秘化变为世俗化、商业化，无疑是品牌传播的巨大成功。只有成为文化母体的一部分，品牌才能长存。

以关羽为例，《三国演义》描写了1 191个人物，其中武将有436人。九大名将中关羽只排第四，但关羽这个形象是所有武将中最清晰的，在人们心目中的地位也最高。关羽的形象经过历代王朝的推崇，已经衍生出多各版本，既是“武圣”又是“财神”，还是忠义的代表，从三国时期蜀汉将领变成民间跪拜的“关圣帝君”，人们对关羽的穿着、相貌、武器、坐骑都有非常精确的共识。含有关羽形象的电影、电视剧、游戏、手办、电竞角色、游戏周边受到大众的追捧，甚至走出国门，在东亚地区都有极强的影响力。2022年手游《王者荣耀》上线的关羽荣耀典藏皮肤售价在2 000元左右，但玩家们仍旧十分喜爱。因此超级符号理论认为，只要找到文化母体、呈现文化母体，必然会产生销售[①]。

① 华杉，华楠.超级符号原理[M].上海：文汇出版社，2019：37.

广告的“雅”“俗”之争是对文化母体背后的人和商品之间关系的重新定义。商品即信息，包装即媒介，每个商品都有可能成为母体的道具，以特定的符号形象固定在母体仪式中。月饼是一种节日性食物，一般只在中秋节前的半个月上市，中秋节一过，市面上的月饼就会迅速销声匿迹，月饼之于中秋节，粽子之于端午节，汤圆之于元宵节，火鸡之于感恩节，南瓜之于万圣节，都具有同等的符号地位。相对于春节来说，中秋的演化体系简单了许多，中秋于现代中国人而言，基本只剩下赏月和吃月饼这两件仪式性活动。

来自美国的哈根达斯是许多中国人最早接触到的高级冰激凌品牌，哈根达斯以其高昂的售价、细腻的口感和精致的消费环境，一度改变了中国人对于冰激凌的认知。“×××届的哈根达斯”“×××届的爱马仕”“×××届的劳斯莱斯”，曾经都是一个商品品类里顶级品牌的代名词，哈根达斯自带符号意义。哈根达斯冰激凌月饼于2011年在中国上市，受到了市场的广泛欢迎，和同时期过度包装的传统月饼相比，冰激凌月饼性价比较高，尽管价格不低，但哈根达斯在当时人们心目中地位不俗，月饼又是一种在馈赠中广为流通的食品，而冰激凌月饼由于需要低温保存，比一般月饼的保质期要长，因此被看作融汇中西的礼品典范。冰激凌月饼作为礼品，既有哈根达斯的品牌价值背书，又因其新奇可口受到人们的青睐。冰激凌可以是任何形状的，但月饼只有圆形的，把冰激凌做成月饼的形状，再印上嫦娥、牡丹亭、彩云追月等传统中国图案，就获得了中秋节这个符号意义，从而把冰激凌变成了月饼。除了冰激凌月饼，哈根达斯的冰激凌火锅也是明星产品，它是脱胎于欧洲奶酪火锅和中式铜锅的巧克力火锅，下面放一个小小的酒精蜡烛，围坐桌旁的人们用叉子插水果或冰激凌去蘸火锅中融化的巧克力，从而获得一个脆皮甜品，这种充满仪式感的食物一度是人们去哈根达斯下午茶聚会的必点甜品。

人类共同生活在一个巨大的文化母体中。文化母体中有程序、戏剧、脚本、道具，文化母体永不停息、无所不包、循环往复、真实日常。从母体中来，到母体中去，成为母体，壮大母体，这就是商品在母体中扮演的角色。如果能实现这一流程，就实现了品牌寄生。文化母体可以理解为一种信念，它提供了一种对商品、品牌、营销传播的全新理解范式。文化母体在过去频繁发生过，未来也必将发生[①]。

---

① 华杉，华楠.超级符号原理[M].上海：文汇出版社，2019：28-32.

第三题　什么是刺激反射？

提起“刺激—反射”原理，人们通常会想到俄国生理学家巴甫洛夫研究的条件反射理论。条件反射是原来不能引起某一反应的刺激，通过学习将刺激和反应建立连接。产生条件反射的刺激信号可以是具体的事物，也可以是抽象的词语，例如《三国演义》中著名的“望梅止渴”就是曹操利用了士兵对“梅子酸——淌口水”的条件反射。另外，条件反射与人（或动物）的其他习惯一样，都是需要学习的，是暂时的、不稳定的，如果条件反射反应不再被引起，经过一段时间后条件反射就会失去作用，但条件反射可以重建[①]。

“刺激—反射”原理后来在行为主义心理学中得到了发展。行为主义心理学认为，有机体从出生到死亡，时刻受到来自身体内部和外部的刺激，任何一种有效的刺激都可以引起一个反应。所谓有效的刺激，是指这个刺激有足够的力量，能促进感觉器官产生神经冲动从而到达肌肉层。行为主义心理学的创始人约翰·华生提出了“学习”对形成固定的“刺激—反应”模式的重要性，他认为成人相较于幼儿而言，大部分反应都是通过后天习得的。例如，成人看到信号灯红灯亮起会自动停止行进，进而把特定场域和情景中的红色符号都当作“禁止”或者是不合格的意思，很怕看到考试成绩里的红色“×”符号；而婴儿看到红灯并不会产生这样的反应和认识，婴儿会将视线转向光线，在强光下瞳孔会收缩，这部分反应是非“习得”的刺激—反应行为。关于成人的习得反应，行为主义学家认为有机体也可以通过调适其生理状态使刺激不再引起反应[②]。

巴甫洛夫的条件反射理论和华生的行为主义心理学是超级符号原理体系中传播三大定律之一——“刺激—反射”定律的理论源泉。超级符号理论认为，企业发布广告主要为实现两个目的，第一是“买我产品”，第二是“传播美名”。品牌营销并不是为了让顾客喜欢某个广告的创意，而是为了促进顾客的行动，一是购买的行动，二是向亲朋好友推荐的行动[③]。广告存在的终极意

---

① 华生. 行为主义[M]. 潘威，郭本禹，译. 北京：商务印书馆，2019：38–39.

② 华生. 行为主义[M]. 潘威，郭本禹，译. 北京：商务印书馆，2019：20–21.

③ 华杉，华楠. 华与华方法[M]. 上海：文汇出版社，2020：172.

义就是通过构建“刺激—反射”模式，促进消费者在看到特定的“刺激”时下意识地“反射”特定的行为。比如脑白金的广告语——“今天过年不收礼，收礼就收脑白金”，把脑白金和“中国人过年走亲访友要送礼”这个行为连接起来，当你走进超市准备为很久没见的亲人选购一款礼物，却不知道买什么的时候，脑白金的这句广告语就会跃进脑海，让你结账付款，拎着它敲开亲戚家的门。再比如红牛的经典广告语——“困了累了喝红牛”，向消费者传达的就是“如果你困了累了，你就应该去买一罐红牛喝”这样一个固定的“刺激—反射”模式。“刺激”是生活中可以预见或正在进行的劳累场景，这种场景广泛出现在现代都市人的生活中，学习学累了、工作熬夜了等，现代人的生活内容是被时间追着走的，每一天的每一个时段都被安排了必须要完成的内容，所以很多时候困了、累了不能马上休息，或者休息很难迅速缓解疲惫，那么喝红牛可以帮助你很快回归生活的节奏，摆脱这种不适。现在很多人在加班熬夜之前会自然而然地买几罐红牛用来提神。从这个消费场景出发，咖啡的竞争对手可能不是别的品牌的咖啡，而是红牛。红牛不需要告诉你它的成分、产地、口感、加工方式，只反复强化你的刺激前提和行为反射，就成功地在你的心智中刻下了烙印。红牛在2005年开始用广告语“困了累了喝红牛”轰炸市场，两年后销售额就达到了44亿元，2012年销售额超过了100亿元。

第一节　行动指令：给我一个购买理由

（扫描二维码，观看本节课程视频）

“困了累了喝红牛”，红牛的这句广告词在中国一用就是8年。2013年红牛的广告语改成了“人生或是一次勇敢的探险，或是虚掷光阴，你的能量超乎你想象”。听起来好像更有意境了，但仔细看去，整句话没有对接任何真实的消费场景：到底生活中什么行为叫作“勇敢的探险”，什么行为叫作“虚掷光阴”，这两件事和“你的能量超乎你想象”有什么必然关系，又跟红牛有什么关系？我们几乎无从知晓。新的广告语除了抽离了顾客具体的消费场景，也抽离了“购买”这个行动指令，只保留了激励人奋进的意象。两句广告语对比，效果有着天壤之别。

在红牛换广告语的同年，另一个功能性饮料品牌捡起了这个广告语——

“累了困了喝东鹏特饮”（见图3.1）。除了品牌名，广告语几乎一字未动，刚一上市，人们还有点怀疑：广告语也能抄？怕不是个小品牌！但东鹏特饮在各大电视台的黄金时段狂打广告，很快，越来越多的人开始尝试东鹏特饮，使其销售额快速上升。截至2020年，东鹏特饮销售额达到了49.59亿元，并且先于红牛一步登陆A股。而早在2014年销售额就突破了200亿元的红牛到现在还没有上市，由于“红牛”商标使用权的问题，现在国内几乎看不到中国红牛的广告。

图3.1　东鹏特饮广告[①]

如何通过下达行动指令实现购买行为，我们认为可以从以下几个角度操作。

一、行动指令要连接生活场景

东鹏特饮的平面广告，除了经典广告语强化“刺激—反射”行动指令，还把顾客可能出现疲惫的具体生活场景用最简单的词语和图片罗列出来。广告中的人物穿着符合行为场景的典型服饰，进行典型动作，消费者可以自行对应，意识到在工作时、逛街时、开车时、看球时、旅游时、攀登时、游戏时、运动时都可以喝东鹏特饮，从而让刺激可能发生的时间、地点进一步具体化。不同的消费者可能有不同的生活内容，但总可以在这些选项中找到自己熟悉的场景。

---

① 暑期自驾游畅玩，东鹏特饮为你补充能量[EB/OL]. [2022-04-15]. https://www.sohu.com/a/258802323_114029.

二、行动指令要用简单的字词

许多成功的广告语都采用“刺激—反射”模式，比如“爱干净，住汉庭”“人头马一开，好事自然来”“充电五分钟，通话两小时”“有了肯德基，生活好滋味”“农夫果园，喝前摇一摇”。这些广告语几乎都省去了“如果……就……”这样一组表意递进的连词，我们可以尝试进行扩写：“（如果你）爱干净，（那你就）住汉庭”“（如果）人头马一开，好事（就）自然来”“（如果你用OPPO手机，只要）充电五分钟，（就能）通话两小时”……经典广告语的“刺激—反射”模式是为了通过一句简单的话语给消费者一个购买理由或行动指令，因此要尽量地缩短消费者的决策时间，让消费者看到品牌名就自然想到广告语中品牌关联的意向，进而去购买。

很多品牌想设计出一条能够展现产品所有优势和性能的广告语，还要求广告语看起来有文化，最好使用典故或者双关语。汉庭酒店在推出“爱干净，住汉庭”的广告语之后，又写了一条升级版：“净下来，去生活”。这条广告语听起来的确适合挂在墙上作为隽语，因为有意境、有文化，但其中存在一个问题，就是这句广告语如果是说出来的，那么听的人不知道这里的“净下来”是干净的“净”，更像“静下来”，仿佛是在讲酒店很安静。广告语中传达了太多的意思，只能通过视觉去传达它的完整含义，就会在传播过程中发生信息的损耗，这就提高了传播成本。

今天的人们都是在印刷文化背景下成长起来的，习惯用以视觉为中心获取信息，即便电子时代有各种融媒体手段丰富信息传播方式，但大多数还是基于视觉进行的技术发展，在印刷文化的培育下，人们往往忽略了信息传递的其他途径。超级符号理论最关注的传播效果之一就是推动消费者向传播者转变，实现品牌营销信息的播传。这里的“传”本质上是一种听说结合的传播，如果广告语太“有文化”，或者存在双关、谐音等复杂的修辞，就很难将广告中的完整含义通过“听—说”的方式传播。前文提到的红牛广告就是这种情况，“困了累了喝红牛”，这句话几乎听一遍就能记住，而且能不假思索地说出来，而后来的新广告语，人们最多只能记住“你的能量超乎想象”，前面的几句就很难复述出来。

三、购买理由要诉诸痛点或利益点

连篇累牍的文章、斥巨资拍摄的广告大片、精心编写的植入广告都不一定能说服消费者，为什么一句广告语就能成为行动指令，让消费者去购买？关键是广告语要在最短的句子里讲最重要的事。这件事或许是实际生活中的难题，或许是人世间最珍贵、最美好的情感，或许是令人愉悦、想要记住的瞬间，比如："得了灰指甲，一个传染俩，问我怎么办，赶紧用亮甲！""怕上火，喝王老吉！""步步高点读机，哪里不会点哪里。""瓜子二手车直卖网，没有中间商赚差价。""知识就在得到。"

不是非要用含义复杂的词汇才能写出好广告，简单的字词、熟悉的场景、消费者关心的话题，通过有节奏的句式或者押韵，就有可能用一句话说动消费者。亚里士多德认为修辞学是"说服人相信任何东西，或者促使人行动的语言艺术"。古希腊的修辞学经过其政治体制、司法制度和艺术体系的实践论证，具有深厚的理论和实践基础，广告语属于修辞学的研究范畴，广告语的效力来源于市场的肯定。广告语留给品牌的时间非常少，因此一次只能讲一个主题，而且不要试图用一句话概括产品所有的优点，讲最突出的优点即可。有人担心这样的广告语太过"接地气"，不足以凸显品牌的高级感，但其实简单的语句也能营造出令人回味的深意，如："没有人能真正拥有百达翡丽，只不过为下一代保管而已。""所有的梦境都发生在丽兹。""不在乎天长地久，只在乎曾经拥有。"以上百达斐丽、丽兹酒店和铁达时手表的经典广告语用简单的语句、熟悉的场景（传承、梦境、爱情）、优美的句式，让人过耳不忘，回味悠长，成为一代人的记忆。

第二节　持续提示：重复放大刺激信号

（扫描二维码，观看本节课程视频）

第一节我们讨论了如何运用修辞手法把广告语变成消费者的行动指令，接下来我们进一步分析，当我们写出一句好的广告语时，如何让消费者记住它。品牌营销信息的传播一直在面对两个难题，一个是顾客听不到，另一个是消费者听到了记不住。在社交媒体盛行的今天，目标消费者听不到品牌的声音，可能是因为广告的内容与目标消费者的浏览偏好不匹配，大数据算法只推送消费者喜欢的特定内容。但多数情况是品牌自己还没把内容送达消费者，就急匆匆地开始传播新的内容。事实上，消费者听不到品牌营销信息是因为信息传播的时间不够久；消费者听到了记不住，是因为传播的次数不够多，媒介信息能量不够大。解决这个问题的方法是重复重复再重复，通过持续提示增大影响力，加快消费者身份的转化。

超级符号理论认为，根据消费者所处的时间和地点、信息和反应、目的和内容的不同，消费者处于购买前、购买中、使用中、使用后四个消费场景，消费者的角色据此可以划分为受众、购买者、体验者和传播者四个身份。根据消费场景中消费者角色的特点和需求发出最强信号，才能刺激消费者的购买行为，并实现播传。从受众到购买者尽管只是第一步，但已经是很多品牌营销活动的最重要的目的。

受众是传播的客体，购买前消费者只是受众，受众通过各类媒介获取信息。在媒介数量众多、海量信息资讯冲击每个人的今天，由于大脑自我保护机制，受众往往对绝大多数信息“视而不见”，否则大脑会因为信息超载而崩溃。有数据表明，人在一天中用于表意识处理的信息不超过总信息量的5%，其余的信息全部放进潜意识里处理。大脑的潜意识可以理解为一种近似本能的存在，是人类心理活动中未被觉察的部分，是人们“已经发生但并未达到意识状态的心理活动过程”。对品牌营销人员来说，这样的潜在消费者无异于一群“又聋又哑”的人，创意精湛的广告、高潮迭起的活动大多很难引起他们的注意，如同一滴水消失在信息的海洋中，即便目光为之稍做停留，品牌营销信息也不会在他们的脑海里留下多少印象。受众或许有消费需求，甚至有急需的商品，但由于其深陷海量信息的包围，商品广告不一定能为其购买决策提供帮助。

面对这种情况，品牌首先应借助能量强大的媒介投放营销信息，放大刺激信号，这样才能唤起受众的反应；其次要重复多次发布品牌营销信息，目的是令受众记住品牌，绕过其心理防线，直达消费者内心，放大品牌的知名度，只有不断让更多的人听说过你的品牌，品牌背后的产品功能、身份象征、公益营销才能在受众之间形成“社会认同”，进而成为构成社会意识形态的符号存在。许多高级汽车品牌每年都会斥巨资在各类大众媒介上发布制作精良的广告，对于个体受众来说，也许他当下买不起一辆凯迪拉克，但浸润在广告中，他一定知道凯迪拉克是一个什么档次的汽车品牌，那么可能就会在某一天把凯迪拉克列入自己的消费清单。除此之外，广告要讲和消费者有关的利益，解决消费者困扰的问题，“对症下药”才能唤起需求和关注，真诚才能唤起共鸣。

以2020年凯迪拉克《二次箴言》广告为例：广告全片时长为3分钟左右，讲的都是人生大事方面的“事后诸葛亮”，即经过第一次踩雷后积累了经验，第二次面对时才能从容不迫。和一般情况下歌颂人生第一次的美好不同，文案里所有的第二次都是第一次被社会狠狠“打脸”后的“真知灼见”。看房、装修、怀孕、养猫、相亲、投资等都是让普通人头疼的人生大事，第二次面对时就比第一次更加从容不迫，能够少犯错误。和以往常见的展现壮丽自然风光、繁华都市和成功人士的汽车广告不同，该广告片采用简洁的语言和普通人的生活日常作为基础，每四个生活场景后加入“第二次买车就知道，后驱才是该有的标配，没有后驱，不算豪华”这一核心场景，核心场景总共出现了三次，适当地重复宣传了产品的核心性能，又不致干扰广告片的节奏，既让观众对各类场景形成代入感，感受到广告的趣味性，又通过“重要的事情说三遍”的方式植入产品的营销信息，呼应主题，赢得消费者的情感共鸣，提升了品牌形象和产品价值。广告在凯迪拉克官方微博上发布后受到了网友的一致好评，有人说这是“第一次点开看完整的广告”，有人说“凯迪拉克广告，让我对汽车广告有了改观，再也不排斥看汽车广告了”。

凯迪拉克《二次箴言》广告文案如下：

第二次买房就知道，要早上看一次，晚上看一次，下雨天再看一次
第二次怀孕就知道，老公再好不如一个侧卧枕头
第二次home party就知道，餐具要准备越多越好
第二次投资就知道，抄底抄底深不见底
第二次买车就知道，后驱才是该有的标配
没有后驱，不算豪华

第二次跳槽就知道，气味相投很重要
第二次养猫就知道，沙发不选贵的，只选不心疼的
第二次相亲就知道，背调要严，恋爱才甜
第二次搬家就知道，该扔就得扔
第二次买车就知道，后驱才是该有的标配
没有后驱，不算豪华

第二次减肥就知道，一个西瓜，等于八碗米饭
第二次拍vlog就知道，选对bgm比怎么拍还重要
第二次当伴娘就知道，一定要穿平底鞋
第二次装修就知道，跟着电影学配色才叫高级
第二次买车就知道，后驱才是该有的标配
没有后驱，不算豪华

凯迪拉克豪华后驱轿车家族
全员登场

品牌营销信息的重复传播形式有两种：一种是保持特定信息不变（通常是广告语、品牌形象等），多次创作广告内容并在各类媒体上持续发布；还有一种是在单支广告中重复出现特定广告信息，这类广告又被称为“洗脑广告”。“洗脑广告”往往能在短时间内吸引受众，形成话题，在网络媒体上快速传播，但“洗脑广告”的内容创作并不总能引起受众的赞赏和认同，看多了广告语枯燥循环的广告会让人产生对该类型视频的“审美疲劳”。

《二次箴言》并不是凯迪拉克第一次拍“洗脑广告”，在2019年凯迪拉克就曾发布过一条相似的广告，主题叫作《没有后驱，不算豪华》，广告中贡献了许多经典的文案：没有失忆，不算停车；没有丝巾，不算阿姨；没有枸杞，不算养生；没有新词汇，不算发布会；没有自拍，不算健身……并在最后加入了一句“没有后驱，不算豪华”。这条广告让凯迪拉克突破了人们对汽车广告大片的传统印象，凭借“接地气”的形象带来了品牌话题和关注度，但由于节奏过于紧凑、句式过于单一，许多观众看过后认为这条“洗脑广告”和凯迪拉克的“豪华”定位不能兼容，损害了凯迪拉克在消费者心目中的一贯形象。因此，2020年的《二次箴言》可以看作凯迪拉克吸取经验教训后的再次出发，也是凯迪拉克发布“洗脑广告”的“二次箴言”。经过上一年的发布，许多人已经对广告语“没有后驱，不算豪车”有所印象，《二次箴言》趁热打铁，沿用这条广告语并修正了广告片的叙述节奏，将广告片的受众从喜欢观看“洗脑广告”的年轻人进一步扩展到有一定经济收入、愿意第二次消费的人群，并对真实生活场景有了更进一步的调查和贴近，重复增进了消费者对产品认知的同时也带来了好评。

第三节　无须解释：提高顾客筛选效率

（扫描二维码，观看本节课程视频）

强化品牌营销信息的“刺激—反应”模式，通过解码的形式进行编码，对品牌超级符号进行修辞学上的改造，目的是简化顾客读取信息的流程，加快信息传播的速度，提高顾客的决策效率。基于这样的创意原则，广告必须能够消除消费者读取信息的不确定性，解决他对“这是什么？”“这有多少？”这卖多少钱？”等核心问题的疑问，而不能让顾客陷入更大的疑惑中。

在传统媒体时代，大众媒体总量有限，人们获取信息的渠道相对单一，一组印刷精美的平面广告既能传播品牌信息，又能给人以审美享受。立体的画面压缩在二维平面中，信息元素大量丢失，受众必须要极大程度地参与信息的传播，通过常识、经验和想象补充信息残缺的部分。受众根据画面内容自行解读的方向丰富多样。麦克卢汉在著作《理解媒介：论人的延伸》中把这类媒体称为冷媒介，与之相反的是热媒介。冷媒介与热媒介的区别在于媒体提供的信息是否清晰，以及理解媒介的信息需要受众的参与程度和互动程度如何。冷与热是一个动态且相对的概念。比如电视是冷媒介，因为电视传输信号发送的画面由一个又一个像素点组成，需要人脑来补足形象，而电影就是相对较热的媒介，每秒放映24格，画面清晰又完整，受众能够获得直接确定的信息。麦克卢汉认为同一媒介在不同情况下的冷热程度也不同，例如纳粹德国的广播是热媒介，基本禁止受众的自行解读和交流互动，而同时期英、美两国的广播能随意播放娱乐性信息和商业广告，因而是相对更冷的媒介。媒介的冷热受到政治体制、经济发展水平、文化传统等多重因素的影响。

和传统媒介时代不同的是，今天的受众大多不会对单一广告投入太多的时间，如果一眼看去不感兴趣，或者看上两秒不能立刻明白其表达的含义，又或者略一琢磨却无法确定信息的主题，基本就会选择忽略此广告。此外，当今广告的形态增多，信息传播环境发生根本性的改变，场景理论成为制定品牌营销策略的重要基础，跨媒介的世界构建逐渐展开。即便仍旧是一组平面广告，以前登载在杂志和报纸上，人们可以通过反复阅读厘清信息的真意，而现在大多发布于网络媒体平台，少部分以户外广告形式出现，人们或者压根不会注意到，或者看过一次后再也不会浏览。因此，品牌需要传播确定的信息以降低消费者的解码成本，强化“编码—解码”的“刺激—反射”模式，可以通过媒体选择和逆向编码两种方式实现。

一、媒介选择

超级符号理论主张品牌要选择热媒介发布信息。一般来说贵媒介等于强媒介，当广告很贵的时候，消费者会认为这个品牌更具品牌价值，其所发布的信息信号能量也更大。

所谓“强媒介”，是超级符号理论基于麦克卢汉“热媒介/冷媒介”理论的发展。强媒介相对的是弱媒介，媒介天生携带能量，衡量媒介强弱的标准包括媒介的信号能量、仪式性、时间长短等多方面指标。一般来说，信号能量大、可信度高、传播效果好的媒介就是强媒介，信号能量小、可信度低、传播效果差的媒介是弱媒介。对于品牌来说，要根据自己的预算找到最强的媒介去传播品牌信息，这样才能最大限度地释放品牌能量，引起消费者的注意，促进消费行为的转化，不断累积品牌的知名度和美誉度，形成品牌资产。超级符号提出强媒介的概念，目的是力图优化营销传播效能，强媒介本身能够赋予品牌信息的传播仪式感，增强受众的情感体验，鼓励受众按照他们所熟悉的“仪式”传播的方式对符号进行解码。

比如大阪的格力高“跑男”广告牌（见图3.2），自1935年设立，距今已经近九十年时间，更换了六代，2003年被认定为“大阪指定景观形成物”，俨然成为大阪的代名词。格力高最早卖的是焦糖，这种糖果一颗的热量是15.4千卡，刚好是一个体格匀称的人跑300米所需的能量，所以选择了一个奔跑着的成年男性担当广告主角。初代格力高广告牌最高，达33米，目前矗立的第六代广告牌高20米，宽10.38米，由14万个LED（发光二极管）节能灯组成广告面板，跑男形象和背景根据潮流和热点变化，比如2002年世界杯运动装、2003年大阪棒球队大阪神虎队服和2007年国际田联大奖赛日本队队服，在2014年还出现了女性形象。日本关西大学教授宫本胜浩称，这块广告牌有望每年带来约291亿日元的经济收益。

二、逆向编码

超级符号理论认为，一切传播都是编码和解码。营销传播效能的最大化

图3.2 日本大阪道顿堀著名的江崎格力高广告板①

需要以信息的接收者为起点和终点，用解码来解决编码的问题。有关逆向编码可以从四个方面解读：

第一是符号编码和解码层面。传播可以利用接收者的潜意识，让编码在接收者脑海里完成，发送者发送的是“观念的爬虫”，调动消费者对信息文本的既有认知。例如“新东方，老师好”这句广告语，中国人从小就被教育尊敬师长，上课前要向老师敬礼，齐声喊“老师好”。“老师好”这三个字，既作为信号意味着上课的开始，也通过汉语的双关修辞表达了“新东方”的教师质量优异。

第二是媒介层面。媒介不只是信息传播的中介，还是编码的一部分。媒介的内部结构和运行机制影响着人们对信息的获取和思考方式。如平面广告的发布平台从杂志变为微博时，品牌系列广告、品牌与品牌的互动广告方面有了快速发展，网友可以通过围观的方式追踪品牌的广告活动，也可以通过评论点赞的方式与品牌方互动，品牌方可以及时获取受众对特定广告营销活动的观点反馈，从而修正下一阶段的营销活动。

第三是接收者层面。接收者同时也是发布者。品牌信息通过大众媒介到达一部分接收者，接收者通过人际传播到达更多的接收者，我们称之为消费

---

① 袁蒙. 跑遍世界风景 大阪第六代“格力高”广告板登场[EB/OL]. [2022-04-30]. http://japan.people.com.cn/n/2014/1024/c368549-25901483.html.

者的播传。播传能极大地降低品牌营销成本，扩大品牌的知名度，因而品牌应更注重信息的传达率而非到达率。

第四是信号层面。信号要足够简单，信号能量要足够强，信号要持续不断地传播、长时间重复，这样才能将品牌超级符号的解码和编码方式固定，“刺激—反射”模式才能不断加强，减少信息传播的损耗，提高消费者的决策效率和筛选效率。例如三精牌葡萄糖酸钙口服液的广告语：“三精制药，开创口服液蓝瓶时代。蓝瓶的钙，好喝的钙。”消费者看到蓝色的小瓶子就会想到三精牌，除了产品外，广告画面中还有用小蓝瓶编成的风铃，和广告语一起强化消费者记忆。

一般来说，品牌发布广告是没有机会向消费者解释广告内容的，无论是露天的大广告牌还是陈列在货架上的商品，品牌不可能额外配备营销人员解释广告中信息不完整的部分。如果顾客看不懂广告，或看完广告后增加了信息的不确定性，就不可能对品牌形成认知，那之后的“兴趣—欲望—购买—分享”行为也就无从谈起。广告必须能够帮助销售，强化品牌符号在消费者心目中的记忆，当顾客进入消费场景时，才有可能想起。广告发布在强媒体上重复再重复，就能强化消费者的“刺激—反射”行为，提高消费者的筛选效率，进而促进商品销售。

第四题　什么是逆向编码？

第一节　营销传播过程的噪声与应对

（扫描二维码，观看本节课程视频）

符号一旦形成理论思想，就立刻成为理解传播的重要视角。营销传播的目的是通过影响消费者的观念和行为，促使他们做出购买商品的行动。企业想要消费者购买自己的商品，就需要一个符号来指称它。符号的编码与解码是所有传播要素的核心，符号的重新编码会直接作用在营销传播效能上。营销传播效果的最大化需要以信息的接收者为起点和终点，用解码来解决编码的问题，这即是本部分要讨论的“逆向编码”问题。

对“逆向编码”的讨论，需要回到营销传播的基本模型中来。关于传播有多种不同定义，比如信息传递、思想交流、思想发送方与接收方之间的思想统一或归一过程等。施拉姆把信息看作一种基本符号，传播实现的前提必须是双方的经验领域具有某种共性。他认为：“信息源能编码，信息传播终端能解码，只能以各方所具有的经验为条件。……信息是一种基本符号，传播实现的前提必须是双方经验领域具有某种共性。”归根结底，传播是指人类通过符号和媒介交流信息，以期发生相应变化的活动。

当我们讨论传播过程研究时，往往会从香农-韦弗模式谈起。这一模式又被称为“传播过程的数学模式”。其内容主要描述电子通信过程，为传播过程研究提供了重要的启发。在这个模式中，传播被描述为一种直线性的单向过程，包括信息源、发射器、信道、接收器、信息接收者、噪声六个因素，这里的发射器和接收器起到了编码和译码的功能。它的第一个环节是信息源，由信息源发出信息，再由发射器将信息转为可以传送的信号，经过传输，由接收器把接收到的信号还原为信息，将之传递给信宿。在这个过程中信息可能受到噪声的干扰，例如：在收看广播电视节目时，天线接收功能不好，电视信号弱，造成图像不清晰；教室里光线过强，影响了显示在屏幕上的投影图像的清晰度；教室外过道上的谈话声过大，影响了教室里的教师授课及学生听讲。这些都可以看作噪声的影响，产生了某些衰减和失真[①]。

从对传播的理解可以看出，任何传播得以实现的前提是双方必须具有某一共同的想法，而且这种想法要能够准确地从一方传达到另一方。这是一个看上去简单至极的目标，但实际上许多传播却远远没有实现。其原因在于看似简单的传播过程通常都是十分复杂的。菲利普·科特勒在《营销管理》中以基本的传播模式为依据，总结了由九个要素组成的营销传播模式。其中，两个要素表示传播的主要参与者：发送者和接收者；两个表示传播的主要工具：信息和媒体；还有四个表示沟通的主要职能：编码、解码、反应和反馈；最后一个要素属于系统中的干扰，即噪声。这些噪声通常来自四个方面：①竞争者和其他利益相关者的信息；②环境和传播媒介自身杂乱的信息场，比如美丽的模特是品牌的形象代言人，模特既是品牌信息的传播载体，同时自身也在向受众释放信息，消费者对模特关注甚至超过了对品牌信息的关注程度；③接收者自身因素所导致的信息干扰（内部噪声），比如一个信息虽然设计得非常完美，传播媒介也十分顺畅，但是由于接收者当时正处在一种激动情绪之中，所以对信息的反应可能完全出乎信息设计者的意料；④企业自身对信息传播的不一致，信息互不协调[②]。如何降低营销传播中的噪声问题，成为企业和品牌最为关心的议题之一，科特勒对噪声的分析基本穷尽了噪声的四个来源，从源头提出了解决噪声的策略。为了进一步回应噪声问题，我们需要回到传播行为，把营销传播的现象嵌入传播研究的思考框架中。

简而言之，一个传播过程可以概括为：传播关系中，一位发出符号，另一位使用符号。在符号发出之前，发送者感到有交流的必要，于是在人脑的“黑匣子”中对信息进行加工，进而产生信息的编码，然后向人体的肌肉发出指令，进而产生符号，包括但不限于口语词、书面词、姿势、图画等。接收者则把注意力集中在符号上，依靠感官去处理符号中的信息，并且在人脑的“黑匣子”中加工信息，对储存在头脑中的印象做必要的修正，对需要采取的行为做必要的顺序调整。施拉姆把前者发出符号的过程称为A类传播行为，把使用并接收符号的过程称为B类传播行为。

从上述的传播关系可以看出，发送者在准备发送符号的时候，无论他们如何竭尽所能调动所有的谋略和技能对语音、文字和图画等进行加工，但是，

---

① MCQUAIL D，WINDAHL S．Communication models[M]. London：Longman Publishing Group，1995.

② 科特勒，凯勒. 营销管理[M].梅清豪，译.北京：格致出版社，2011：535-557.

他们对符号的作用在发送后就戛然而止了。一旦发出，符号就独立存在了，脱离了发送者的控制，发出之后的效果如何也不受发送者控制。比如将军只能训练士兵，送其上战场，但将军不能去，既不知道他们是否打了胜仗，也不知道士兵会不会执行之前的战术意图，甚至不知道士兵是否攻击了预定的目标。

在传播学研究的早期有一种被称为“皮下注射”的理论，又称为“子弹论”“靶子论”“魔弹论”。该理论认为有经验的传播者可以将思想、信仰或意图“注入”接收者的身体，直接控制行为。传播类似于魔弹，毫无阻拦地传递观念、情感、知识和欲望，在传播关系中，信息从发送者可以直接“迁移”到接收者。但这种思想忽视了接收者的自主性与能动性，传播过程恰恰不是原封不动的“注入”，也不是思想的“迁移”，相反，发送者所发送的符号会激发接收者的思想，传播的信息是一种催化剂，它能在信息接收者身上产生一触即发的效果，因为接收者本身就具有复杂而多变的结构，储有巨大的能量，他需要的是发送者的符号。

上述的思考为处理营销传播过程中的噪声提供了另外一个思路，即从传播行为的发送者与接收者的传播关系视角来进行切入，对接收者头脑中既定认知的理解成了关键点。人类传播与自然世界的信息传播存在很大差异，我们不能将其简单化。信息不像电流，电能沿着电线流动，抵达灯泡，灯泡随即发亮，但有些信息也可能会直接引起一望而知的外显行为。我们在日常生活中都有类似的经验，我们的有些反应嵌入本能，近乎自动。例如，一听见汽车喇叭声或者“失火了”的呼喊，我们很快就会做出反应；再比如，对一个士兵而言，当有人突然大声喊他的名字时，他本能地就想回应一声“到”。所以，在某些情况下，发送者也可以直接找到类似的信息和符号，从而引发接收者的行为反应。事实上，传播学早期模型的基本构型就是信息物理学家对信号的线性传播过程的描述。信息论的机械特性鲜明地体现在早期传播学模型上。之前讨论过的香农–韦弗模式主要涉及的是传播渠道所能运载的最大数量的信号传递问题[①]。

传播过程中会有反方向的传播“反馈”，因为在社会传播中，传播的双方都是具有能动性的主体，互动是社会传播的本质特征，离开了反馈便不能说

① 麦奎尔.大众传播模式论[M].祝建华，译.上海：上海译文出版社，2008：16.

明这种互动性[①]。这一点也可以称为人际间更广泛的传播与信息扩散，在这种情况下，发送者就变成了接收者，接收者也成了发送者。施拉姆所谓的A类传播行为和B类传播行为在现实中是不断切换的。当发送者发出一个信息，接收者在处理完之后，也可能需要进行编码，这些编码多半是非正式的、无意的，但不管怎样，当接收者发出它的“反馈”信息和符号后，原来的发送者就成了接收者，开始对内容进行解码，如此循环往复，正如皮尔士的“无限衍义”理论所理解的，任何解释项都可以成为一个新的符号，新的符号又产生新的意义，以至无穷。符号意义虽然在理论上无限开放，但实际上不会永远延续下去。这个暂时停止，就是意义的成型。具体到商业领域，营销传播的发送者尽管无法控制所有人的思想，却可以设法让大部分接收者的思想落到某一点上，即让接收者尽可能统一明确地接收发送者的意图，让接收者更多地可以转化为发送者，除了到达之外，还要传达，他们向其他人继续传播，形成信息的广泛扩散。

第二节　从解码到编码：营销传播的逆向编码

（扫描二维码，观看本节课程视频）

符号就是传播的底层逻辑，一切传播都是符号的编码、传送和解码过程。比如你正在阅读的这本书，就是我用汉语言文字符号编码，传送给你，你通过解码来理解的。如果用最简单的共识来概括传播的过程，传播由三个部分组成：甲方、乙方和双方共享的符号。体现在符号过程中，也有三种与之类似的“意义”：首先是发送者的意图意义，其次是符号信息的文本意义，最后是接收者的解释意义。不同类型的符号文本对这三者的倚重程度是不同的。科学文本往往比较看重文本意义，所有同行都可以在同样的条件下去验证这个文本，主观因素被排除在外；实用性表意更倚重意图意义，主要聚焦的是“我原意并非如此”；而营销传播往往更注重解释意义，一则商品广告的意义在于接收效果，一则广告之所以成功，其原因就在于可以让绝大部分目标消费者理解企业和广告公司所希望传达的意义。

一切传播都是符号的编码和解码。传播的理想过程是：发送者依照符码

① 郭庆光. 传播学概论[M]. 北京：中国人民大学出版社，2011：51.

对符号信息进行编码，意义被编入符号文本，接收者对符号信息进行解码，信息就转换回意义。营销传播的符号至少有一部分存在于发送者的符号储备系统中，也存在于接收者的符号储备系统中。为了让接收者适当地解码相关信息，发送者必须尽其所能，根据接收者的知识背景与传达内容来转化信息，开发出合适的模式，塑造必要的形象，以达到良好的沟通目的，这样才能完成营销传播过程。在营销传播过程中，接收者既是起点，也是终点。对于营销传播而言，发送者更关注的，或者说唯一关注的，是消费者解码的结果，所以，发送者需要把符号视为编码的材料，从接收者的解码过程入手，充分理解接收者头脑中既有的认知，然后再进行编码，对要发送的信息进行选择和设计加工。从传播过程来看，这是一个逆向编码的过程，即用解码来解决编码的问题，如图4.1所示。

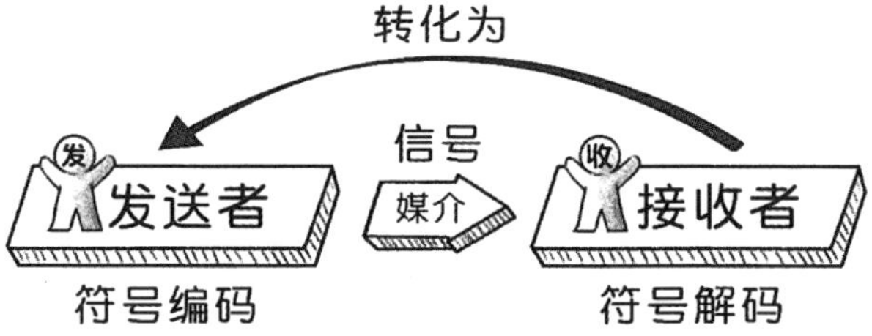

图4.1　营销传播的四个关键

第一，利用接收者的潜意识，让编码在接收者脑海里完成。也就是说，发送者发送的并不是最终编码，而是一个“观念的爬虫”，用来挖掘接收者脑海里的数据。

所有的传播思考都会有损耗，如果说我们想发送“1”，可能只能得到“0.01”。发送“1”得到“1”，或者发送“1”得到“10”，甚至发送“1”得到“100”，这样的传播效果无疑是所有传播者最想达到的目标。符号学的“伴随文本”很好地回应了这一点。任何一个符号文本都携带了大量社会约定和联系，这些约定和联系往往不显现于文本之中，而只是被文本“顺便”携带着。在接收者的意识与潜意识里存在着巨大且丰富的认知基础。文本不仅是一个符号组合，而且是一个浸透了社会文化因素的复杂构造。社会学家布尔迪厄在谈到“习性”时说，习性塑造个体行为是一种深层的结构性的文化母体（deep-structuring cultural matrix），它根据不同的阶级产生自我实现的预言能力，通过引导个体“不假思索地服从秩序”而把“必然性”转化为“德性”。

这个过程就需要符号文本的表征与建构。

广告史上的著名人物李奥·贝纳在创作中格外强调调动目标消费者潜能的重要性，文案与视觉符号背后需要有相关的文化意义联想。这一点相对于之前的罗瑟·瑞夫斯用科学的观点去突出产品的独特销售而主张的“灌输注入”有很大的不同。在他最为知名的作品——万宝路的牛仔系列品牌广告中，他将原本为女性群体设计的万宝路香烟发展为一个男性香烟品牌，选择了“牛仔”来突出男性的强壮和男子汉气概，而没有选用其他粗犷的户外男子汉形象，比如橄榄球运动员、拳击手、赛车手等。广告的画面是美国人所熟悉的牛仔形象，他或者骑着马、赶着牲畜，或者在篝火旁休息。这一从美国历史中挖掘出的神话般的人物形象刺激了美国公众的潜意识，使原本公众头脑中对牛仔形象的熟悉、认知和联想等符号文本被激活、唤醒，并集中涌现出来。在传播层面，李奥·贝纳和万宝路送出去的不是一个已经完成了的信息包，而是一个“观念的爬虫”，即牛仔的形象，以此来挖掘美国民众脑海里本来有的“数据”。万宝路牛仔形象成为令人难忘的真正的男子汉形象，也成为广告史上最为成功和持久的经典形象之一。

第二，媒介并非只是传送媒介，它本身就是编码的一部分，有时甚至是最重要的一部分。

以麦克卢汉为代表的媒介环境学派对媒介进行了深入的讨论与理解。媒介环境学派研究传播媒介如何影响人的感知、感情、认识和价值。麦克卢汉指出媒介形式本身即在传递着一种信息，人类历史上每一次发明或更新一种媒介，就是对人类所自有器官的一种延伸，也是对人类本身的生活方式和人类技术物品的改变或更新，这必将在人类生活中产生一种新的形态和尺度。“所谓‘媒介即是信息’只不过是说，任何媒介（即人的任何延伸）对个人和社会的任何影响都是由于新的尺度产生的；我们的任何一种延伸（或任何一种新的技术），都要在我们的事务中引进一种新的尺度。”①按照麦克卢汉的观点，媒介即信息，不是媒介的内容而是媒介本身在人类社会实践活动中创造了相关的生活方式和标准。

麦克卢汉的视角将传播带回到媒介本身。“媒介即信息”也可以理解为“形式即内容”，形式本身是有意义的。在对信息本身进行符号编码之外，也

---

① 麦克卢汉. 理解媒介：论人的延伸[M]. 何道宽，译. 北京：商务印书馆，2000：33.

需要充分考虑到传播信息所发布的媒体，同一个信息的编码在不同形式的媒介上产生的效果是不一样的。

经济学领域也有诸多的相关论述。曼昆在《经济学原理》中讲到一个有关Kellogg麦片的广告例子，明确提出广告“作为质量信号”而存在。消费者决定选择Kellogg的新麦片，因为Kellogg做了广告；Kellogg选择做广告，是因为它知道自己的麦片很棒；但Kellogg的竞争对手Post选择不做广告，是因为它知道自己的麦片很平常。Kellogg通过为广告付钱的意愿向消费者传递了其麦片质量高的信号。广告本身说了什么，并不如消费者知道广告很昂贵这一事实重要。与此相反，便宜的广告在向消费者传递质量信号方面是不可能有效的[①]。广告本身昂贵的价格比广告的内容更为关键。

第三，广告传播并不满足于消费者的购买行为，还要即刻把他们转化为发送者，让他们替企业传播广告信息和产品价值。

纵观每次营销学的变革，所有的思考无不聚焦到商品与人的关系上，更准确地说是对人的理解上。比如，当你把顾客从单一的消费者身份升级为具有独立思想和精神的完整个体，那你将会看到全然不同的“营销风景”。对于营销传播而言，主流的消费者行为学认为其研究的对象是个体或群体为满足需要与欲望而挑选、购买、使用或处置产品、服务、观念或经验所涉及的过程[②]。这一定义更多地将消费者行为止于使用者的身份，而大多数的营销传播研究往往将消费者视为一种受众。

回归常识，“消费者”这个词表达的是人与商品的关系，所以我们思考消费者的时候要围绕这个关系的变化来思考，具体可以分购买前、购买中、使用中、使用后这四个阶段。在购买前，消费者往往处在茫然和易于遗忘的状态中，需要考虑的是：如何把他从茫然中唤醒，让沟通发生，如何对抗遗忘，让他尽可能记住；在购买中，消费者处在琳琅满目、信息泛滥的购买环境中，是信息搜寻者，需要考虑的是：如何吸引他的注意，提供信息服务，让购买发生；在使用中，消费者往往存在期待及验证心理，需要考虑的是：如何提供给他惊喜，促使他继续购买，并且愿意传播给他人；在使用后，需要考虑的是：如何设计一句话让消费者替企业和品牌传播。相较而言，购买中的购

---

① 曼昆. 经济学原理：微观经济学分册[M]. 梁小民，梁砾，译.北京：北京大学出版社，2015：359–362.

② 希夫曼. 消费者行为学[M]. 江林，译.北京：中国人民大学出版社，2017.

买者以及使用后的传播者更值得关注与进一步研究。

如果将使用后的消费者视为重点，企业和品牌希望他们在购买、使用的同时成为传播者，向其他人传播和发送品牌的信息。这就打破了大众媒体时代所形成的传播成本的评价目标，以往的评估多集中在到达率上，即千人成本(CPM)。千人成本指将某一媒介或媒介广告排期表送达1 000人所需的成本，但忽视了另外一个最重要的资源，那就是购买产品的消费者，因为他们已经选择你的产品并在使用你的产品，他们每个人其实也是一个“媒体”，如何让他们参与营销传播，产生一传十、十传百的效果，这就涉及传达率的问题。从传播效能上来说，传达率可能要比到达率更值得企业和品牌重视。传播的本质不是“传播”，而是“播传”，是发动消费者替企业和品牌传播。以此来理解广告，那么广告语创作的本质不是设计一句话给消费者听，而是设计一句话让消费者去传给他的亲朋好友。

第四，信号必须足够简单，信号能量必须足够强，而且必须持续不断并长时间重复，最好永远重复。

这里有必要先界定下信号和符号。一般来说，符号（sign）分为信号（signal）和象征符（symbol）两大类。卡西尔认为，“信号具有物理性质，而象征符则具有人类语义性质”。赵毅衡将“信号”定义为“不需要解释、发射给接收方接收的条件反射”，而“符号”是“携带意义的感知”，关键词是意义。巴甫洛夫曾做过一个非常有名的实验：在狗吃肉之前摇铃铛，如此反复多次后他发现，狗只要听到铃声就会分泌唾液。在这个实验中，对于狗来说铃声不知不觉地代替了食物。铃声一响，对狗来说就是“有东西吃了”，这个铃声就是一个信号。再比如，把一首歌设为起床闹钟，时间久了之后，即使不是在早上，只要听到这首歌，人们就会想起早起的不舒服感。用颜色、声音、动作、物象等去替代某种条件刺激，这种颜色、声音、动作、物象就被称为信号。

相比较而言，信号更注重感官刺激，更具表象性，强调一种可觉察性，比如光信号、声信号或者电信号等，是一种行为反射的明确指令。而符号可以表达信号所无法表示的各种抽象概念，可以用来表示事物表象掩盖下的性质特征和范畴。人类不需要听到铃声，只要看到文字“肉”就能联想到“食物”这个概念，因此符号是人类所特有的。信号的作用机理涉及本能心理学中的刺激—行为反射。对信号的处理而言，人和动物只是本能地、被动地、直接地做出反应，回应了营销传播中一个基本思考过程：在传播的时候，是不是需要首先“说清”，然后“说服”，最后才能“说动”？能不能有一种路径，可以绕过“说清”以及“说服”的过程，直接达成“说动”？这也就是信息的刺激引发直接的反应。

刺激信号的能量越强，可能产生的行为反射越大。具体来说，信号本身、信号所承载的媒介以及信号的重复与时间累积是影响信号能量的三个主要因素。信号本身的能量来自信号自身的颜色类别、文字大小、声音高低、形状粗细或者动作幅度等，比如一个包装包含的购买理由等重要的信息足够清晰，足够有视觉张力，可以让消费者在一瞬间注意到。信号所承载的媒介也很重要，如前面所说的，同一个内容在央视播出或在地方台播出，在首都机场门口展示和在乡村的电线杆上展示，其获得的媒介的能量天差地别。信号的重复与时间累积往往是一个被忽视的维度，但其却是一个值得去长期经营和思考的点，一旦有了时间累积，其信号的势能也就越来越大，甚至成为品牌资产乃至品牌的“护城河”的组成部分。如果说宣传的本质是重复，受众的本质是遗忘，传播的真谛即在于通过刺激信号的不断重复来对抗时间长河中不可避免的遗忘。在乔伊斯的长篇小说《尤利西斯》中，广告经纪人布罗姆说过：广告必须要不断重复，这就是全部秘密。举个典型例子，零食品牌格力高在1935年于大阪市中心设置了一座霓虹塔广告，广告主画面为一个奔跑的男人形象，其最初目的是鼓舞身处经济大萧条中的民众，但经过数十年的时间累积，到今天，去大阪的人都要到这里打卡，这块广告牌成了大阪的标志性景点之一，它的信号能量超乎一般户外广告的能量，并且不断累积。

对于营销传播而言，信号的作用直接关乎营销传播的行为反射。信号刺激本身也会影响符号的选择与创作，赵毅衡把符号表意的“片面化”视为广告成功的秘诀。商品不需要全面被感知才携带意义，尤其在注意力稀缺的今天，让商品过多地携带意义，反而成为表意的累赘。举个日常生活中的例子，一个人听到汽车喇叭声会马上躲避，甚至不去看汽车，此时整个符号感知就是极端片面化的。“片面化不是简单化，片面化是感知对相关意义之定向汇集，是物源的自我取消。”[1]片面化一方面能提高认知效率，另一方面还可以导致非常有效的意义解释。大家可以回想一下在超市购买商品时的经历：面

① 赵毅衡. 符号学原理与推演[M]. 南京：南京大学出版社，2016：38.

对货架上琳琅满目的商品，你从货架上取走它的时间可能也就几秒钟，对商品而言，如果它要被你选择，就需要非常简要的文字和图案等符号组合来推销自己。这些符号所发出的信号能量够不够强，够不够简单，是不是足以穿透嘈杂的信息环境，在瞬间获得消费者的关注，这是营销传播能否生效的关键议题。

第三节　厨邦案例解析

（扫描二维码，观看本节课程视频）

厨邦是一家以酱油为主要品类的调味品生产企业，在发展初期，主要销售市场在广东、浙江、海南等地区。为了与更广泛地区的消费者群体互动，让更多的消费者认识厨邦并且愿意购买厨邦的产品，厨邦进行了大力度的品牌推广，而超级符号，尤其是超级符号的“逆向编码”，在品牌推广中显示了巨大的力量。

那么，厨邦的符号从哪里来呢？超级符号要解决的问题，是让一个新品牌在一夜之间成为亿万消费者熟悉的“老朋友”，帮助消费者迅速建立新的品牌偏好，并发动大规模购买。

我们按照上述“逆向编码”的四个要点来逐一分析。

第一，利用接收者的潜意识，让编码在接收者脑海里完成。也就是说，发送者发送的并不是最终编码，而是一个“观念的爬虫”，用来挖掘接收者脑海里的数据。

绿格子是全世界每个人都熟悉的、都喜欢的公共符号，绿格子符号有广大的群众认知基础（见图4.2）。绿格子充分利用了消费者已经有的潜意识，能够让人在最短的时间里熟悉和喜欢，因为消费者本来就熟悉、就喜欢，这是一个“观念的爬虫”挖掘潜意识中数据的过程。

厨邦的超级符号——绿格子，是从与厨邦有天然联系的文化符号、生活场景中而来的，绿格子是餐厅的符号、餐桌的符号、吃饭的符号。绿格子的原力、象征、感情，以及它的权力、指令，通过超级符号统统注入厨邦品牌中。

除了超级符号的视觉符号编码，语言编码也是同样的“逆向编码”逻辑。2010年，厨邦的产品主要在华南、华东区域销售。因为亚热带的阳光和气候条件适宜晒制酱油，所以广东的酱油工业十分发达。与北方酱油工艺不同，南方酱油完全是天然晒制的，保持了传统、天然的风味，酿造而成的酱油最大的特点就是“晒”和“鲜”。消费者对于酱油的“鲜”有着强烈的诉求。

图4.2　厨邦包装中的绿格子桌布

“晒足180天，厨邦酱油美味鲜”的文案就因此而生了。这句口语化的口号表达，以及对消费者头脑中已有的“晒足”“美味鲜”等既有概念的利用，使得厨邦在充分表达商品特点和品牌特性的同时充分引发了消费者的关注，让消费者听到之后马上产生共鸣，似乎立即可以体味到厨邦酱油的鲜美（见图4.3）。

图4.3　厨邦品牌系列产品

第二，媒介并非只是传送媒介，它本身就是编码的一部分，有时甚至是最重要的一部分。

包装就是一个媒体，要让包装成为超级推销员。厨邦把颈标当海报用，在颈标上放上酱油大晒场的图片，在图上标注“有图有真相”这一有着强大生命力和亲和力的网络语言，接下来用“晒足180天”向消费者发出购买邀请，包装侧面再重复一遍“有图有真相”“晒足180天”，以及“厨邦讲良心、产品更放心”！

此外，由于绿格子的视觉冲击力，厨邦酱油成了货架上非常抢眼的产品；当货架上有几十瓶厨邦酱油同时出现的时候，在货架前就形成了阵列优势，把普通货架做出了端架的效果。

第三，广告传播并不满足于消费者的购买行为，还要即刻把他们转化为发送者，让他们替企业传播广告信息和产品价值。

消费者以后在购买酱油的时候，可能就会给别人推荐绿格子包装的酱油，很容易从传播升级为播传。消费者可能不知道厨邦、不认识厨邦，但是他们都认识绿格子、知道绿格子，也了解绿格子的含义——餐桌布、食物和食欲。更为重要的是，他们可以很容易地把“绿格子”谈给亲朋好友们听。

第四，信号必须足够简单，信号能量必须足够强，而且必须持续不断并长时间重复，最好永远重复。

一瓶酱油放在货架上，怎么能刺激迷茫、善变的消费者来购买它呢？这就需要一个足够强的信号把消费者吸引过来。所以，在具体的货架陈列上，厨邦的品牌名、产品名大且醒目，“厨邦酱油”四个字做成了红底反白的粗体字，持续刺激着消费者的视觉，强化消费者的记忆。并且，一旦形成记忆，就成为“时间的朋友”，最终符号成为品牌资产的重要组成部分，可以说，建立品牌就是建立符号。

第五题　什么是口语第一？

第一节　营销传播的语言哲学问题

（扫描二维码，观看本节课程视频）

人类拥有最完整的符号体系。人类符号体系既包括信号，也包括象征符。当今社会已进入一个视觉文化占主导的时代，视觉图像已经成为一个重要的文化元素。但是对人类传播而言，语言符号无疑是一切符号的基础。语言，包括再现语言的文字，是人类最基本的符号体系。对于营销传播而言，语言依然是最基本、最常用和最灵活的传播手段。社会学家诺伯特·埃利亚斯认为，符号学是传播学的基础，因为没有符号，就没有传播。而语言学是符号学的主干，因为语言是最大的符号系统。

我们回到语言研究的丰富智慧中寻找有关“语词观”的深层逻辑。语言学家、哲学家、传播学家对语言现象进行了大量研究，在语言用法、语言意义影响等方面，提供了关乎语言本质的洞察。在这一部分，我们将营销传播的语言哲学问题提炼为以下三个要点。

语言第一，图形第二：语言是最大的符号系统，也是符号研究最重要的对象。营销传播的哲学问题，其重点就是语言哲学和修辞学。语言哲学提供了关乎语言本质的洞察，我们需要从语言出发，去倾听语言，“接受和顺从语言之要求，从而让我们适当地为语言之要求所关涉”[1]，修辞学聚焦语言文字的编码技术。

表达与行动：词语就是召唤，词语不仅说事，而且做事。词语不仅发挥表达的作用，而且它能够推进行动。在营销传播中，品牌命名和产品命名是最重要的内容之一，一个好的名字胜过一百个创意。营销传播不仅向消费者表达信息，而且让消费者想到之后要怎么做。

口语第一，听觉第一：营销传播是“说话的语言学”。传播是一种口语现象、听觉现象。语音居于语言的首要地位。和语音相对的是文字，文

---

① 海德格尔. 在通往语言的途中[M].孙周兴，译.北京：商务印书馆，2015：147.

字从属于语音。所以文字一定要转化为语音才能传播。营销传播一定要用最接近语音的口语，因为口语有更大的信息能量，更能激发消费者的行为反射。

在超级符号原理中，最大的符号系统既不是视觉，也不是听觉，而是语言系统，这是超级符号原理最为重要的底层逻辑，语言哲学也是营销传播最为关键的哲学问题，是回应营销传播效能这一终极命题的核心所在。

语言可以视为人类的第一技术，我们所有的一切都需要语言来表达，没有语言就没有人类的文明，对于超级符号的创作而言，设计一个标志、做一个门头、设计一个包装，也需要将其说出来作为检测设计方案的方法。如果这一视觉图形没法说出来，或者说通过描述难以让人在脑海中出现准确的画面，那就表明这个设计的传播成本比较高。语言哲学的深入思考可以让“创意自己会跑”，可以说出来的符号创作才是最具传播效能的。视觉设计成功的关键在于有听觉的视觉、可描述的视觉、能说出来的视觉。

传播的关键在于传。这是超级符号原理的核心之一。如果一个设计符号可以让消费者相互间进行传播，品牌能够发动消费者替我们传播，那就会极大地降低营销传播的成本。品牌只需要告诉第一级的消费者群体，当消费者在告诉别人的时候，他们在无形中就成了品牌免费的“媒体”，并且这一媒体本身具有品牌所没有的信用和说服力量，所以，从这一视角来看，对语言系统的思考和运用是理解超级符号媒介应用的关键，是理解“不做传播，做播传”这一概念的根本。

从更高的战略维度来看，对语言系统的思考也是理解品牌战略的关键。除了太阳、月亮和星星是全世界每个人都看得到的东西，人们听说的事情总是远远超过他们看到的事情。伟大的品牌之所以伟大，往往离不开一些能够传世的口号，比如“人头马一开，好事自然来”等，品牌甚至可以理解为一种消费者之间的“口碑”，活在消费者的口耳之间。人们常说品牌的口碑最重要，重要的不是你的口碑“好不好”，而是你的口碑“是什么”。上述所提到的流传、言谈、口碑等概念，无疑都需要回到语言系统中加以思考。营销传播可以视为语言哲学、话语学、词语学，而超级符号原理的底色是语言哲学，是对语言系统的深入思考与重新发现。

举个例子，田七牙膏将品牌名称转化为“田——七——”这一独特的听觉符号，在众人照相的场景中出现，配上微笑、比着剪刀手的欢乐氛围，这成了品牌的听觉标志。在某种程度上说，我们和信息的接触中视觉感官占主导地位，但是如果将口耳相传的多级传播纳入考量，听觉维度符号的重要性就会大幅提升。所以，我们甚至可以说，视觉第一，但听觉不一定第二。关于这一认识，当下的品牌研究和实践对于听觉传播的重视还远远不够。

再举个大家更为熟悉的例子。对于鲜丰水果的品牌口号——“鲜丰水果鲜又甜，不鲜不甜不要钱”，很多人听一次就能记住，甚至走在路上都会听到，每一个店员都能脱口而出。超级符号的“口语第一”，就是指广告口号要向俗语、谚语和顺口溜靠近。

从这一点来说，广告口号的底层逻辑是修辞学。亚里士多德说：“修辞学就是说服人相信任何东西，以及促使人行动的语言艺术。”这也是广告口号的底层逻辑和最终目的。亚里士多德提出修辞的四大要素：简单的字词、普通的道理、有节奏的句式或押韵、使人愉悦。

基于“不甜不要钱”和“鲜丰水果”的品牌名，鲜丰水果打出“鲜丰水果鲜又甜，不鲜不甜不要钱”的品牌口号，简单的字词、普通的道理、有节奏的句式，押韵且让人听着愉悦，三个“鲜”字和两个“甜”字又能够和超级符号互相增益。

最重要的是，这一句口号是基于最终使用的场景进行创意的。我们回想下听到这句话的那个场景：店员在门口叫卖，消费者听到“鲜”“甜”“不要钱”，就会不由自主地去店里逛一逛。这句话，就是每一天、每一小时、每一个店员都会跟消费者说的一句话。

第二节　口语第一

（扫描二维码，观看本节课程视频）

字本位和音本位是两种不同的语言体系，书面语的文字和口语的言语是两种不同的媒介，通过视觉和听觉两种不同的渠道传送给接收者。亚里士多德曾把书面语和口语的关系类比为口语和说话者心智状态的关系。

亚里士多德在《解释篇》开头一段写道：“口语是内心经验的符号，文学是口语的符号。正如没有相同的书写形式一样，也没有相同的说话声音。但这些都是内心经验的符号，这一点对于所有的人来说却是相同的……”柏拉图认为逻各斯分为三个等级，第一等是写在灵魂中的真善美的知识，第二个是在讨论中的逻各斯，第三等才是写成文字的逻各斯①。

声音的“形式主义的纯粹性”在一定程度上摆脱了类似于文字的形式化的干扰，更能代表真理的“在场”，文字则是声音的替补、派生物，是符号的符号。所以，在语言中往往首先要强调语音的首要地位，因为文字系统只是语音的无声形式，用于储存、记忆和传承。无声形式降低了交流功能，强化了定向功能。但是，定向功能的最后达成，也必须以声音的回归来完成。

可以说，口语是语言的首要形式，文字仅仅是转注和记录语言的系统。语言学的奠基人之一索绪尔提醒人们注意口语的首要位置，因为口语是一切语言交流的基础。他曾专门写道：“语言和文字是两种不同的符号系统；文字的存在目的仅仅是表征语言……语言学的论题不是口语词和书面词的关系，唯有口语词才是语言学的论题。”

而后，美国语言学家莱纳德 · 布隆菲尔德写道：“文字不是语言，文字仅仅是用可见符号记录语言的一种方式。”加拿大学者罗伯特 ·K.洛根在谈到语言的起源和演化时提出，口语、文字、数学、科学、计算机技术和互联网是六种不同的语言形态，它们形成了一个演化进程，后者的形态衍生于前者。他还专门提出，口语是第一种语言形态，是其他一切交流和信息加工的语言形式的基础。通俗地说，口语是人类嘴巴说出的信息的综合。书面语衍生于口语，口语可以界定为视觉符号记录的信息的总和②。

美国语言学家萨丕尔认为语言是纯粹人为的、非本能的，凭借自觉地制造出来的符号系统来传达观念、情绪和欲望的方法。在这些符号里，最重要的是“说话器官”产生的听觉符号，其次是以书写或印刷为主的视觉符号，“书面形式是口语形式的第二重符号——符号的符号”，“基本听觉符号好比商品和服务，而视觉符号是流通媒介，是货币”③。即便我们使用文字这样一种无声形式，也一定要使用最接近语音的口语。

所以，营销传播首先是一种口语现象，也是一种听觉现象。语音居于语言的首要位置，和语音相对的是文字，而文字从属于语音，所以文字一定要能转化为语音，这样才能传播。从这一维度理解，口语要高于书面语。从语

① 柏拉图. 斐德罗篇[M]. 王晓朝，译.北京：人民出版社，2003.

② 洛根. 什么是信息[M]. 何道宽，译.北京：中国大百科全书出版社，2019：67.

③ 萨丕尔. 语言论：言语研究导论[M]. 陆卓元，译.北京：商务印书馆，1985：15-22.

言哲学的角度来说，世界是说出来的，你说不出来的东西就不存在，更没有办法传播。这一思考体现在超级符号的各个维度，一个设计作品也需要说出来，也需要一种类似“看图说话”的思维习惯，一个品牌的资产到底有哪些，需要能够说出来。

一、营销传播是“说话的语言学”

在媒介形态和传播手段极为多元的今天，我们往往会从文字、书面语或者大众媒体的本位出发，用书面语思维来处理口语信息。比如，我们在做一个重要演讲前，往往会将自己想说的先写到纸上，一遍遍地润色、修改，然后再背诵娴熟，最后登台演讲，你演讲的内容其实并不是口语，而是书面语的口头再现。这个过程本身就是书面语文化对我们的无形影响。

营销传播是“说话的语言学”。营销传播的思考起点需要从书面语思维回归到以语音为核心的“口语思维”，聚焦口语文化的语词技术。语言根植于口语之中，语音是语言的首要属性。词语并非由字母或中文的偏旁部首组成，而是由音节组成。正如现代语言学之父索绪尔所言，“文字是对口语的补充，而不是言语的转换器”，人们应该注意“口语的首要地位”。他要人们克服把文字当成语言基本形态的顽固倾向，因为“文字既有用，也有缺陷和危险”①。

沃尔特·翁的思想成为超级符号“语词观”的重要智慧来源。在沃尔特·翁的概念体系中，语言是一种口语现象。先有语言，后有文字。先有口语，后有书面语②。书面语言只属于眼睛，口语属于眼睛、耳朵和嘴巴。书面语言的传播方式只在于读和写，只有口语才能同时发动听、说、读、写四大传播方式，书面语言的营销传播价值远远低于口语。

二、语音居于语言的首要位置

有观点认为，口语是靠人体的发声功能传递信息的，由于人体能量的限制，口语只能在很近的距离内传递和交流。这种观点忽视了以听觉为主要方式的口语对人的心理和行为的深刻影响。早在古希腊时，亚里士多德就认为，“有声的表达是心灵的体验的符号，而文字则是声音的符号”。怀特海在《思

---

① 华杉，华楠. 超级符号就是超级创意[M]. 南京：江苏凤凰文艺出版社，2019：60.

② 翁. 口语文化与书面文化：语词的技术化[M]. 何道宽，译. 北京：北京大学出版社，2008.

维方式》中也表达了类似的观点："人类显示出一些对自然界的表面关系，例如视觉、听觉、味觉、嗅觉、触觉，人类将他们与世界的联系虚构为一种表达手段，就是语言。语言是人类天才的胜利。值得注意的是，在看和发声这两个不可兼得的东西中，发声是最早发展起来的媒介。发声是有机体存在的深层经验的天然符号。"从怀特海的观点来看，不管什么感觉经验，都必须转换为语言来表达，而口语居于首要地位，发声是深层经验，也就是说，发声才能打动集体潜意识。不仅交流和语音有关，而且思维本身也以特定的方式和语音建立了千丝万缕的联系。

语音与人的思维以及头脑中对符号信息的处理关系更为密切，或者说，语音关乎人们对语言处理的本能。词语并非由字母或中文的偏旁部首组成，而是由音节组成。索绪尔将语音提到了语言学研究非常关键的位置。语音是语言的最基本层次，语音居于语言的首要地位。社会学家诺伯特·埃利亚斯认为，视觉、书写或印刷符号都是声音模式的补充。"在语言中，首先要强调语音的首要地位，因为文字系统只是语音的无声形式，用于储存、记忆和传承。无声形式降低了交流功能，强化了定向功能。但是，定向功能的最后达成，也必须以声音的回归来完成。所以，传播是一种听觉现象，即便我们使用文字这样一种无声形式，也一定要使用最接近语音的口语。"①

三、口语高于书面语

还有观点认为，口语使用的声音符号有转瞬即逝的特点，记录性较差，口语信息保存和积累受到空间和时间的巨大限制，但这种观点往往忽略了口语是人体内信息系统的最重要媒介，人类知识、经验的积累、储存和信息处理与口语传播有着密切的联系。

口语可以绕开消费者的心理防线，而书面语对消费者来说则是高度设防的。所谓"俗语不设防"，消费者一旦没有了心理防线，广告想传达的信息就更易被人接受和信赖。"俗语"往往更容易突破消费者的心理防线，并且借助口语的力量，让人行动。超级符号语言技术的思考逻辑是：要么始于俗话，要么进化成为俗话。"俗话说"比"专家说""更优雅地说"更具营销传播的效力。超级符号原理的重中之重是发动消费者的播传，而其中的关键在于对

① 埃利亚斯. 符号理论[M]. 熊浩，高乐田，译. 北京：商务印书馆，2018.

口号与听觉的应用。

怀特海在《思维方式》一书中专门提道："我们必须努力回到心理学，因为心理学造成了语言的文明。我们运用两种不同形式的语言，口语和书写语，书写语的历史不过一万年，作为一种具有广泛影响的思维的有效工具，顶多五六千年，而口语的历史和人性本身一样悠久，是构成人性的基本因素之一。口语是人性本身，其变化是在情感表达和信号之间发生的，很快成为二者的混合物。在语言越来越精确的发展中，口语保留了这三个特征，即：情感表达、信号及二者之间的相互结合。"①

比如"人头马一开，好事自然来"，如果从书面语思维来看，你可能会质疑这句经典广告文案的价值。如果当作一句"话"来说，这句话就非常顺口，一不小心就会从嘴里溜出来。播传是一则广告文案优秀与否的第一标准。优秀的文案不仅要让人能够记住，还应该调动他的嘴，让他说出来；不仅他自己爱说，还要爱和别人说。这样才能流行、传播起来。美国的研究人员在仔细研究过大量广告调查后总结说："如果在广告活动完成过程中有许多口头传播活动的成分，那么，它可能会比只有少量或根本没有口头传播的广告活动更容易产生持续效果。"②营销传播活动播下口语的"种子"之后，哪怕活动已经结束了，这颗"种子"还在成长，影响仍然会久久不消。广告的口语特性所产生的人际传播滞留影响就是广告支出应该被视为一种投资而非单纯支出的原因。

第三节　蜜雪冰城案例赏析

（扫描二维码，观看本节课程视频）

当我提到蜜雪冰城这个品牌时，你的脑海里是不是已经不自觉地闪现出"你爱我，我爱你，蜜雪冰城甜蜜蜜"的旋律？短短13个字，配合蜜雪冰城"雪王"的表情包，蜜雪冰城的主题曲成为2021年上半年最具影响的营销传播事件之一。从事后复盘的角度来说，你认为蜜雪冰城主题

① 怀特海. 思维方式[M]. 刘放桐，译. 北京：商务印书馆，2004.

② SAWYER A，WARD S.Carry-over effects in advertising communication：evidence and hypotheses from behavioral science[J].Marketing science institute，1976（8）.

曲火爆的原因是什么呢？

我们首先来梳理这一营销传播活动的时间线。2021年6月3日，蜜雪冰城品牌官方号在B站上传了主题曲MV“你爱我，我爱你，蜜雪冰城甜蜜蜜”（见图5.1），随后又上传了中英双语版，魔性的旋律和简单的歌词使得这首主题曲MV短时间内就收获了超过千万次的播放和百万次的点赞。随后B站鬼畜区的UP主们纷纷在主题曲的基础上进行二次创作，又为蜜雪冰城带来了一波流量。一时间，这首主题曲出现了四川话、粤语、东北话等方言版本，甚至俄语版、日语版、泰语版等不同语言的版本，在微博、抖音、快手等社交媒体平台传播甚广。在三个月的时间里，蜜雪冰城主题曲在网上累计播放超过200亿次，平均每个国人收听了近十遍。

图5.1 蜜雪冰城广告语

对于蜜雪冰城主题曲的这一传播现象，网络上有铺天盖地的分析文章。有人认为出现这一现象的原因在于品牌庞大且广泛的下线渠道优势，也有人认为其受益于可遇不可求的社交媒体上的话题传播，还有人认为是品牌多年来接地气的价格和亲民的对外形象所致。一个成功的营销传播活动必然会涉及诸多方面，包括线下终端、运营策略、落地执行等，缺少其中任何一环，效果都会大打折扣。在表象的热闹之外，我们希望从语言技术的角度出发，抽丝剥茧地去发现看似偶然背后潜藏的一些必然。

蜜雪冰城主题曲中的“爱”即是我们要讨论的第一个语言动力来源。作为一个经营饮品的品牌，蜜雪冰城每天有超过数百万杯产品与消费者连接。

“爱”与蜜雪冰城的“甜蜜”属性密切相关，其本身也是一个具有强大文化原力的词语。“爱”的繁体形式为“愛”，在文字字形中就像一个人双手捧着“心”，表明“爱”是一种发自内心的深厚的感情，这是“爱”的本义。“爱”本身不仅是一种感觉，也包含诸多责任，是一种彼此的牺牲与彼此的成就。实验心理学家古斯塔夫·费希纳和爱德华·B.铁钦纳曾将“爱”背后的力量称为“暖流”（glow of warmth），“现代广告教皇”大卫·奥格威在谈到广告标题撰写时，也认为加入一些充满感情的词语可以起到加强的作用，比如“亲爱的”“爱”等。

围绕“爱”的文化母体，可以找到情侣间最经常说的话语：“我爱你”。“我爱你”作为母体词组，具有强大的文化原力，它是一个延绵千年的固定组合，或者说是一个预制件，在英语语言国家，“I love you”同样是他们天天讲的表白话语。这些母体词已经在过去的数百年中被不断重复，包含人们深厚的情感。蜜雪冰城主题曲在应用时并没有对此加以过多改造，而是将“我爱你”这一预制件编织进来，从而获得了母体词组背后的原力。如果变成“我十分爱你”或者“我十二万分地爱你”，词组自身所携带的能量就会大打折扣。正如木心先生所言，“文字的简练来自内心的真诚。我十二万分地爱你，不如我爱你”。

为了将“爱”的能量进一步放大，蜜雪冰城把“爱”“我爱你”升级为“你爱我，我爱你”，因为“爱”本应该就是双向的。蜜雪冰城的爱是相互的爱，是老板对员工的爱，也是员工与员工的爱；是员工与顾客的爱，也是顾客与蜜雪冰城的爱。这是语言技术层面的第二个动力来源。

继而，我们所熟悉的歌曲、音调、旋律就出现了。蜜雪冰城把口号变成了音乐，“你爱我，我爱你，蜜雪冰城甜蜜蜜”，既体现品牌词，又增强了甜蜜的爱意。超级符号利用人们头脑中既有的潜意识，把内心的情感和文化联想快速、直接地召唤出来。相对于口语而言，音乐更加感性，更具直觉化，歌词简单，也无须任何思考。蜜雪冰城主题曲的曲调选用了史蒂芬·福斯特于1847年所写的经典乡村民谣《哦！苏珊娜》。170多年前的旋律流传至今，本身具有广泛的受众基础，天然具有传唱优势。大多数人小时候就对《哦！苏珊娜》有印象，比如通过游乐场摇摇椅的音乐或者小学音乐课的学习，朗朗上口的旋律为广告曲成为爆款推波助澜。原本《哦！苏珊娜》这首歌讲述的是一个人远离家乡去寻找所爱之人的故事，蜜雪冰城将其简化为三句、13

个字。整个歌曲的传播过程中，人们没有任何心理防线，大家天然觉得它很亲近；没有防备，这就极大地降低了品牌的传播成本。包括“口语套话”在内的谚语、歌谣等形式，可以说是蜜雪冰城主题曲之所以“出圈”的第三个语言技术动力。

值得一提的是，蜜雪冰城主题曲的作用逻辑并不是简单的“洗脑”机制。“洗脑”的本质是将符号编码发送出去，然后通过简单、重复、夸张等方式，往受众头脑里强行灌输，这一点类似传播效果研究中所说的“魔弹论”或“皮下注射论”①。而超级符号更像一种“醒脑”，利用受众头脑中既有的潜意识和集体潜意识，其所发出的符号编码只是一个“爬虫”或者“引线”，以此激发受众不自觉的一系列行动，其作用机制更多的是接收者的“原力觉醒”，只要一提到这个词、这句话、这个语调，就可以直接挖出人们的潜意识记忆，让人产生共情和共识。

---

① “魔弹论”，也称为“皮下注射理论”，其核心内容是传播媒介具有不可抵挡的强大力量。它们所传递的信息在受传者身上就像子弹击中身体、药剂注入皮肤一样，可以引起直接迅速的反应；只要对准扫射，大众就只能照单全收，并不尊重大众自身的自主性。

第六题　什么是词语权能？

第一节　词语仅仅是表达吗？——词语不仅说事，而且做事

（扫描二维码，观看本节课程视频）

语言不仅仅是交流、对话、交往的工具，还是世界向我们袒露自身的方式。我们面对的不是一个现成的、划分好了的世界，真正对世界进行划分的其实是语言。正如语言学家索绪尔所言，如果没有语言，我们的思想就是一片混沌。正是语言，让本来不存在界限的混沌世界变得清晰起来。人的语言不仅在表达思想，而且还生成思想；不是人说语言，而是语言说人。

语言技术其实一直不成熟，我们语言相通，但是词语不同，我们各自对词语的理解影响了我们的思考，干扰了我们对真理的认知。我们往往不自觉地从人的主体出发，将语言视为一种被使用的工具。但词语是能动的，词语不仅说事，而且做事。词语能让别人做事情，还能控制人的思想。

一、词语不仅是工具，本身还具有权能与尊严

20世纪以来语言哲学转向的核心命题是“我们如何表达我们所知道的世界的本质”[①]。很多思想家都对语言保持高度的警惕，也把语言当作困惑的根源。被誉为20世纪最具影响力的经济学家及社会思想家之一的哈耶克曾这样描述词语对思想的控制：我们思考问题的时候，一定要用中立的词语。因为大多数的词语都有它的立场和逻辑。你使用了这个词语就站在了它的立场，进入了它的逻辑，你就无法独立地思考，而只能得到它的结论[②]。

哲学家维特根斯坦认为，词语是不可靠的，“词语的规则在语言游戏中建立，又在语言游戏中修改。所以，我们经常感到需要把词语从沟通中抽离出

---

① 朱立元. 当代西方文艺理论[M]. 上海：华东师范大学出版社，1997：7.

② 哈耶克. 致命的自负 [M].胡晋华，等译. 北京：中国社会科学出版社，2000：112-115.

来，送去清洗，再送回沟通中”[①]。从这一角度来说，对“词语”的借用成为影响别人的重要思考路径。思维是语言的“内核”，符号是语言的“外壳”。思维是用词语思考的，植入词语比植入思维更简单。

海德格尔把语言提高到存在论、本体论的地位。他认为，“语言是最切近于人之本质的”[②]。在他的著作《在通向语言的途中》中，海德格尔对“词语的权能与尊严”做了深入的讨论。“唯有词语才能让一物作为它所是的物显现出来，并因此让它在场。”词语是对事物的召唤，词语到达不了，事物就没法出场。可以说，话语就是世界。话语是存在之家，是话语令事物存在，说出来的才存在，没说出来的就无法存在。语言与我们密不可分，我们居于语言中。不是人需要使用语言，而是语言需要人说话来显现自身，不是人说语言，而是语言说人。我们能做的只能是倾听语言如何“说”。人并不是词语的主人，而是一出生就中了词语的“埋伏”。词语对思维的控制超过了思维对它的驾驭。话语说事情，更做事情，话语有强大的能动性，话语创造并统治了世界。

词语可以说是哲学思考的重要基石之一，是一切思考基础的基础。在企业运作和品牌建构中，“首先是清洗词语，给每一个词语清晰的边界定义，这个词语才能用”[③]。我们的交流往往语言相通，但是词语不同，同一个词语，大家的定义不一样。比如在营销传播中一些常见的词语，如品牌、营销、定位、战略等，每个人都在使用，但是这些词语怎么定义，从来没有一个共同的清晰的界定，这往往会带来后续沟通和实践的一系列问题。

二、词语命名不仅是分类，更是指令

世界就是认识，认识就是分类，分类就是命名和标签，命名和标签就是词语和符号。海德格尔将其表述为“词语破碎处，无物存在”，“存在在思想中形成语言，语言是存在的家”。按照我们的常规理解，词语是某一事物的名称，但在海德格尔的理解中，词语是服从某种指令来命名的词语。只有当词语服从某个指令来对物进行命名，物才能够存在。这样看来，词语倒有相对于物的优先性和决定权了，好像词语才是物存在的原因。这挑战了我们的日

---

① 维特根斯坦. 哲学研究[M]. 楼巍，译.上海：上海人民出版社，2019.

② 海德格尔. 在通往语言的途中[M]. 孙周兴，译.北京：商务印书馆，2015：1.

③ 华杉，华楠. 华与华方法[M]. 上海：文汇出版社，2020：67.

常认知，因为我们总认为先有物再有名称，名称之于物只是一个附加的标签。老子在《道德经》中也有类似的回答，“无名天地之始，有名万物之母”。天地之初一片混沌，因为没有命名。有了命名，才有了万事万物，因为每一事、每一物必须被命名。

反过来说，没有词，就没有物。词语的权能就在于此。在新华社发布的《新华社新闻信息报道中的禁用词和慎用词》中，上百条规范用语和禁用词覆盖了日常语言使用的方方面面，比如不使用“傻子”而使用“智力障碍者”，不使用“瞎子”而使用“盲人”。没有词语的召唤，事物就出不了场，这就是词语的权能。简言之，词语就是权力，词语就是财富。

超级符号对词语和话语的思考也由此展开，在营销传播中，我们一定要去征用那些能够做事的词语和话语，而不仅仅将我们想要说的内容给消费者。超级符号词语技术的重点在于对词语背后隐藏的巨大力量进行挖掘，让消费者想到我们说什么之后要怎么做。正如海德格尔所言，词语就是召唤，词语不仅发挥表达的作用，而且能够推进行动。

第二节　命名有哪些标准？——成本、召唤、投资

（扫描二维码，观看本节课程视频）

使用超级符号的目的在于降低客户的营销传播成本，帮助企业建立并高效积累品牌资产。企业对词语进行选择的目的在于提高沟通效率，在快速沟通中传达价值。尤其在命名方面，词语往往比话语更权威，因为词语是不变的，话语是常变的。从上述对词语权能的理解出发，我们将词语的营销传播效能概括为三个方面：成本、召唤与投资。超级符号词语技术的目的是实现低成本、强召唤性，以及对品牌的长期投资，这也成为判断品牌命名、产品命名是否恰当的关键标准。

一、低成本

命名的第一原则是低成本，包括低传达成本、低理解成本、低记忆成本、低使用成本、低营销成本等多个方面。回到营销传播的具体情境，潜在消费

者在电光火石之间如何注意到货架上的商品，这是最重要的议题之一。让沟通得以发生可以理解为第一眼被看见，被看见的同时被理解。心理学的研究表明，消费者容易看到的是他感兴趣的词语。比如对一个感冒的人来说，流鼻涕、打喷嚏、发热等词语更能够吸引消费者的兴趣。再比如从语言传播的角度来说，“娃哈哈”是更低成本的词语，“乐百氏”不是；“阿里巴巴”是一个低成本的命名，它的叠音、韵律、节奏有更强的表现力和传播效率，并且嫁接了人类文化的巨大财富，“一千零一夜”“阿里巴巴”“芝麻开门”传达了企业的价值：让天下没有难做的生意，打开财富之门。

听觉在命名成本中占据着关键位置。传播是口语现象，也是听觉行为。我们往往更关注视觉传达成本，反而忽视了听觉传达成本。名字是用来叫的，不是用来看的。“名”本身就是为听觉而生的。《说文解字》解释说，“名，自命也，从口，从夕。夕者，冥也，冥不相见，故以口自名”。意思是说，在早期的社会交往中，人们白天相见，可通过形体、面貌、声音相互识别，一旦到了晚上，相互看不清楚，就只能通过自报名字来区分你我了。举个例子，当你和朋友解释你住的地方的时候，西郊庄园、兰乔圣菲这两个名字，你觉得哪个更容易说清楚？哪个信息量更大？哪个更像一个住宅区，而不像咖啡厅或服装品牌呢？

二、强召唤性

词语本身自带权力，表达了词语发出者对世界的认识，能让词语接收者按照词语所携带的意义去进行思考。词语是对事物的召唤，词语到达不了，事物就没有办法出场。我们所生存的世界，在词语的排序中出场。海德格尔认为，“命名并不是分贴标签、运用词语，而是召唤词语。命名在召唤，这种召唤把他所召唤的东西带到近旁，召唤当然有所唤来”。这里所谓的“召唤”，意思是用某种方式或方法把人们唤来，通常口头呼唤某人。

在人类学和艺术学研究中，“召唤”是一个非常重要的概念。古代人想象死者有灵魂，记忆一旦离开实在的“身体”就会无影无踪，为了使得亡魂不至于全然消失，古代的人们不断地召唤它归来，想出各种方法使它重新与人类世界发生接触。比如中国古代的祖先崇拜，其核心是对家族祖先的不间断祭祀。祭祀中的一系列象征性的符号、词语与规范化的、结构性的仪式，使得生者不断重温自己对先民的记忆，同时又可以把亡魂召唤回宗庙，享受陈设在那里的贡品[①]。通过这一系列象征性的交流，历史的知识被传递，道德的准则被重申，人的社会关系被反复确认，“召唤”得以完成。

词语的权能大于话语的权能，体现在营销传播中，一个好的名字往往胜过一百个创意。品牌与产品命名追求的即是指向性很强的召唤，命名就是下达明确的指令，释放词语的能动性，一方面可以将品牌的价值召唤出来，另一方面能把顾客召唤来。

比如益佰制药在进军喉糖市场时，喉糖市场已经是一个绝对的红海市场，其中不乏知名品牌。在调研中公司发现，消费者需要一款持续时间更长的喉糖，益佰制药基于产品研发的实力，将润喉时间确定为30分钟，进而将产品名称确定为“冰喉30分钟”喉糖。这一命名既是对消费者的一个承诺，也在召唤那些需要长时间润喉体验的消费者群体。

下面举一个相反的例子：丰田汽车公司对其在中国的品牌和产品全线更名，凌志改为雷克萨斯，陆地巡洋舰改为兰德酷路泽，霸道改为普拉多，佳美改为凯美瑞。从召唤性角度而言，丰田将召唤性超强且成本超低的好名字全部改为无任何召唤性、成本超高的名字。召唤是词语的能动性，它能将品牌的价值和顾客召唤来，如“陆地巡洋舰”能将其价值和顾客召唤来，“兰德酷路泽”就不能。

三、长期投资

成本与投资是企业经营的两个重要思维角度。研究成本的目的是少花钱，研究投资的目的是使花掉的钱成为资产，在未来可以持续收到“利息”。命名是一种长期主义的思考。一旦确定了名字，就是一个长期的投资。可口可乐公司高层曾说，哪怕一夜之间烧掉它全世界的工厂，第二天还可以原地复活，并且依然是一个伟大的品牌。因为它的名称还在，“可口可乐”四个字更有价值，更重要，更有生命力。如果可口可乐的产品质量不好，真正受到损害的是包装上的名字。

超级符号的语词技术所选用的词语，本身已经具有很丰厚的文化资产，它们往往已经被重复了几百上千年，成了一个文化词语和公共词语。词语的长期投资思维是：一方面，占有人类文化既有的财富和资产，把人类数千年

---

① 巫鸿. 物尽其用：老百姓的当代艺术[M]. 上海：上海人民出版社，2011：5-6.

文明的古老文化符号化，附着到商品上去传播和销售；另一方面，不断在日常经营活动中对这一词语持续地投资、重复地投资，可以说，重复就是投资，将这一理解植入企业的每一个行动中，让每一个行动都积累品牌资产。

品牌命名和企业命名需要回到上述的三个标准，这三个标准在使用时往往需要同时加以考量。名字的本质是代言符号，其目的是降低描述和传播的成本，并能传达价值。所以，营销传播应该尽量使用有意义的、具象的、有画面感的词汇，尽量让名字本身成为一个完整的广告。

在互联网世界里，时间的概念更加碎片化，当一个互联网使用者在一秒之内来做决策的时候，品牌就已经变成了“瞬间联想”，消费者没有时间听你的信息；同时，互联网作为一个虚拟的信息世界，人们有很多愿景需求，也有很多情感需求，互联网需要与文化体系、现实世界建立连接。就像微信红包一样，也需要用“红包”的名字和符号让人们从现实的红包世界无缝切换到互联网的红包概念。

从整体来看，互联网世界中的词语应用呈现出一种“返祖”的态势。在互联网世界，商业动机不是被掩饰而是被放大，从而与人类的宏大叙事相结合。一些最基本但也最具象征意义的文化词语、公共词语被征用，此外，我们还可以看到，一些互联网企业的名称足够简单、直白，更像回到了我们童年时候的语言习惯，简单、常用，且具备口语传播的诸多特性，往往更具有熟悉感、亲切感。我们整理了几个类别的互联网企业命名的方式。

（1）叠音词，即重复同一个音节所构造的词。叠音词能够传神地描写出人和物的音、形、情、态等，如阿里巴巴、当当、钉钉、陌陌、探探、哔哩哔哩、滴滴等。

（2）功能特性的直接表达，比如饿了么、去哪儿、得到、淘宝、大众点评、美团、安居客等。互联网企业往往将消费者内在的需求或者购买理由直接凝聚为一个词语。

（3）拟人化与拟物化，尤其是使用动物名称命名，如天猫、雅虎、斑马、搜狗、虾米音乐、花小猪打车、快狗货运、闲鱼等。单就家庭服务类别，就有啄木鸟家庭维修、勤鸽家庭服务、天鹅到家家政服务等。

以其中的动物为例，我们深入讨论下词语的效能。无论文字描述还是象征体系，动植物的存在从根本上影响着人类看待世界的方式。在很早以前，我们的祖先大多相信一点：动物拥有灵巧的身体和敏锐的感官，这些特质总是与神话故事中的各种超自然力量联系在一起。互联网行业问世后，企业喜欢用动物名字命名，既显示了对动物的宠爱，又使没有生命的网络应用鲜活起来，富有了生命力，也具备了品牌灵魂。动物名称的亲和力有助于拉近用户和网络产品之间的距离；动物名称的易记性有助于品牌的传播；动物特性与网络产品特点之间的相似联系有助于宣传网络产品的显著特征和亮点。

（扫描二维码，观看本节课程视频）

第三节　案例赏析

一、孔雀城

现在有一个针对北京市场的京郊低密度居住小镇，需要确定它的项目名称。在备选的100多个名字中，有天下艺墅、纳都谷郡、安费罗帝山庄、御墅林风、安达露西亚小镇、田园史诗等，如果你是项目负责人，你会从上述的名字中选择哪一个？选择或者不选择的判断标准又是什么呢？

项目最终决定命名为“孔雀城”（见图6.1），品牌使用了具象的名字——孔雀，有画面感，让人一目了然。在最开始规划的四个项目中，以“孔雀城”的统一品牌战略展开，“一个北京城，四个孔雀城”，项目之间地段等的差异性则通过地点“前缀”来表现，将项目消费者所熟悉的地标符号和自然资源名称——永定河、大运河、潮白河、八达岭统合起来，对以地段为第一标准的房地产项目而言，这一命名方式使得名字本身成了购买理由，也将广告传播费用统一起来，避免各自为战可能带来的浪费。此外，命名就是投资，所有的广告投资从一开始就积累在孔雀城这个品牌上，未来会不断产生投资的利息，企业可以获得投资回报，每一个业主也都能分享回报。

二、克刻喉糖

益佰制药的克刻品牌是一个止咳药品牌。开发喉糖，可以丰富公司的快消品产品线，提升其品牌价值，而喉糖又是消费量巨大的常用消费品。

但是喉糖的品牌很多，这是一个绝对的红海市场，喉糖市场也不乏知名品牌，消费者又有什么理由购买克刻牌的喉糖呢？克刻公司首先研究了消费者对喉糖的使用体验，发现他们食用喉糖是因为嗓子不舒服，而喉糖冰凉透

图6.1　孔雀城项目广告海报

嗓的感觉能缓解喉痛喉痒的症状。但是十分钟之后，当这颗糖吃完、冰凉感消退，喉咙又会重新痒起来。人们需要一款持续时间更长的喉糖。

随后，克刻公司把时间设定在30分钟，这样就使消费者得到了购买理由——能持续冰爽30分钟的喉糖，并得到了一个广告创意："持续冰爽，长达30分钟"（见图6.2）。值得一提的是，词语的权能大于话语的权能。于是，克

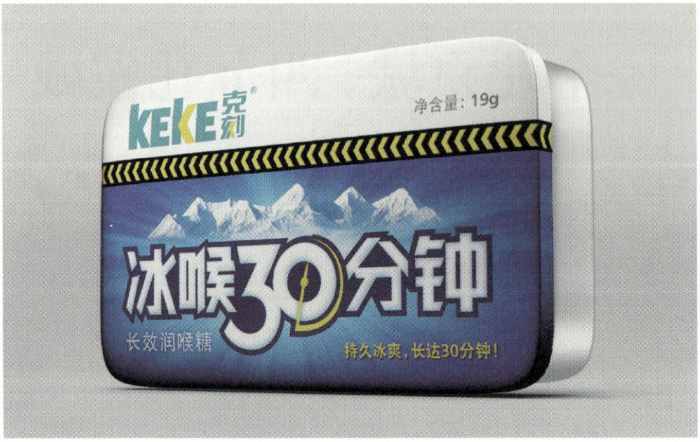

图6.2 克刻品牌“冰喉30分钟”产品

刻品牌命名了这款喉糖——克刻牌冰喉30分钟喉糖。“冰喉30分钟”比“持续冰爽，长达30分钟”这句话更加不容置疑，这就是词语的力量。

有了这样一个词语，产品开发的工作就是实现这个词语。下一步工作需要请技术部门来实现。如何能做到持久冰爽30分钟呢？有两个路径，一是把糖做得更硬，在嘴里溶解得更慢；二是把糖粒做得更大。于是，购买理由成立了，产品实现了，市场接受了。

三、鲜啤30公里

乐惠国际是一家从酿造到灌装，并提供全套设备安装，提供“整厂交钥匙”服务的工程装备公司，2017年在上交所挂牌上市（SH603076）。通过对市场、竞争对手、消费者等诸多因素的分析，乐惠国际认为鲜啤正在成为行业发展的新风向。中国目前鲜啤酒在啤酒消费中占比不高，近几年每年的增长率都超过100%，中国年产啤酒4 000万吨，预计未来鲜啤酒的市场规模将迎来爆炸性增长。乐惠要做大鲜啤市场，坚定做精酿鲜啤。

命名就是召唤，词语就是行动！词语是能动的，不仅说事情，而且做事情。一个好的名字胜过一百个创意。那么怎么命名呢？只有两个要素可以衡量是否新鲜：距离、时间。根据乐惠国际的资源禀赋，它定下一个坐标，测量上海佘山酒厂、未来浦东酒厂到坐标位置的直线距离，提出30公里半径范围内建城市酒厂的设想，“鲜啤30公里”的名字于是应运而生（见图6.3）。

图6.3　鲜啤30公里

四、今童王

今童王诞生于1996年，是中国最早的童装企业之一，成立20多年来先后打造出“今童王”（KBOY&KGIRL）和“芝麻开门”（OPEN SESAME）两大童装名牌，前者曾连续四次被中国服装协会评为“中国十大童装品牌”，在业内外备受赞誉。

然而，伴随着国外品牌的抢滩登陆和本土“淘品牌”的强势崛起，中国服装业在2010年前后发生剧变，竞争异常激烈。作为传统制造批发型服装企业，今童王的销售额开始逐年走低。期间，今童王曾多次尝试转型：2011年打造“今童王世界”，开发玩具、鞋服、生活馆等全品类大小童一体店；2017年尝试将“芝麻开门”培育为零售型品牌；2018年将今童王品牌定位为“轻奢潮品少年装”……然而这些探索举措都无法扭转企业发展的下滑趋势。

今童王面临着巨大的转型压力，首要的问题就是确定企业的转型战略。通过对服装市场各个年龄段的市场调研，公司发现，14~17岁少年的着装需求被童装行业忽视了。它还发现，大孩子（8~14岁）其实也不喜欢穿市面上的大童装。总之，对这些8~17岁的大孩子来说，买衣服是个令人头疼的大问题。“大孩子不好买衣服”，这既是家长和少年的消费痛点，也是童装市场存在已久的大问题。而今童王企业的资源禀赋让解决这一问题成为可能。

由此，今童王将品牌定位为“8~18岁专业少年装”，向下覆盖大孩子（8~14岁），向上接续成人（18岁）。从此服装分类便不再是“婴童装、小童装、中童装、大童装和成人装”，而是“童装、少年装和成人装”，真正为社会解决“大孩子不好买衣服”的问题。

品牌名称既是成本，也是召唤，还是投资。就像一个孩子诞生，首先要为他起个名字；一个新品牌诞生，同样要先有名字。确定转型为专业少年装品牌后，今童王迫切需要一个新的品牌名。

回到超级符号原理和方法，从“命名就是成本，命名就是召唤，命名就是投资”三个维度来逐一解释：

首先，命名就是成本。命名的第一原则是成本，品牌要尽可能选择那些成本低的名字。成本低就是要好理解、好记忆、好传播，也要好营销。比如，电脑品类中，“苹果”的命名就要好过“戴尔”，因为苹果是全世界最普通、最常见的一种水果，人人都熟悉，看见一次就记住了。

今童王的中英文名成本都是极高的。“今童”容易混淆为“金童玉女”的“金童”，而英文名“KBOY & KGIRL”，绝大多数家长都念不出来，更别说理解、记忆和传播了。

其次，命名就是召唤。命名的第二原则是召唤，品牌名需要有指向性很强的召唤，需要下达明确的指令。

在实际的市场调研中，很多店员和家长都反映，“今童王”的“童”字听起来有些幼稚，很多十几岁的大孩子一看到“今童王”三个字，就觉得是小孩子穿的童装品牌，心理上较为抵触，即使家长把衣服买回家，孩子也不会穿。这说明“今童王”品牌名的召唤性并不强，无法有效吸引少年群体。

最后，命名就是投资。一旦确定了品牌名，就是一个长期的投资，要不断重复，不要轻易改动。只有这样，才能不断积累品牌资产，为企业带来效益。

二十多年来，今童王曾频繁改动中英文名，每一次改动都是品牌资产的重大流失。从成本、召唤和投资的角度来看，“今童王”确实不是个好名字，但已在渠道大规模沉淀，合作多年的经销商只认“今童王”。如果完全推翻现有品牌名，便无法充分利用现有的渠道资源，另起炉灶的难度非常大，因此只能在现有品牌名基础上做文章。怎么做呢？

其实，很多有类似问题的英文品牌会使用简称，比如“Calvin Klein”，消费者会简称为“CK”，再比如著名奢侈品牌“LOUIS VUITTON”，消费者会简称为“LV”。今童王也可以用简称的办法，提炼出“KBOY & KGIRL”中的“K”，简称为“KK”。但这还不够。命名的一个底层原理是：词语的权能大于话语的权能，品牌名的权能大于品牌口号的权能。假如别克出了一款高配置的商务车，它用一句口号：“全新别克商务车，贵宾级的享受”，就不如直接将这款车命名为“别克贵宾级商务车”。后者显得更有权威，价值感更强，定价空间也更大。同理，“KK，专业少年装”就不如直接称为“KK少年装”，因为公司的战略目标是占领“少年装”这个品类。

而要占领“少年装”这个品类，首先要占领“少年装”这个词语。考虑到“少年装”的品类名无法注册，公司选择在“KK”的简称中增加“少年”一词，直接召唤少年消费者。

就这样，今童王的新名字诞生了：“KK少年”。“KK少年”这一品牌名中，不仅“少年”对消费者有极强的召唤性，而且“KK”两个字母的组合方式也能凸显一定特色，非常契合服装行业的时尚属性。这样的命名战略结束了今童王品牌名的混乱状态，构建了品牌未来发展的基础（见图6.4）。

图6.4　KK少年的品牌命名

第七题　什么是口语套话？

第一节　从荷马史诗说起
——沃尔特·翁口语文化等

（扫描二维码，观看本节课程视频）

语言首先是一种口语现象。先有语言，后有文字；先有口语，后有书面语，书面语言的传播方式只有读和写，只有口语才能同时使用听、说、读、写四大传播方式。可以说，传播是一种口语现象、听觉现象，营销传播是“说话的语言学”。品牌谚语需要回到口语套话的思考范式上，才能最大限度地提高营销传播的效能。

口语套话离人类的心智模式最近，这是传播最深刻的本质[①]。声音不能被时间记录下来，于是耗费心力思考的结果一旦出口，就消失得无影无踪。因此，如何借助语音构建知识、保存知识、传播知识成为一个核心问题。当我们走到语言的历史深处，《荷马史诗》的研究为我们提供了理解语言最深层的原力。研究《荷马史诗》的人有一个困惑：没有文字记录，那么行吟诗人如何能创作并背诵数十万行的诗歌？难道古人的记忆力比现代人要强很多吗？

长期从事《荷马史诗》研究的米尔曼·帕利和他的学生阿尔伯特·洛德经过长期的田野研究、采访和考察，发现《荷马史诗》中有一些固定的反复使用的套语，不用死记硬背长篇的史诗，行吟诗人其实不是在写诗，而是在“编织诗歌”。数万行《荷马史诗》的编织依靠全套的预制件去拼装、组装而成。而这些预制件包括套语、名号、程式、主题、场景等。《荷马史诗》之所以可以传世，离不开对于口语套话的应用，在口语文化中，已经获得的知识必须要经常重述，否则就会被人遗忘，因为没有文字可以记录。依托语音的口语套话是人类重要的记忆方式、学习方式、知识储存方式，固化的、套语式的思维模式也是智慧传承和有效管理之必需。

---

① 华杉，华楠. 超级符号就是超级创意[M]. 南京：江苏凤凰文艺出版社，2019：66.

营销传播尤其需要对套话进行理解和应用。所谓“套话”，是相同韵律条件下表达一个既定概念的一组词语，其使用规律是有章可循的。口语的套话式思维和表达审慎地锚泊在意识和无意识之中。套话有助于增强话语的节奏感，同时有助于记忆，套话是固定词组，容易口耳相传。传播学家沃尔特·翁对口语套话做了准确的评价和热情的赞扬：套话有助于增强语言的节奏感，有助于记忆；套话是固定词组，容易口耳相传；套话在口语文化里不是偶然发生的现象，套话纷至沓来，不断涌现，构成了思想的本质。从以上特点来说，口语套话是人类最古老、最原始、最本能、最强大的知识记忆、储存、传播和传承方式。在某种程度上，口语套话类似于一个信息的压缩包，是一种效率最高的承载信息的“容器”。

超级符号把基于口语套话的品牌口号创作称为“品牌谚语”。品牌谚语，即用谚语传播的特性来创作品牌口号，以获得谚语在共时性层面的传播扩散，以及历时性层面的文化传承的效能。

谚语是古老的经验和长者的忠告，具有权威性的特点，超级符号对于品牌话语的创作标准是要让品牌话语具有“谚语”的效果。只有让品牌话语成为品牌谚语，才能让它成为人们行动的指南，成为人们口口相传的品牌文化，才能活在人们的口耳之间。

此外，谚语形式的话语传播成本最低，它对受众的参与度要求很低，但卷入程度却很高，让人们自发地帮助品牌传播。作为口头文化的产物，谚语具有押韵、简短、句式整齐等特点，这些语言特点使得它能得到更广泛的传播，在人类历史文化长河中发挥更大的作用。谚语可以跨越时空，并且不花一分钱地“传”，《荷马史诗》将其称为“有翼飞翔的话语”。

品牌谚语的思考要点具体概括为以下三个方面：

（1）在作用价值维度，口语套话是品牌谚语的传播本质：品牌谚语选择口语、套话、俗话、顺口溜，不选择书面语，因为口语套话离人类的心智模式最近。

（2）在句式结构维度，品牌谚语最常选用陈述句和祈使句：超级符号话语表达的目的是直接陈述事实，要求行动，不要空洞无物或者推敲矫情。

（3）在购买理由维度，品牌谚语形成了要素填空和不思而得的创作思路：品牌谚语将购买理由、购买指令融入母体词语、固定句式、口语套话中。

第二节　品牌谚语：品牌的记忆、储存与传播

（扫描二维码，观看本节课程视频）

超级符号的话语创作追求两个要点：第一，行动性，即一句说动消费者购买的话；第二，传播性，即设计一句话让消费者传给他的亲朋好友。好的文案不仅能让人听到这句话之后行动，而且还能调动他，让他说出来，不仅他自己爱说，还要爱和别人说。这样才能流行传播起来，使得企业的营销传播效能得到几何级的增长。

所谓“品牌谚语”，是品牌营销传播借助谚语这一口语文化传播形态的传播技巧和修辞特点，以期获得谚语背后的语词能量，最终成为人们日常生活中的谚语。谚语表达的出发点是有效地保存和再现说出来的思想，继而以易记忆、易传播为原则，讲究押韵、简短整齐、辞格生动，有助于记忆、回忆和传播，在传播功能上增强人们的地域认同和社会化。沃尔特·翁的观点简要概括了谚语的核心价值：“在一种口语文化里，已经获得的知识必须经常重述，否则就会被人遗忘：固化的、套语式的思维模式是智慧和有效管理之必需”[①]。

值得一提的是，我们今天创作文案的很多思路，不自觉地附着了大众传播的时代印记。比如当我们讨论“口语传播”时，往往会将其理解为对文字的口头表达，我们在演讲之前，会将写好的稿件进行背诵，再将其口头表达出来，这与“口语传播”的本质已然不同。从人类传播历史上的五次革命来看，语言传播、书写传播、印刷传播、电子传播、互动传播依次发生。同样是“口语”，在书写之前的口语文化，与经历了书写和印刷传播革命之后的“口语”全然不同。超级符号对口语套话的应用在于回归到书写文化之前的口语文化中加以思考，发掘口语套话在人类生理、心理等方面的巨大传播效能。

一、品牌谚语：对谚语特性的运用

通俗易记、朗朗上口的谚语和谣歌为品牌谚语提供了进一步思考的路径。依赖谚语和谣歌这种载体，文化知识得以传播开来，传授下去。“谣歌”中的“谣”与“遥”同部，《古谣谚·序》中说，“凡发于近地者，即可行于远方”，谣歌可以传之遥远；所谓“谚语”，也可以称为俗语、熟语、老话、习语、俗

① 翁. 口语文化与书面文化：语词的技术化[M]. 何道宽，译. 北京：北京大学出版社，2008：32.

话、俚语、俚谚等，是群众口头上广泛流传的一种现成而固定的句子①。我们来看一些身边口口相传的谚语：

朝霞不出门，晚霞行千里
种瓜得瓜，种豆得豆
饭后百步走，活到九十九
庄稼一枝花，全靠粪当家
人心齐，泰山移
瑞雪兆丰年
春雨贵如油
当家才知柴米贵，养儿方知父母恩
不怕一万，就怕万一
山中无老虎，猴子称大王
众人一条心，黄土变成金

谣歌与谚语也被合称为谣谚，可以理解为“风谣俗谚”，谣谚是人民群众集体创作的，具有强大的生命力，即便某个人单独做了某首谣谚，也受了“集体无意识”的潜在影响，自觉或不自觉地运用了群众的创作手法和句式。谣谚具有通俗性、流行性、定型性、普遍性、情绪性、规范性等特点，这些特点为品牌谚语创作提供了强大的语言能量。

谚语的传播特性为品牌谚语创作提供了以下三个方面的启示：

第一，谚语的权威经验与行动指向，有定型性、规范性的特点。谚语的内容来源于人们的生产生活，是劳动人民智慧的结晶，劳动者敏锐的观察力、丰富的想象力和极强的艺术创造力凝结在其中。在传统民间社会，读书识字、学习书本知识是少数人的事情，普通百姓的生活常识、经验教训等往往通过谚语代代相传，谚语的内容涉及为人处世、社会风俗、健康养生、气象变化、作物生长、种植规律等诸多方面，可以说，谚语是一部口头百科全书。至今流行的谚语在人们的生活中仍发挥着生产生活指导、道德约束等作用。

比如关于天气和农业的谚语有“日晕三更雨，月晕午时风”“立夏到小

① 唐启运. 成语、谚语、歇后语、典故概论[M]. 广州：广东人民出版社，1981：55.

满，种啥也不晚”；再比如有关为人处世的谚语有“先下手为强，后下手遭殃”“别人夸，一朵花，自己夸，人笑话”等。谚语将知识高度浓缩，储存起来，传承下去，按照谚语行事成了人们下意识的反应。

谚语提供了一种强大的权威经验与行动指向，人们对口语套话的谚语往往有一种天然的信任，谚语能绕开人的心理防线，直接进入人的心智。比如，当我们听到“饭后百步走，活到九十九”时，我们从来不会怀疑它的真假。当品牌话语不断流传、成为品牌谚语后，也自然会附着古老智慧，具有非同一般的营销传播效力。

第二，谚语在语音上押韵，具备流行性和通俗性。押韵是指某些句子末尾音节的韵母相同或相近，是口语音乐性的体现方式之一。“你的语言必然有很强的节奏感和平衡的模式，必然有重复和对仗的形式，必然有头韵和准押韵的特征”①，这样才能引起别人的注意，便于记忆，便于传播。押韵使声音在一定时间长度上有规律地重复，前后相关联、相呼应，不但产生节奏感和回环的美感，而且形成语言组织的“框架”，这是谚语最有效的传播手段。诸如平仄、谐音、叠音、拟声、双声、叠韵、字调、语调、重音、停顿、音节、节奏和儿化韵等都可以使得语言节奏明快，给人以音律美。很多修辞格，如双关、对偶、顶真、反复、歇后等，也是利用语音条件体现修辞效果的。

品牌谚语的押韵相对宽松，不同声调可以相押，同字也可以相押。运用押韵的品牌谚语不但容易引起听者的注意，而且在传播过程中，也可以使人根据已有词语的语音线索产生或回忆起与其读音相同或相似的语音，便于品牌谚语的记忆和传播。我们来看一些品牌谚语押韵的例子：

一品黄山，天高云淡
要想皮肤好，早晚用大宝
维维豆奶，欢乐开怀
认准八匹马，好茶喝八马
米饭要讲究，就吃老娘舅
掌握好食材　原味福建菜
一个北京城　四个孔雀城

① 翁. 口语文化与书面文化：语词的技术化[M]. 何道宽，译.北京：北京大学出版社，2008：32.

第三，修辞格的生动形象创造了良好的情绪性。“没有感知就没有回忆”①。修辞是提高语言表达效果的规律，是运用语音、词汇、语法来提高语言表达效果的手段②。修辞格是逐步固定下来的语词优化模式，具有动人的表达效果、特定的结构模式和相对的稳固性③。修辞格的运用使得生活中复杂、抽象、深奥的事理简单、具体、浅显化。修辞格在谚语中的应用，使谚语的表达更加生动活泼，富有表现力、感染力、冲击力，传播者从而可以更容易地感知、接收、理解和传播。比喻、拟人、借代、夸张等修辞格在谚语中应用广泛。举例如下：

比喻：雁城衡阳，展翅飞翔（衡阳城市广告）；飞一般的感觉（特步）。

拟人：小葵花妈妈课堂开课啦！（葵花儿童药）；你是我的优乐美（优乐美奶茶）。

顶真：车到山前必有路，有路必有丰田车（丰田汽车）；我爱傣妹，傣妹爱我（傣妹火锅）。

夸张：一天吃三枣，好想你不老（好想你枣业）；今年取暖用先锋，全屋热透分分钟（先锋电器）；今年二十，明年十八（白丽美容香皂）。

修辞格的运用当然不止上面的几类，有学者将修辞格的类别分为以下几类：描绘类，包括比喻、比拟、借代、夸张、通感、摹绘等；比较类，包括对比、映衬、仿词等；词语类，包括反语、双关、婉曲、拈连等；句式类，包括对偶、排比、层递、反复、回环、顶真等。修辞格在实际运用中往往会综合以上的辞格方式，连用、套用、兼用。回归古老的修辞艺术是超级符号语言技术的重要思想源泉。

品牌谚语的目的是陈述事实和引发行动，它要表达一个完整的意思，比如告诉消费者一个理由，或者让消费者直接行动。句子由词、词组（短语）构成，为了把意思表达清楚，常用的句子包括两部分内容：一部分是句子里说的“谁”或“什么”，即我们常说的主语部分，另一部分是句子里说的“是什么”、“怎么样”或“做什么”，即我们常说的谓语部分。除此之外，句子还有其他成分，如宾语、定语、状语、补语等，现代汉语将主、谓、宾、定、

① 阿斯曼. 文化记忆：早期高级文化中的文字、回忆和政治身份[M]. 金寿福，黄晓晨，译.北京：北京大学出版社，2015：28.

② 刘继超，曹春霞，刘如松. 修辞知识和运用[M]. 北京：商务印书馆国际有限公司，2020：80–81.

③ 刘继超，曹春霞，刘如松. 修辞知识和运用[M]. 北京：商务印书馆国际有限公司，2020：87–91.

状、补统称为六大句子成分。宾语回答“谁做”“做什么”等问题，定语回答“多少”“哪一种”“什么样”等问题，状语回答“何时”“何地”“怎么做”等问题，补语回答“做得怎么样”“做多少次”“做多久”等问题[①]。

二、陈述句与祈使句的使用

品牌谚语从营销传播效能的终极命题出发，在使用中常常根据句子的语气语调成分选择陈述句与祈使句的句式。

陈述句，指代的是叙说或者说明事实的具有陈述语调的句子。陈述句是使用最广泛的句子，是思维最一般的表现形式；陈述句往往带有略有区别的陈述语气。比如：“他忘记了很多事情，却从未忘记爱你”“世界最重要的一部车是爸爸的肩膀”“冬虫夏草，现在开始含着吃”“雅迪，更高端的电动车”“自律给我自由”等。此外，陈述句也会用到一些否定、双重否定的表达来加重肯定的意思，比如“高档装修，不用大理石，就用简一大理石瓷砖”“不是所有牛奶都叫特仑苏”等。

祈使句更加聚焦命令、请求、敦促等行动，指代要求对方做或不做某事的句子。祈使句往往带有强制性，口气强硬、坚决。这种句子经常不用主语，结构简单，语调急降而且很短促，不大用语气词，句末一般用感叹号，语气缓和的祈使句也用句号。品牌谚语往往会突出消费者未被满足的某种需求的状态，或者生活中的存在的某些“痛点”，例如“怕上火，喝王老吉”“累了困了喝东鹏特饮”“保护嗓子，用金嗓子喉宝”“经常用脑，常喝六个核桃”“肚子胀、不消化，用江中健胃消食片”等。祈使句将品类、品种、品牌价值融合，回归消费者的需求，将产品背后的品类属性与特定利益充分呈现，将品牌名词动词化，以达到引发行动的目的，如“滴滴一下，马上出发”“斗米一下，马上入职”“百度一下，你就知道”等。

三、对品牌谚语中“就”的分析

我们以“就”字为例，来进一步理解句式中所蕴含的“魔力”。在日常生活中，包含“就”的广告文案很多，“有问题就会有答案”“奶酪，就选妙可蓝多”“装得下，世界就是你的”“百度一下，你就知道”“心有多大，舞台就

---

① 黄伯荣，廖序东.现代汉语：下册[M].北京：高等教育出版社，2011：71-80.

有多大”“飘柔，就是这么自信”等，我们在文学作品中也可以看到很多关于“就”的话语，如“读书无嗜好，就能尽其”（鲁迅）、“我读书越多，书籍就使我和世界越接近”（高尔基）。

以一个典型案例来具体说明。“买保险，就是买平安”，这句话包含两层意思：买保险就是买了平安的感觉和状态，买保险就要买平安的保险。但其实，买了保险并不表示不会发生风险，也不会降低风险发生的概率。买保险，目的是获得风险财务能力，遇到风险，尽可能有足够的钱解决问题。

“就”字在其中施展了词语本身的力量，给句子的意义表达带来了变化。具体而言，可以概括为以下三个方面：

（1）暗含了很短的时间以内：如果你产生了买保险的想法，那就去买平安保险，或者你想要平安的生活，那就去买保险。

（2）表示在某种条件或情况下自然怎么样，“就”字含有只要、要是、既然等含义：如果你需要买保险，就去买平安，让人形成一种不自觉的思考反应。

（3）表示加强肯定，能力强：类似的例子有很多，孩子哭闹着说“我就要吃糖”，或者说“他一个人就把书搬走了”。

第三节　汉庭品牌谚语案例赏析

（扫描二维码，观看本节课程视频）

品牌谚语的创作需要考虑多个方面的因素，既要有品牌的购买理由、购买指令等利益价值，也要有谚语的传播与传承特性。品牌谚语的创作是文化母体、语感语速、价值利益三者的博弈与调和[①]。

（1）文化母体的根本价值在于母体本身所携带的能量和流量，可以让人瞬间熟悉。

（2）语感语速是语言符号自身的特性，好的语感使人愉悦，好的语速让人可快速理解。

（3）价值利益在于让人明确品类、品种价值，激发购买行为。

在品牌谚语的创作实践中，我们找到了一个重要的方法：要素填空法，

① 引自华与华公众号：贺绩《购买理由是三个要素的博弈》。

这是一种将文化母体、语感语速、价值利益三个要素有机结合起来的方案创作方法。

在广告运动中，创意的地位极其崇高，创意常常被视为广告的灵魂。广告业也往往被视为一种创意的神秘产业，创意甚至成为广告的专业意识形态①。在很多人心中，广告文案写作依靠灵感。但是在广告的现实世界中，真正说了算的一直都不是创意，而是效果。我们可以先通过两个广告文案作品来理解创意与效果之间的差异。

在中国香港地区的广告历史上，有两个非常著名的广告金句。一句是“人头马一开，好事自然来”，另外一句是“不在乎天长地久，只在乎曾经拥有”。请问，你觉得哪一句广告语更优秀？

在超级符号的理解中，前一句是非常优秀的。短短十个字的广告文案中包含品牌名——“人头马”；包含行为反射——“人头马一开”；还包含可能的利益点，当你打开一瓶人头马，享受到的体验就是“好事自然来”。后一句可以被视为一个反面教材。它更像一个人生信条，类似的创作方式比比皆是，缺乏对消费者行为反射的信号刺激；更关键的是，在不断流传的过程中，我们已经不知道这是哪个品牌的广告了。对于品牌而言，广告语流传下来，但品牌名却没有流传下来，这就使广告文案难以产生持续的营销传播效果。

一、“爱干净，住汉庭”的“要素填空”

经济型酒店诞生于21世纪初，经过十多年的快速发展，市场竞争激烈，品牌之间的差异化不够明显，以前的蓝海已然变成了红海。如何找到新的蓝海呢？汉庭品牌经过严密的消费者调研发现，“干净”成了消费者最关注的“消费痛点”，所以，汉庭决定把“干净”作为新蓝海战略。那么问题来了，在营销传播中，“大家认为我是谁”往往比“我是谁”更为重要。假若你是项目负责人，如何才能让消费者感知到汉庭品牌的“干净”主张呢？在具体的营销传播中，如何理解并创新性地应用媒介，才能使得营销传播效果最大化呢？

汉庭借助要素填空法，得到了“爱干净，住汉庭”的品牌口号（见图7.1）。汉庭借助“爱干净，住汉庭”的品牌口号，将“干净”的消费痛点变成“爱干净”这一每个人从小到大被教育的话语，并且将“汉庭”品牌以

---

① 胡翼青，高小燕. 论广告创意的神话[J]. 新闻大学，2011（2）：74-78.

及“住”的行动主张变成一句话，在消费者之间乃至更广阔的民众之间传播。从内容创作来看，关于汉庭的品牌口号，我们在超级符号的语词技术部分已有过详尽的解析，但是如果从人与人之间的口语传播而言，“人”即是一种口传媒介。

图7.1　位于汉庭酒店楼顶的品牌谚语

“爱干净，住汉庭”这句话不仅在传播层面有效力，在播传层面更有效力，当这句话一传十、十传百、百传千、千传万，它的营销传播效率呈几何级增长。品牌口号不是“我说一句话给你听”，而是“我说一句话让你传给别人听”，品牌口号创作的最终目的之一在于引发人与人之间播传，将人变成品牌传播的媒介。

所谓“要素填空”，就是在列出关键词的基础上，找到一些母体词组和常用句式，再进行要素组合，既包含购买理由和购买指令，又可以实现记得住、读得顺的目标。

我们以“爱干净，住汉庭”的诞生历程为例，来尝试梳理下“要素填空”的创作程序。

要素一：营销传播的主体是品牌，所有传播动作都要服务于品牌，在广告语中也要尽量有品牌名称。“汉庭”成为广告文案中确定的要素和关键词。

要素二：消费者对酒店的价值诉求是什么呢？在调研中消费者对“干净”和“安静”的需求最为强烈，作为经济型酒店的汉庭更能满足的是“干净”

的需求，所以，“干净”成了关键词。

要素三：超级符号的作用原理之一来自信号刺激—行为反射，如何找到一个词来引发消费者的行为呢？在“选”“来”“住”等词汇之间，住酒店是我们常用的词汇，于是“住”成了关键词。

要素四：“干净”如何与汉庭建立联系？在“很干净”“更干净”“要干净”“爱干净”等词组中，汉庭最终选择了“爱干净”，一方面抓住了“爱”这个本身蕴含着巨大能量的字，另一方面，由于我们从小就被教育做一个“爱干净”的孩子，这一词组已经进入我们的大脑深处。

二、品牌谚语的创作标准

品牌谚语的创作需要把握以下四个方面的标准，但在应用中不要教条或刻板地应用，我们需要建立一个文案创作的正确思考框架：

（1）记得住。不仅要记住文案，更要记住品牌。记住品牌的最直接的办法就是把品牌名放入文案中。

记得住的前提往往是要读得顺。亚里士多德曾在对语言修辞的论述中提到四个要点：普通的道理；简单的字词；有节奏的句式或者押韵；使人愉悦。这四个要点对于我们今天的品牌谚语创作依然有巨大的启示作用。

（2）需要包含购买理由。所谓的购买理由，就是产品的核心价值，在上述汉庭的品牌谚语中，“爱干净”就是购买理由。汉庭产品的核心价值就是干净，干净就是喜欢干净的消费者群体的购买理由。

（3）需要包含购买指令。购买指令就是给消费者一条行动命令的语词，比如“住汉庭”就是购买指令，如果你爱干净，又要住宾馆，那么住哪里呢？购买指令就是“住汉庭”。

汉庭更重要的改变在于将企业战略落实到了具体的产品与服务体验层面。产品的口碑是品牌传播最应珍视的资产。对一个品牌而言，想要赢得消费者的认可，最重要的是在实际行动中将口号落在实处，从这一维度来说，企业的一切行为，以及所提供的产品和服务本身即是媒介。营销传播会让好产品得到更快的扩散，也会让坏产品更迅速地被淘汰出局。汉庭在干净战略上进行了大量人力、物力、财力的投入，投资上游洗涤行业，让加盟商也成为干净战略的践行者，让“干净”成为汉庭的企业文化、员工行动和品牌战略。

具体来说，汉庭要求所有门店全面整改清洁卫生，由总部实行严苛的达标检查，对于整改不达标的门店，随时进行清退；将每月的24日定为“清洁日”，致力于成为国内首个消灭清洁事故的酒店集团；打造“清洁师形象工程”，将清洁员统一改成清洁师，全面提升清洁师的工资水平、职业地位和事业空间；培育清洁工匠精神，邀请日本国宝级清洁匠人新津春子莅临汉庭指导，并设立行业首个“首席清洁官”。图7.2为汉庭“绝对干净”启动大会。

图7.2　汉庭“绝对干净”启动大会

汉庭品牌战略的重新调整，集中体现在“爱干净，住汉庭”的品牌口号上。品牌营销的工作是沟通和交易，一切都基于言说。产品通过言说，才能推广；符号必须可言说，才能播传；战略也需要通过言说，才能最终落地执行。在“爱干净，住汉庭”的干净战略执行之后，汉庭的收益增长速率领跑整个行业，汉庭母公司华住集团的股价大涨。

第八题　什么是“用即为美”？

第一节　什么是“美”？
——从老娘舅的新标识说起

（扫描二维码，观看本节课程视频）

但凡说到设计，肯定是绕不开“美”的。“美”是设计的基本原则吗？或者说，什么样的“美”才可以作为设计的美学原则？这些极易引发争议的问题，也是非常值得研究的课题。当然，我们并不打算漫无边际地讨论，而是始终坚持在品牌营销传播的框架下展开对广告设计美学原则的阐述。

让我们从老娘舅的新标识说起吧！创立于21世纪初的老娘舅餐饮股份有限公司（以下简称“老娘舅”），已经成长为华东地区知名的快餐连锁企业。根据企业官方网站提供的数据，老娘舅门店数量已经超过400家。作为一家有近20年历史的企业，老娘舅一直急切地想要突破品牌发展的瓶颈，并在近年来曾向不同的咨询公司“寻医问药”。这导致几乎该企业一年换一个“药方”，并不断地更换品牌标识及其门头店招，却始终没有解决品牌推广中的根本问题。

2019年由华与华担纲，引入超级符号理论及方法，为老娘舅设计并推出了被称为“舅碗”的新标识（见图8.1）。根据华与华对外公布的资料，这个“舅碗”标识其实并非华与华的原创，而是“在老娘舅的一堆注册文件里‘寻宝’寻出来的”。所谓“企业寻宝”，其实是超级符号理论的作业方法，其目的在于从企业已有的资源中寻找到具有文化原力的“超级符号”。用华杉的话来说，“我们在对老娘舅进行‘企业寻宝’时发现，老娘舅过去用过很多标志，每过一个阶段就有一个新的标志。除此之外，它还有很多之前注册过但是没有使用过的标志。在所有使用和注册过的商标中，我们发现了这个被灰尘覆盖却熠熠生辉的超级符号。”①

① 华杉，华楠. 超级符号案例集[M]. 南京：江苏凤凰文艺出版社，2020：150.

图8.1　老娘舅的“舅碗”标识

不过，这个“舅碗”新标识让设计师圈炸开了锅，引发了一场不小的争论。一些设计师“花式”吐槽，给“舅碗”新标识贴上了“土”“丑”的标签，并不无恶意地将它称为“乡镇企业审美”。

我们不禁好奇，“舅碗”新标识“丑”吗？什么是“丑”，什么是“美”？我们应该如何理解“美”？如何理解设计？设计的本质是什么？在此，我们从美的观念、设计本质、视觉传达设计三个层次来展开对这些问题的回应，并同时阐述超级符号理论对于“美”的理解以及关于设计的主张。

第二节　美的观念：是“无用”，还是“有用”？

一些设计师总是言必称“美”，常常在弄清楚“美”是什么之前就自负地以其所谓的“美”为基本原则，来指导一切设计工作，并傲慢地以其所谓的“美”为唯一标准来评判一切设计作品。

（扫描二维码，观看本节课程视频）

既然如此，我们当然要先来聊聊“美”的问题，并从“无用为美”和“用即是美”两种美学观点入手，来讨论“美”与“审美”的关系，同时反思到底什么是“美”，以及什么样的“美”才可以作为广告设计的美学原则。

一、“无用为美”

围绕“美”所展开的争论持续了两千多年，至今依然悬而未决。不过，“无用为美”作为一种流传甚广的说法，得到了不少设计师的认同。

我国著名的漫画家、漫画事业的先驱——丰子恺，曾在其所著的《无用之美》一书中对此做过讨论：

“从前英国的大诗人拜伦（Byron）的葬仪在伦敦举行的时候，伦敦街上的商人们望见了这大出丧的威仪，惊叹之余，私下相问：‘诗人到底是做什么生意的人？’

“从前日本有一个名画家，画一幅立轴，定价洋六十元，画中只是疏朗朗地描三粒豆。有一个商人看见了，惊叹道：‘一粒豆值洋二十元！？’

“这种大概是形容过分的笑话吧。诗人不是做生意的人，画中的豆与粮食店内的豆不同，这是谁也不会弄错的，不至发那种愚问吧。不过，‘诗到底有什么用？’‘画到底有什么用？’也许是一般人心中常有的疑问。

“在展览会中，如果有人问我：‘绘画到底有什么用？’我准拟答复他说：‘绘画是无用的。’”①

在丰子恺看来，“无用的绘画，才是真正的美术的绘画”。“因为真的美术的绘画，其本质是‘美’的。美是感情的，不是知识的；是欣赏的，不是实用的。所以画家但求表现其在人生自然中所发现的美，不是教人一种知识；看画的人，也只要用感情去欣赏其美，不可用知识去探究其实用。真的绘画，除了表现与欣赏之外，没有别的实际的目的。”②

总的来说，“无用为美”反对各种形式的功利主义，主张“为艺术而艺术”③，指引艺术家的审美视角由外部转向内部，并指导艺术创作超越功利、超越政治、超越道德。如此说来，这种观点其实是一种“纯艺术主义”，是一种非功利的艺术至上的价值观。

如果以这种观点为标准来评价，老娘舅的“舅碗”标识当然谈不上“美”；不过，若按此逻辑推演，品牌标识既然都是有用的图形，那也就都与“美”无缘了。

二、“用即是美”

看起来“无用之美”好像比较流行，但实际上“用即是美”才是历史更为悠久的美学观点。只不过，“这种朴素而正确的观点，长期以来却未能引起

① 丰子恺. 无用之美：丰子恺聊绘画[M]. 南京：江苏凤凰文艺出版社，2017：2.

② 丰子恺. 无用之美：丰子恺聊绘画[M]. 南京：江苏凤凰文艺出版社，2017：3–4.

③ 赵小琪. 无目的的目的：20世纪中国唯美主义文学思潮[J]. 社会学科辑刊，1999（4）：151–153.

足够的重视，以致使美学逐渐成为某种神秘玄奥的东西”[①]。

追溯起来，这种观点源于苏格拉底与希庇阿斯的辩论。这场辩论虽然以“美是难的”而匆匆结束，但却开启了持续二千多年的争论。在这场辩论中，希庇阿斯质问苏格拉底：“苏格拉底，你怎么才知道什么是美，什么是丑，你能替美下一个定义吗？”作为回应，苏格拉底明确地提出了“美是有用的”的观点。用他的话来说：“无论是什么东西，只要是有用，就是美的。”[②]“一件东西有用，是它能发生效果……效能就是美的，无效就是丑的。”[③]

在苏格拉底看来，“我们说整个身体造得很美，有时候可以跑，有时候可以摔跤，我们以同样的方式谈论一切动物。我们实际上全用相同的方式把‘美’这个词用于一匹美丽的马、一只美丽的公鸡或鹌鹑，用于所有用具、陆上和海上的交通工具、商船或战船，用于所有乐器和一般的艺术用品，如果你愿意，还可以把这个词用于习俗和法律。在各种情况下，我们用来作为判断天然的或人工制造的事物和人的行为方式的标准就是有用，凡有用的就是美的，所谓事物之美就在于它对某个特定目标的实现在某个时候是有用的，而在这些方面无用的事物被我们称作丑的”[④]。

其实，许多有卓见的思想家和哲学家都有过类似的表述。亚里士多德说过，“美既是所希望的，同时又是可赞赏的；它是善的，可又是愉快的，因为美就是善”[⑤]。普列汉诺夫在《没有地址的信》中也多次说，“那些为原始民族用来作装饰品的东西，最初被认为是有用的”“只是后来才开始显得是美丽的”“使用价值是先于审美价值的”[⑥]。鲁迅先生也认为：“享受着美的时候，虽然几乎并不想到功用，但可由科学的分析而被发见。所以美的享受的特殊性，即在那直接性，然而美的愉乐的根柢里，倘不伏着功用，那事物也就不见得美了。”[⑦]

倘若用这种观点再来关照“舅碗”的新标识，我们不难得出这样的结论：一个清晰的“舅”字让老娘舅品牌的“戏剧性”凸显出来，而那个简约的

① 朱德真. 论美是有用事物的形式[J]. 晋阳学刊，1994（3）：35–42.

② 柏拉图. 柏拉图全集：第4卷[M]. 王晓朝，译. 北京：人民出版社，2003：46.

③ 柏拉图. 柏拉图文艺对话集[M]. 朱光潜，译. 北京：商务印书馆，2014：180.

④ 柏拉图. 柏拉图全集：第4卷[M]. 王晓朝，译. 北京：人民出版社，2003：46.

⑤ 朱德真. 论美是有用事物的形式[J]. 晋阳学刊，1994（3）：35–42.

⑥ 朱德真. 论美是有用事物的形式[J]. 晋阳学刊，1994（3）：35–42.

⑦ 朱德真. 论美是有用事物的形式[J]. 晋阳学刊，1994（3）：35–42.

“碗形”明确地传递了老娘舅的行业属性；这样的图形，不仅表意准确，而且令人印象深刻，当然是“有用的”，因此也就是“美”的。

三、“美不自美”

当人们讨论美丑时，其实存在一个误解，即以为美或丑是事物的客观属性。实际上，从来“不存在一种实体化的、外在于人的美”，因为“美离不开人的审美活动”①。

北京大学叶朗教授曾引用了唐代思想家柳宗元《邕州柳中丞作马退山茅亭记》的语句来说明这个道理：“夫美不自美，因人而彰。兰亭也，不遭右军，则清湍修竹，芜没于空山矣。”所谓“美不自美”，是指“清湍修竹”作为自然景物，如果要成为“美”，必须要有人的审美活动，必须要有人的意识去“发现”它，“唤醒”它，“照亮”它。“外物并不能单靠了它们自己就成为美的事物”，“美离不开人的审美体验”②。

因此，“美并不是对任何人都一样的，同一外物在不同人面前显示为不同的景象，具有不同的意蕴”③。正如梁启超所说：“月上柳梢头，人约黄昏后”，与“杜宇声声不忍闻，欲黄昏，雨打梨花深闭门”，同一黄昏，一为欢憨而一为愁惨，其境绝异。“桃花流水窅然去，别有天地非人间”与“人面不知何处去，桃花依旧笑春风”，同一桃花，一为清净而一为爱恋，其境绝异。“舳舻千里，旌旗蔽空，酾酒临江，横槊赋诗”与“浔阳江头夜送客，枫叶荻花秋瑟瑟，主人下马客在船，举酒欲饮无管弦”，同一江、同一舟，一为雄壮而一为冷落，其境绝异。

朱光潜先生也说，“一片自然风景就是一种心情”，景是个人性格和情趣的映射。情趣不同则景象虽似而实不同，每人所见到的世界都是他自己所创造的。物的意蕴深浅与人的性分情趣深浅成正比例，深人所见于物者亦深，浅人所见于物者亦浅。朱光潜所说的“性分情趣”，其实包含时代、民族、阶级、文化教养、胸襟、趣味、格调、心境等多种因素④。

如此而论，单纯用自己所理解的“美”来评价“舅碗”标识，不仅脱离

---

① 叶朗. 美是什么[J]. 社会科学战线，2008（10）：225-236.

② 叶朗. 美是什么[J]. 社会科学战线，2008（10）：225-236.

③ 叶朗. 美是什么[J]. 社会科学战线，2008（10）：225-236.

④ 叶朗. 美是什么[J]. 社会科学战线，2008（10）：225-236.

了品牌营销传播的核心目标，而且也脱离了目标消费者的“性分情趣”。至于还有人将“舅碗”贬斥为“乡镇企业审美”，恰恰显示出他们脱离消费者、鄙视大众审美的傲慢和无知。

第三节　设计本质：究竟是艺术，还是商业？

（扫描二维码，观看本节课程视频）

在前文讨论美与审美的过程中，我们故意暂时忽略了一个前提：在弄清设计本质之前，其实我们无法判断设计究竟适用于哪种美学观点。也就是说，在适用于特定的美学观点之前，须先讲清楚设计的本质。

如果设计本质是纯艺术，那么“无用之美”当然可以作为设计的美学原则，这时的审美不妨以设计师为中心，设计可以是设计师的自我表达；但是，如果设计的本质是商业，那么“用即是美”则理应成为设计的最高原则，这时的审美则必须以消费者为中心，他们的“性分情趣”才具有决定性的意义。

一、设计与艺术的根本分歧

设计的本质是不是艺术？这是我们先要回答的问题。按照学界的定义，所谓“设计”，是指把一种规划、设想、问题解决的方法通过视觉的方式传达出来的活动过程。广义上看，只要是有目的的计划活动，都可以称为“设计”。它涵盖我们生活的方方面面，是人类的基本活动；狭义地说，设计特指一种专业化的活动①。

根据教育部公布的《全国普通高校本科专业目录（2022年）》，设计学是属于艺术学门类的一级学科，下设13个专业（二级学科），包括艺术设计学、视觉传达设计、环境设计、产品设计、服装与服饰设计、公共艺术、工艺美术、数字媒体艺术共8个一般专业，艺术与科技、新媒体艺术、包装设计、珠宝首饰设计与工艺共4个特设专业，以及1个特设控制布点专业，即陶瓷艺术设计（见表8.1）。

---

① 王受之. 世界现代设计史[M]. 北京：中国青年出版社，2011：12.

表8.1 设计学类专业目录①

专业代码	专业名称（二级学科）	学位授予门类	修业年限	增设年份
130501	艺术设计学	艺术学	四年	—
130502	视觉传达设计	艺术学	四年	—
130503	环境设计	艺术学	四年	—
130504	产品设计	艺术学	四年	—
130505	服装与服饰设计	艺术学	四年	—
130506	公共艺术	艺术学	四年	—
130507	工艺美术	艺术学	四年	—
130508	数字媒体艺术	艺术学	四年	—
130509T	艺术与科技	艺术学	五年、四年	—
1305010TK	陶瓷艺术设计	艺术学	四年	—
1305011T	新媒体艺术	艺术学	四年	2016年
1305012T	包装设计	艺术学	四年	2016年
1305013T	珠宝首饰设计与工艺	艺术学	四年	2021年

在设计学类的13个专业中，大多数专业都是以“行业或领域”+“设计或艺术”来命名的。可见，设计学类的专业都有比较明确的应用场景，具有明确的目标及功能性。正如有学者所说，“一切设计都具有功能性，要有目标地进行服务，不管是为了娱乐或为了美观的艺术设计，还是仅仅为了销售的商业设计，都应该用于沟通，使事情变得简单，或者使物品在使用时让人舒服”②。

当然，在设计类专业中，有一个专业看起来似乎例外，那就是“艺术设计学”。“艺术设计学”被冠以“艺术设计”之名，常常被认为“偏向于学术研究和纯艺术性”，并且“有时候会不考虑设计的实用性”。但是，虽然艺术设计的本质在于它的“艺术性”，但这里所说的艺术性并不是“纯艺术”，而应该理解为“生活形式”的提纯和沉淀。“艺术设计”是“用艺术的手法，在产品的结构、性能和日常使用之间建立起感性的关联”；“艺术设计与艺术并不完全等同，而是有所区别”，“设计是把艺术性的构思应用于日常的用品。这导致设计带有某种实用性和功利性”③。

---

① 2022版本科专业目录大全，选专业必备！[EB/OL]. [2022-04-12]. http://news.sohu.com/a/537097645_120495931.

② 吴茹. 浅谈艺术的设计与商业的设计[J]. 美与时代（上半月），2011（8）：28-29.

③ 陈岸瑛. 设计的哲学本质[J]. 装饰，2005（2）：15-17.

有学者曾深入地讨论过现代主义设计的本质，将“现代主义设计”定义为“一种创造合理现代生活的理念与方式”，并认为“现代艺术依然追求‘艺术至上’和‘为艺术而艺术’的理念。现代艺术表现的核心本质仍然是个性化的，它‘为其本身而存在’，实现的是无功利性的审美价值；而现代主义设计却以共性化为核心，是为功能而存在的，实现的是使用价值。因此，在理念追求上，现代艺术与现代主义设计之间存在着根本分歧，而相似的视觉形式是无法将这种分歧掩饰的”①。

说到这里，我们再引用丰子恺的一段话：“普通所见的画，种类甚多：纪念厅里的总理遗像也是画，教室里的博物挂图也是画，地理教科书中的名胜图也是画，大街上的广告图也是画，然而这种都不是纯正的绘画。展览会里的才是纯正的美术的绘画。这是什么道理呢？因为前者是‘有用’的，后者是‘无用’的。”②丰子恺的话说得很清楚：但凡是“有用”的，诸如总理遗像、博物挂图、名胜图、广告图，都不是纯正的美术。

以此逻辑来看，设计显然不是纯艺术。尽管它看起来具有与纯艺术相同的“模样”，但艺术只是设计的工具、方法和形式，而不是设计的本质。

二、设计的本质就是生意

对于设计的本质不是纯艺术这一点，学者们承认起来还算是比较坦荡的。不过，对于设计与商业的关系，大多数人都有点遮遮掩掩、欲说还休；幸好，还有一些身体力行的实践者领悟到了设计的真谛，并直言不讳地道出了设计的真相。

超级符号理论的提出者华杉在《设计的目的》一书中，公开地表达了自己的看法：“人做一件事，总有其目的，设计工作和任何工作一样，也有其目的。”“一般来说，我们有四个目的：①为客户解决问题；②创造美的设计；③让我的作品得到公众的赞誉；④要在设计上有新的突破。”对于这四种目的，华杉逐一展开了分析：“我们首先不允许有后两个目的，因为这都是设计师自己的目的，不是客户的目的。我们拿了客户的钱，要服务于客户的目的。而且这两个目的对于我们的工作有害。”“第三个目的，也是我们不允许的。设计一定要‘无我’，如果你设计的时候，心里想的不是客户的问题，而是自

① 梁富新. 现代主义设计的发展、本质及反思[J]. 设计艺术研究，2014（4）：25-31.

② 丰子恺. 无用之美：丰子恺聊绘画[M]. 南京：江苏凤凰文艺出版社，2017：3.

己的表现，你是不可能做出好设计的。”“第二个目的”，本来不需要讨论，“设计当然要美”，但关键在于要什么样的美？对此，华杉主张，设计的美，一定“要符合大众美学，要大众的美，不要小众的美、小资的美，因为大众的才有规模，才能支持大生意。”“最后剩下第一个目的：为客户解决问题！这是我们真正的也是唯一的目的，是最终目的。”①

俗话说，“在商言商”。设计既然要“为客户解决问题”，而客户的问题其实无一例外最终都是生意问题，因此，设计要解决的都是生意的问题，进而言之，设计的本质就是生意。我们还是以老娘舅为例，具体来看看它的米饭碗设计是如何解决生意问题的②。

严格意义上讲，老娘舅原来的米饭碗不是一个碗，而是一个缩小的盆，像一个钵，上下粗细差不多。这个碗存在不少问题，例如：不便于客人单手拿碗；整体很厚、偏重，费材料；摞不高，高了就会倒；放在箩筐里，比较占用空间；碗底没有豁口，加热消毒时，不便于导热，容易龟裂，造成不必要的损耗（见图8.2）。

图8.2　老娘舅原来的米饭碗

针对这些问题，华与华的团队通过研究中国古代的各种碗形、现场观察消费者的端碗习惯，同时对手的生理结构进行人体工程学分析，并且充分考虑饭碗的功能性和使用情景（包括叠放），最后确定了新碗的碗形（见图8.3），并将碗的高度和口径分别设置在5~7厘米、9.5~12厘米的参考区间。

图8.3　新饭碗结合了宫碗和鸡心碗的形制特征

① 华杉，华与华商学院. 设计的目的[M]. 上海：上海文艺出版社，2021：1–3.

② 华与华工业设计组最新案例：老娘舅餐具设计[EB/OL]. [2022–04–30]. https://weibo.com/ttarticle/p/show?id=2309404504850871222504&sudaref=www.baidu.com.

此外，设计团队还对新碗做了三项特殊处理：

其一，碗口设计：口沿的加厚处理，防止摆放和清洗时的碰撞破损（见图8.4）；其二，碗侧面设计：侧面的波纹设计，增加触感，并有防滑功能（见图8.5）；其三，碗底设计：碗底设计一个缺口，防止水渍存留，在保温时更好地传导热量，减少加热过久造成的龟裂，并防止碗底与桌面形成气压而造成碗的“自动漂移”（见图8.6、图8.7）。

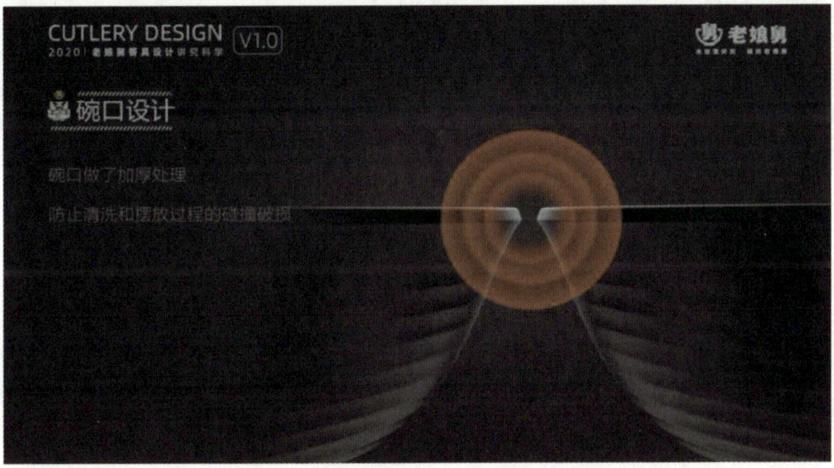

图8.4　碗口口沿加厚处理减少破损

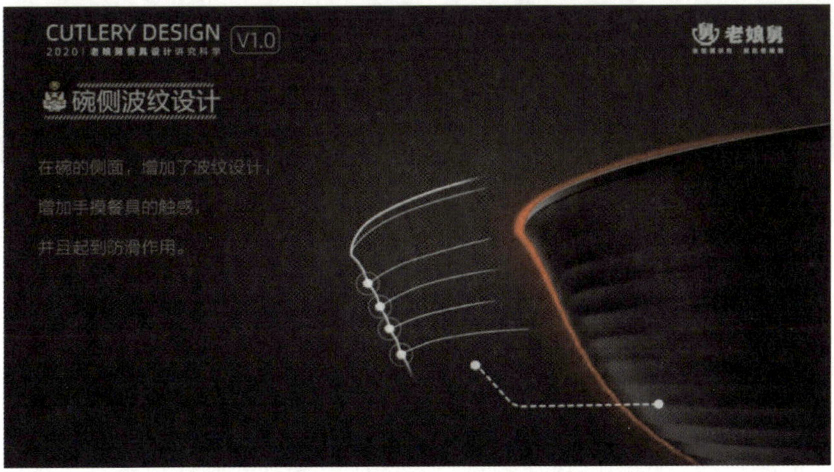

图8.5　碗侧面波纹设计增加触感并防滑

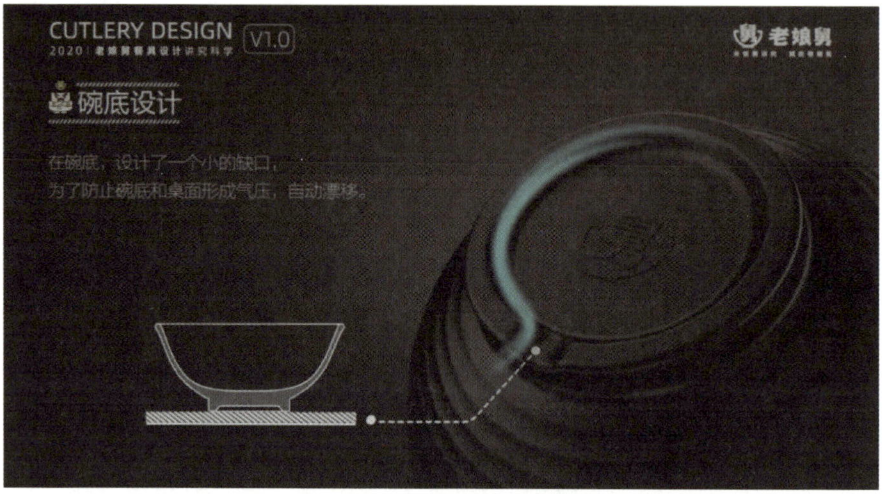

图8.6　碗底豁口设计防止碗底与桌面形成气压

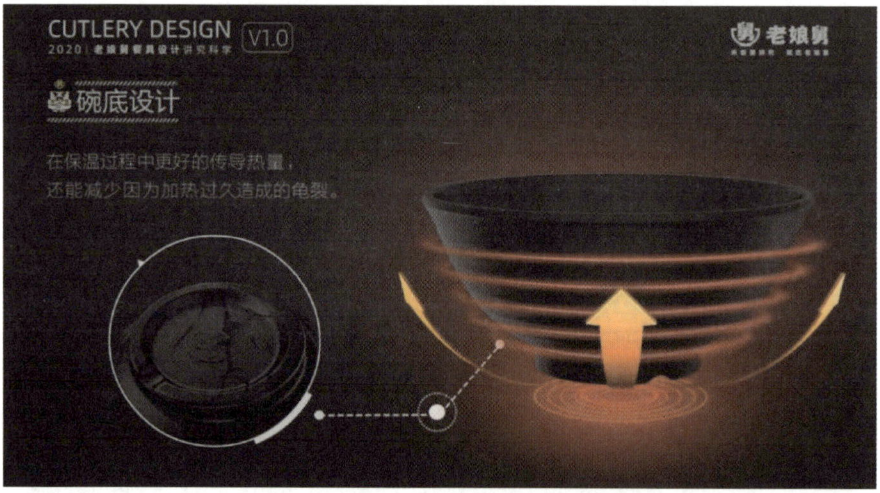

图8.7　碗底豁口设计具有导热功能

这样设计出来的新碗与之前的旧碗有了明显的区别。别的暂且不谈，我们只展示新碗的叠放效果：同样47厘米高的空间，旧碗只能叠放15个，而新碗可以叠放24个，因此，新碗设计让空间使用效率提高了60%（见图8.8）。

在华与华公司的走廊里张贴着一段这样的文字：“设计的目的是降低品牌或产品信息识别、记忆或传播的成本。设计需要有生意经，每一个设计师都是生意人，设计师需要到达现场，清点现物，观察现实，才能设计好每一个

图8.8 米饭碗叠放效果对比

物料、海报、包装、符号，每一个设计都要抓住设计的本质，始终服务最终目的，不尽财源将滚滚而来。华板[①]常说：‘笔下财产万千，笔下人命关天！’成功不是靠做不平凡的事，而是把平凡的事做彻底，做出不平凡的效果。”

三、设计师的宿命及使命

“设计需要有生意经，每一个设计师都是生意人”，这句话不仅说出了设计的真相，也透漏了设计师的真实身份。既然实用性和功利性是设计不可逃脱的“宿命”，那么“为客户解决问题”进而“解决生意问题”就是设计师不可推卸的使命。

奇怪的是，一些设计师的自我认知出现了严重的偏差：他们常常自我定位为纯正的“艺术家”，将设计工作视为纯正的艺术，将“为客户解决问题”置之脑后，却在设计中寄托自己所谓的“艺术情怀”，甚至以此来实现自己所谓的“艺术梦想”；更有甚者，自诩为“教育家”，自认为审美高人一等，莫名其妙地鄙视普罗大众的日常审美，自负地以教育公众为使命，宣传要用自己的设计来改造大众的审美……

这种奇怪的自我认知已经严重地影响到了设计工作的展开，以至于著名的广告大师大卫·奥格威曾公开地表达过对此的不满：“我的调查结果却说明，这些抽象的美学原则并不能促销，我也绝不隐瞒我对那些郑重其事地鼓吹这种说教的守旧的美术专科学校的敌对态度。我再不把我们公司的广告编排稿送去参加美术指导组织举办的竞赛了，害怕其中某一幅会因获得某种奖励而被亵渎。”[②]

---

① 华板，是华与华的同事们对华杉的昵称。

② 奥格威. 一个广告人的自白[M]. 纪念版. 林桦，译. 北京：中信出版社，2015：173.

事实上，这些设计师常常陷入身份认同的困境之中：他们虽然自作多情地将“无用之美”奉为圭臬，但实际上却被纯正艺术断然拒之门外。清华大学陈岸瑛教授曾谈到“有关纯艺术的迷信”，该观点认为“纯艺术的接受建立在静观上、内心感受上，而设计的接受建立在使用上”，因此“设计”即使被当作“一种艺术”，也会被认为是“一种低级的艺术”①。也就是说，当设计师自诩为“艺术家”时，实际上是将自己送进了纯艺术“鄙视链”的末端。

在我们看来，设计师的这种错误认知来源于他们心中有“贼”。对于这个心中的“贼”，华杉有深刻的剖析：“什么‘贼’呢？做贼心虚的贼。这是中国几千年儒家文化的集体潜意识，士农工商，商人最贼，对商人‘困辱之’，是从刘邦开始就制定的国策，所以做商人就像做贼，做贼就心虚，一定要把自己的商业动机掩藏起来，一旦做得太直接了，字放得太大了，自己就胆怯心虚了。”“所有这些，都是人们心中的‘贼’，是一种心理疾病，一定要祛除病根，才能做有目的的设计，促进销售，建立品牌。”②

那么，如何破心中“贼”？对此，超级符号理论主张，大大方方地承认，设计师就是“生意人”，设计师要念好“生意经”。这是设计师的“宿命”，也是设计师的“使命”。

总之，既然设计的本质就是生意，那么设计当然不能成为设计师的自我表达，而应该以消费者的“性分情趣”为标准，始终服务于“为客户解决问题”的目标。如此说来，“用即是美”理所当然应该成为一切设计的美学原则。

第四节　视觉传达设计：如何解决营销传播效能问题?

（扫描二维码，观看本节课程视频）

我们在前文已经说了，“用即是美”是一切设计的美学原则。不过，设计门类太大了，光是设计专业就多达13个，对于不同的设计专业而言，“用即是美”所展现出的具体标准显然是不同的。比如，解决（视觉）营销传播效能（efficiency），就是“用即是美”在视觉传达设计中的实

① 陈岸瑛. 设计的哲学本质[J]. 装饰，2005（2）：15–17.

② 华杉，华与华商学院. 设计的目的[M]. 上海：上海文艺出版社，2021：3.

现和应用。

鉴于本章是从老娘舅的“舅碗”标识开始的，我们就以视觉传达设计为对象，结合老娘舅新标识这个案例，来具体展示视觉传达设计究竟应该如何服务于营销传播效能，从而进一步阐述超级符号理论对于“用即是美”的理解和主张。

一、视觉传达设计与信息传播

一般来说，视觉传达设计（visual communication）是“对特定的信息传达进行视觉化形式表达的设想、策划、处理、过程、实现”，“是一种以‘图’作为信息视觉传达的设计，是一种以‘图’作为信息载体的艺术与传播结合的设计形式，设计师以图像或图形表达创意，传达信息，并形成人与人、人与社会进行信息交流的设计形态”，或者说“是以‘看’作为设计与接受方式，实现设计价值，完成设计功能的设计类型”①。说得通俗一点，视觉传达设计就是“给人看的设计，告知的设计”（日本《ザイソ辞典》）②。

如前文所述，一切设计都是“为客户解决问题”，因此，视觉传达设计当然也要“为客户解决问题”，只不过其特殊之处在于：第一，必然是品牌信息传播问题；第二，上述问题是通过视觉的方式来解决的。如此说来，品牌标识设计其实是通过图形来解决品牌身份信息问题的；换句话说，就是要通过图形告诉消费者“我是谁”。对于所有的品牌而言，唯有解决这个品牌身份信息问题，才可能开启品牌的识别、理解、记忆、偏好以及行动的“征程”。

在此，我们还是以老娘舅新标识为例，从信息传播的角度，来看看这个标识是如何解决品牌身份信息这个关键问题的（见图8.9）：

其一，“我是谁？”——“我是一家餐饮店（公司）。”

品牌标识的重要功能就是告知（传播）品牌的行业属性。分类，是人类认识事物的基本思维方式，当我们认识一个事物时，我们总是习惯性地将它放置在特定的类别中来加以认识。这种思维方式能帮助我们建立这个世界的秩序感，同时也有利于我们在真实的生活场景中做出快速的判断和决策。

设想一下：当我们想随便找一家店吃个快餐时，我们肯定不会愿意浪费

① 曹方. 视觉传达设计原理[M]. 南京：江苏美术出版社，2005：2.

② 转引自：王正林. 视觉传达设计的商业本质与文化本色[J]. 美与时代：创意（上），2013（6）：3.

图8.9　老娘舅新标识告诉消费者"我是谁"

太多时间来搜寻。无论走在大街上还是身处商场中，抑或打开生活资讯类手机应用软件查询，我们都会在很短的时间内做出决定，甚至下意识地选择某家餐厅。

正是在这电光火石之间，我们的视觉及思维会进行快速地运转：那些一看就不像是餐厅的，直接被我们忽视；那些看起来就像餐厅的，当然容易进入我们的"法眼"。

以此来看老娘舅的"舅碗"标识，那个简洁的"碗形"，一眼望去就知道老娘舅是家餐厅；也就是说，老娘舅的新标识能够传达鲜明的行业属性，这是品牌身份信息的重要组成部分。

其二，"我是谁？"——"我是老娘舅。"

当然，品牌标识只表达行业属性肯定是不够的；品牌身份信息一定还要包括本品牌的独特之处。这既是品牌出现的原因，也是品牌存在的价值。

在注意力高度稀缺的时代，想要在竞争激烈的餐饮行业中脱颖而出，想要在各种餐厅扎堆的街道中被人选中，品牌标识除了告知（传播）行业属性，还必须要告知（传播）品牌名称，并强化品牌名称及其与众不同。

因此，无论哪个品牌都希望消费者记住自己的名字。这是品牌获得生命的第一步，也是品牌发展的基础。所以，品牌标识虽然一般包含图形和文字（品牌名称）两部分，但有时候图形可以省略，文字（品牌名称）却是不可或缺的。

当然，当品牌广为人知后，它的标识往往也具有极高的知名度，因此在推广中，有时候可以省略品牌名称，而仅仅出现图形部分。不过，对于品牌新标识的设计而言，品牌名称无论如何是不能缺少的。

再以此标准来关照老娘舅的新标识：加粗、加黑的“老娘舅”格外醒目，无论在什么复杂的环境下，都可以让人一眼认出；而且，在“碗”的图形中还重复地使用了“舅”字，让这个字令人印象深刻。

总之，从信息传播的角度来说，老娘舅的品牌标识一次性地解决了品牌信息传播问题，即用图形准确、清晰地告诉了消费者“我是谁”。因此，我们可以肯定地说，它是“有用”的标识。既然如此，又何“丑”之有呢？

二、视觉传达设计与逆向编码

其实，艺术家们早就开始注意到，即使是纯艺术，其本质也是一种信息传播，可以用信息的发送和接收加以理解。信息论美学创始人、法国学者莫尔斯（Moles）曾在其1978年出版的《信息处理》一书中说道：“所有的艺术作品——广而言之，艺术表现的任何形式都可以被视为一种信息，它由发送者——一个有创造力的个人或团体即艺术家，发送给来自一个特定社会文化团体的个别接收者”。也就是说，包括视觉传播在内，一切传播都是符号的编码和解码（见图8.10）。

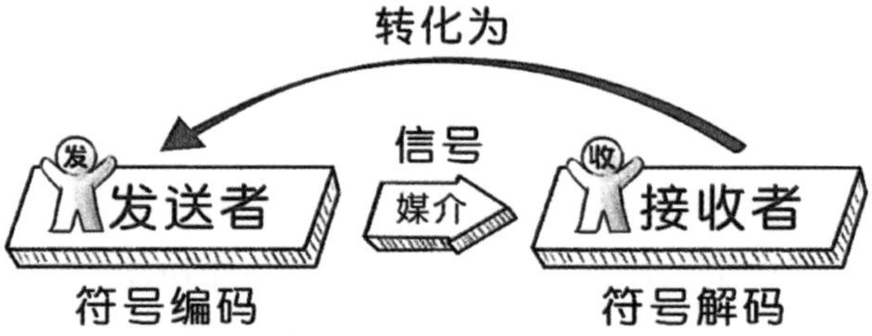

图8.10　一切传播都是符号的编码和解码

不过，纯艺术往往强调艺术家自我观点的表达，并不关注传播效能问题，因而基本上不会讨论符号编码与解码的关系；但设计不同，设计的根本目的既然是“为客户解决生意问题”，那么就必须要重点关注如何提高营销传播效能，即以最小的成本达成最大的效果。基于这样的理念，超级符号理论提出了“逆向编码”的理念[①]：以解码的方式来进行编码，根本性解决营销传播效能问题。

在我们看来，视觉传达设计的“逆向编码”就是通过征用（占有）那些

① 本书的第四题对“逆向编码”进行了较为完整的讨论，本章就不再赘述。

人们熟悉的语词、图形等符号，让品牌标识易于识别、易于理解、易于记忆。下面，我们还是以老娘舅为例，来看看“舅碗”标识是如何进行“逆向编码”来解决品牌营销传播效能问题的（见图8.11）。

图8.11 “舅碗”图形的“逆向编码”

第一，征用/占有“老娘舅”，运用文化母体来“逆向编码”。既然“老娘舅”是品牌名称，那么我们没有理由放弃它天然携带的文化母体。“老娘舅”原本是一个称谓，泛指那些具有公信力的长者。这种称谓具有区域性特征，流行于长江三角洲吴语区一带。由于老娘舅经常出面调停各种矛盾，为双方主持公道，因此成了“公信人物”的代名词，具有很强的亲切感和正义感。当然，如果离开了长三角的语言和文化语境，放到全国范围内，“老娘舅”这个称谓就未必为大家所熟知了。不过，“舅舅”的称谓是大江南北都通用的。民间有俗语说，“娘亲舅大”。在中国传统的家庭伦理关系中，舅舅是一位特殊的至亲，具有天然的亲切感和信任感。也就是说，“舅舅”作为超级文化母体自带符号的解码系统，不仅可以为老娘舅的品牌名称带来自然联想，而且可以为其营销传播带来实足的戏剧性和仪式感。

第二，征用/占有“舅”字，运用最小单位来“逆向编码”。“舅舅”作为一个母体词语，天然携带着巨大的流量，而且是自带符号的解码系统，理应成为品牌识别和记忆的最小单位。当然，我们谈及“舅”字时，总是习惯性地将其限定于“字义”层面，即它所表达的意思；其实，任何一个字，除了“字义”之外，还有“字音”和“字形”，它们都可以成为品牌记忆的重要单位。对于视觉设计而言，我们暂且不讨论“字音”问题，而是聚焦到它的“字形”上。如果有人问：“麦当劳‘字形’记忆的最小单位是什么？”想必大家都会不假思索地回答“M”（见图8.12），这么说来，在设计老娘舅的标识时，我们完全可以让“舅”字（字形）成为品牌识别和记忆“主角”①。对于这个“主角”，超级符号理论将其称为“最小传播单位”和“最小记忆单位”。

图8.12 “M”作为麦当劳的品牌最小单位

第三，征用/占有“碗形”，运行透明图形来“逆向编码”。在确认“舅”字为老娘舅品牌标识的“主角”后，接下来要重点考虑的是，如何将“舅”字图形化。讲到图形化，一些设计师常常存在误解，总认为图形化就是“艺术化”或“美术化”。也就是说，他们认为所谓文字的“图形化”就是将文字设计成各种“艺术体”或“美术体”，甚至让文字变得无法辨认。事实上，既然使用了“舅”这个字，就理应让它可以辨认、易于辨认；只不过，在辨认的基础上，“图形化”要解决“舅”字如何与餐饮建立关系的问题。“碗”形显然是绝佳的选择。如同“铜钱”图形被中国各大银行所钟爱、胶囊和苯环图形则被制药行业沿用一样，“碗”的图形理应被老娘舅这家餐饮品牌“占有”。“舅”与“碗”作为“旧元素的新组合”，有力地突出了“舅”字这个记忆单元，也准确地表达了老娘舅的行业属性。

---

① 一些人非常认可“M”作为麦当劳的品牌最小单位，但却无法忍受“舅”字，认为它太刺眼，因而调侃说，“舅碗”标识是把“舅舅”放到碗里煮了。在我们看来，这是典型的文化自卑“病”。正如华杉所说，“用英文没问题，因为英文对他没有刺激性，再加上一点文化自卑，很多商场甚至招牌限制用汉字，一定要用英文，才显得‘上档次’，事实上形成了一种‘汉字歧视’”。参见：华杉，华与华商学院. 设计的目的[M]. 上海：上海文艺出版社，2021：3.

其实，超级符号之所以“超级”，很大程度上是因为“逆向编码”理念的应用。也就是说，这些符号是大家本来就是知道、熟悉、喜爱的符号，因此它的传播当然可以用最小的成本达成最大的效果，从而根本性解决品牌营销传播效能这个关键问题。如此说来，老娘舅的“舅碗”标识不仅是有用的，而且是非常有用的，那推论起来，也可以说是非常“美”的。

三、视觉传达设计与信号能量

说到这里，我们还要进一步深入微观层面，来展示超级符号理论是如何精细化地解决营销传播效能问题的。

正如前文所说，视觉传达设计就是通过视觉的形式来为客户解决品牌信息传播的问题。说到信息，一定绕不开另一个联系紧密的概念——信号。其实，信号与信息如同硬币的两面，信号是信息的载体，信息是信号的内容①。

传统上说，符号学所理解的符号通常是排斥信号的。以卡西尔（Cassirer）为代表的符号学者认为，信号与符号分属于两个不同的领域，前者是物理的存在世界之一部分，而后者则是人类的意义世界之一部分。卡西尔发现，除了在一切动物属种中都可看到的感受器系统和效应器系统以外，在人那里还可以发现可称之为符号系统的第三环节。正是这个符号系统，让人不再生活在一个单纯的物理宇宙中，而生活在一个符号编织而成的意义世界之中②。

不过，我们认为，尽管人与动物有本质的区别，但人类既没有完全抛弃作为动物所具有的感受器系统和效应器系统，也没有完全脱离单纯的物理宇宙而存在。人类在使用符号的同时也在使用信号。对于广告而言，实在没有必要“画地为牢”，非要将信号从符号中排挤出去；更为重要的是，信号这个概念可以提供一个更加细微的分析视角，来进一步审视视觉传达设计如何进一步精细化地解决营销传播效能这个关键问题。

其实道理并不复杂，我们就以视觉为例。尽管学者们认为“在人类的进化过程中，‘视觉’已经发展成‘视觉性’，其不再限定于原初神经官能或生

---

① 栾晓明，陈立伟，王立国. 信号概念的内涵与信号的基本性质[J]. 黑龙江科技信息，2012（11）：1.

② 杨建坡. 生存的符号维度：卡西尔文化符号哲学思想研究[M]. 北京：中国社会科学出版社，2016：60–61.

理学意义上的视觉”[①]，但是无论人类如何进化，我们的视觉始终建立在生理机制之上，即基于光、眼睛和大脑三者发生关系的过程。正如英国心理学家康拉德·米勒所说：“尽管不同动物间这种用来‘看’的装置有很大差别，但它们的视觉在基础方面总是相同的；光在前行时与物体接触或穿过物体，得到了关于这些物体的信息，视觉过程从携带信息的光进入眼睛时开始。”[②]

视觉生理过程往往伴随着一些相应的生理反应，并遵循着“刺激—反射”模式。例如，不同的颜色会带来不同的生理反应：不同波段的色光会让人产生膨胀感或收缩感，不同色彩所产生的联想会产生轻重感，不同颜色产生兴奋感或平静感并引起相应的情绪。

从视觉传达设计的角度来说，如果信息是设计师想要表达的内容，那么颜色等视觉形式就是设计师表达内容所使用的信号：当使用特定的信号时，消费者不仅可以准确地理解其所要表达的信息，而且还会自动化地产生相应的行动；进而言之，使用的信号能量越大，消费者的行动也就越强烈。这就是超级符号理论的“信号能量”原理。

让我们运用这个原理，再来审视老娘舅的“舅碗”标识。为了说明问题，我们列举了老娘舅近20年来的品牌标识，并将它们与“舅碗”新标识进行对比。现在，我们不妨搁置一切有关“美”的争议，同时暂时忽略图形可能存在的不同意义，而只用我们最朴素的眼睛来观察这些标识。相信绝大多数人都会确认：2018年前的各个版本标识都存在着信号能量明显不足的问题，其中一些连“老娘舅”三个字都难以辨认；至于2018年版的标识，算是比较“醒目”了，但难以识别出其行业属性；因此只有“舅碗”标识才算是信号能量“满格”（见图8.13）。

图8.13　老娘舅原有的标识

那么应该如何加强刺激信号能量呢？华杉、华楠提供了“超级符号运用

① 胡易容. 图像符号学：传媒景观世界的图式把握[M]. 成都：四川大学出版社，2014：28.

② 曹方. 视觉传达设计原理[M]. 南京：江苏美术出版社，2005：7.

的三大放大技术：大、多、亮”。“一要大：把信号本身的能量发挥到最大，招牌牌面要大、字体要粗大，大就是召唤；二要多：重复，不断重复，重复就是力量和自信；三要亮：招牌要亮、要醒目，才能在街道、货架上凸显出来。”①

为此，老娘舅的门店不仅把“舅碗”标识放得大、放得多，放得发光、发亮，而且还采用了更加醒目的黄黑对比色；在招牌下方还设计了一条黄灯带，不仅增加了招牌的边界感和专属感，更能把路人的目光吸引过来，获得视觉上的绝对优势（见图8.14）。可以说，新标识和新招牌让老娘舅成了街道上“最靓的仔”。总之，超级符号理论坚持“用即是美”的美学原则，以目标消费者的审美为标准，杜绝设计师的自恋、自负以及自我膨胀，运用“逆向编码”“信号能量”等原理，根本性地解决了营销传播效能问题，真正为客户解决生意问题。

图8.14　老娘舅门店的新招牌

① 华杉，华楠. 超级符号案例集[M]. 南京：江苏凤凰文艺出版社，2020：160.

第九题 什么是看图说话？

第一节 是“芒果”还是“鱼米之乡”？——从湖南台台标说起

（扫描二维码，观看本节课程视频）

如果要大家回忆一下自己熟悉的台标，大家十有八九会想起湖南台的大“芒果”（见图9.1）。随着“电视湘军”的崛起，尤其是湖南卫视一系列节目的火爆，这个“芒果”标识家喻户晓、妇孺皆知。不过，如果当你知道这个“芒果”标识原本并不是一颗芒果的图案时，你会不会特别吃惊？甚至会不会反问，它不是芒果的图案，又会是什么？其实，它想要表达的原义是“鱼米之乡”。

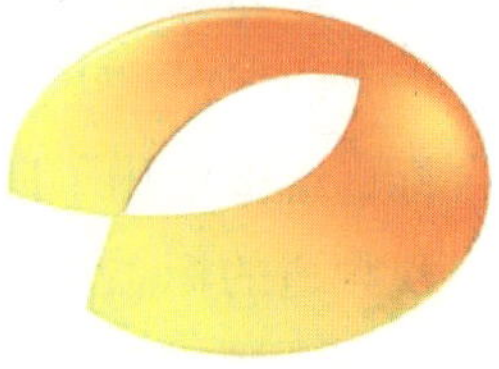

图9.1 湖南台台标[1]

在讨论湖南台台标之前，我们要先界定清楚品牌图形这个概念。品牌图形（brand figure）其实是品牌专用图形的简称。对于这个概念，有三个方面需要说明：其一，品牌图形包含但不限于品牌标识（brand logo），还可以包括品牌纹样（brand pattern）[2]、品牌角色（brand character）[3]以及符号化的产品、包装、仪式、动作等；其二，品牌图形包含但不限于视觉图形（graphic），还可以包括听觉、嗅觉、味觉、触觉甚至运动觉等感觉器官

---

① 湖南卫视台标含义 湖南卫视标志变迁史及LOGO设计理念说明[EB/OL]. [2022-05-03]. https://www.colostar.cn/5545.html.

② 在广告设计中，这种品牌纹样通常被称为“辅助图形”。我们认为这种表述并不恰当，因为这种图形的作用远远不止“辅助”这么简单；恰恰相反，它常常具有品牌战略意义，不仅可以作为品牌的专用图形进行商标注册，甚至可以替代品牌标识，成为消费者识别品牌的重要线索以及理解、喜爱品牌的重要原因。

③ 品牌角色经常被称为“吉祥物”（mascot）。其实，“吉祥物”一般是指“与某些机构或事件相关联，被认为可以带来好运的动物、玩具或符号”。（A mascot is an animal, toy, or symbol which is associated with a particular organization or event, and which is thought to bring good luck.）我们主张使用“品牌角色”，是因为它们不只具有“玩具”或“玩偶”等“物”的特征，而是可以具有独立的人格特征和强大的人格魅力。

及通道的符号；其三，品牌图形其实是广义图像范畴。“在人类的进化过程中，‘视觉 ’已经发展成为‘视觉性’，其不再限定于原初神经官能或生物学意义上的视觉”，其原因在于“在长期的人类计划中，图像已经演化为一种具有自身特质的感知、理解方式”，“我们对于这些不可见的对象可以用‘如其所见’的方式加以感知、理解”①。

让我们说回到湖南台的台标。1997年1月1日，湖南电视台第一套节目正式通过亚洲2号卫星传输，频道呼号“湖南卫视”；伴随着湖南卫视正式上星的，还有全新启用的这个看似像“芒果”一样的新台标。它由香港设计师邓昭莹设计，简约、直观、生动，让人过目不忘、印象深刻，无论构图、色彩还是寓意，都堪称出色的设计作品。之所以称“出色”，还因为它与其他电视台台标相比而形成的显著差异。

当时，大多数电视台的台标都以字母（包括英文字母和拼音）为基点来设计。最为经典的当属中央电视台从1979年开始启用的“蝴蝶标”，其造型就是由“CCTV”四个字母构成的蝴蝶形状；1998年中央电视台启用双线CCTV台标，继续沿用了四个英文字母（见图9.2）。有学者早就发现，“从我国各大卫视频道的标志设计来看，一直受到了中央电视台的蝴蝶标的影响”。如“河南台标志以大象为象征符号，而大象的符号其实又是河南拼音首字母‘HN’的变形体，与央视一样，用类似卫星运行轨道的图形环绕‘HN’字母”②。因此可以说，邓昭莹在设计湖南卫视台标时在一定程度上突破了我国电视台台标设计的传统模式。这个台标作为湖南卫视的品牌图形，有力地支持了“电视湘军”的崛起。同时，伴随着湖南广电事业的发展，这个台标也成为享誉海内外的品牌图形。

图9.2 中央电视台的两版台标③

不过，在湖南台台图标启用之后，人们其实并没有看出该设计要表达的原义。有学者曾经讨论一些电视台台标设计“过分地追

---

① 胡易容. 图像符号学：传媒景观世界的图式把握[M]. 成都：四川大学出版社，2014：28.

② 张津辅. 探析中央电视台台标的变迁对地方台标志设计的影响[J]. 当代电视，2014（2）：107，109.

③ 中国中央电视台台标[EB/OL]. [2022-05-11]. https://baike.baidu.com/item/%E4%B8%AD%E5%9B%BD%E4%B8%AD%E5%A4%AE%E7%94%B5%E8%A7%86%E5%8F%B0%E5%8F%B0%E6%A0%87/58166710.

求本土化，这样的台标设计不仅限制了自身传播与交流的范围，而且妨碍了受众读懂其设计内涵和文化寓意，有时还会造成寓意误读”，并认为“尤其是湖南电视台，其台标‘鱼米之乡’的内涵，就连土生土长的湖南人也很难看懂、读懂这个标志的深层次的含义，更何况不熟悉湖南情况的外地人”[①]。在我们看来，这与是不是“土生土长的湖南人”没有关系，同时也不是“过分地追求本土化”的问题。

在我们看来，关键的问题在于观众“不思而得”地看到了什么。事实上，对于这个“鱼米之乡”的椭圆形造型，“广大的观众和粉丝更觉得这是一个金灿灿的大芒果”。因此，随着《快乐大本营》等节目在全国火爆，湖南卫视开始被人们亲切地称为“芒果台”。幸好，湖南电视台“顺应民意”，欣然接受了这一“昵称”，并先后成立了芒果传媒有限公司、芒果TV互联网视频平台等，还将这个“芒果”图形作为整个湖南广播电视台各频道的标识，让自己成了名副其实的“芒果台”。

可见，虽然从台标本身的角度来说，湖南台台标的设计依然堪称出色的作品，但是我们无法否认，这个台标的成功与“鱼米之乡”的原义无关，而要归功于观众在它身上看到了“芒果”的意象，以及湖南电视台高层顺应民意，才能让迅速崛起的“电视湘军”占据了“芒果”这个生动、鲜活的意象。

如此说来，这个成功的案例多少是有点“偶然”的。那么，如何将这种成功的“偶然”变成“必然”呢？在我们看来，最为朴素的“看图说话”是品牌图形设计的不二法门，也是超级符号理论所主张的品牌图形设计方法。

第二节　不思而得：图像作为自动化认知方式

（扫描二维码，观看本节课程视频）

对于“图像”的定义，一般存在着两种理解：狭义上说，“图像”通常是指一切视觉物以及图形化的呈现物，被认为是“各种图形和影像的总称”[②]，并被界定为“客观对象的一种相似性、生动性的描述或写真”[③]；广义上看，“图

① 王长潇. 国内电视台台标设计评析[J]. 现代视听，2007（2）：57–58.

② 胡易容. 图像符号学：传媒景观世界的图式把握[M]. 成都：四川大学出版社，2014：32.

③ 贾永红. 数字图像处理[M]. 武汉：武汉大学出版社，2003：1. 转引自：胡易容. 图像符号学：传媒景观世界的图式把握[M]. 成都：四川大学出版社，2014：28.

像，是以人类视觉经验为原型，以相似性为基本特征的意义和知觉形式（包括视觉的比喻、引申形式）”[①]。

诚然，视觉是图像的基础，但“在人类的进化过程中，‘视觉’已经发展成‘视觉性’，其不再限定于原初神经官能或生理学意义上的视觉”[②]。“在长期的人类文化进化中，图像已经演化成为一种具有自身特质的感知、理解方式。”[③]对于这种认知方式，我们拟分三个部分来稍加阐述。

一、模拟编码：基于生活经验的图像记忆

有学者认为，图像作为符号而出现，源于“人类知识上最古老的动作：‘猎人在淤泥中仔细观察猎物的足迹’”[④]。其实，人类几乎从其一出生就开始积累图像经验了，并以此为基础来认识世界；图像构成了人类最为基本的日常生活经验，并通过日常生活积累来识别、理解和记忆这些图像。

认知心理学家艾伦·派维奥（Allan Paivio）曾提出“双重编码理论”，认为人类同时使用图像和词语两种编码来表征信息；这两种编码将信息组织成知识，以某种方式存储在人的记忆中，以便在后续的使用中进行重新提取。派维奥之所以强调“双重编码”，是因为图像和词语的编码方式存在本质的差异。

语词作为作用规约性（symbolic）的知识表征（knowledge representation），遵循“规则编码”原则。也就是说，语词与它表征的东西之间存在着任意性的关系，因此语词的使用需要运用一定的规则，比如字词构成中语言或字母都必须根据规则来排列。这些规则其实就是典型的“文化理据”，是在人类文化实践中不断被赋予的。故而，对于这些规则的掌握，也需要在一定的文化语境下通过文化习得的方式来获得。

图像与词语不同，它是以相似性作为本质特征的，因此维持了被表征事物的主要视觉特征，并采取针对在环境中所观察到的物理刺激的“模拟编码”原则。也就是说，图像所展示的具体属性（如形状和相对大小）与它所表征的现实世界中的物体存在着类似的关系。即使遮住了图像的一部分轮廓，剩

① 胡易容. 图像符号学：传媒景观世界的图式把握[M]. 成都：四川大学出版社，2014：28.
② 胡易容. 图像符号学：传媒景观世界的图式把握[M]. 成都：四川大学出版社，2014：28.
③ 胡易容. 图像符号学：传媒景观世界的图式把握[M]. 成都：四川大学出版社，2014：28.
④ 韩从耀. 图像：一种后符号学的再发现[M]. 南京：南京大学出版社，2008：115.

下的部分仍然与物体的局部相类似；即使对图像做一些变形的处理，只要保留了最为基本的相似性，还是可以辨认出它所表征的事物。因此，往往只需要足够的日常生活经验即可认识、理解并记忆图像。

基于此，超级符号理论认为，那些较为具象的图形具有天然的“解码”优势，人们会轻松地看出它所表征的事物。我们不妨同样举一个电视台台标的例子：迪士尼频道的台标使用了其最具代表性的角色形象——米老鼠（Mickey Mouse）（见图9.3）。这个诞生于1928年的卡通形象，在2008年就被《时代》列为世界上最能被辨识的人物之一，甚至超过了圣诞老人。因此，迪士尼频道的台标虽然只出现了米老鼠头部（含耳朵）的轮廓，但即使是幼儿，也能一眼把它识别出来。

图9.3 迪士尼卡通频道台标[①]

二、意象活动：不思而得的心理能量

说到图像，我们应该了解它的一种特殊类型，即“心理意象”（mental image）。所谓“心理意象”，即“心象”，指“大脑对当前没有作用于感觉器官但以前曾感知过的事物形象的反映”，其“生理基础是留在大脑两半球皮层上的曾经有过的兴奋的痕迹，通过刺激使大脑皮层上的神经联系恢复起来而产生的映像”[②]。

基于“心理意象”而形成的“意象活动”，作为一种自动化的心理机制，是人类心理活动的重要形式。一直以来，意象活动都被认为是原始的，并被逻辑系统当作偏见和错误认知的来源以及心智不成熟的标志，但意象活动不仅独特，而且潜藏着巨大的心理能量。

第一，意象活动不直接受意志的控制。实际上，逻辑是人类在进化过程中较晚发展起来的思维类型，是可以通过意志来控制的。我们可以随意地开

① 迪士尼频道[EB/OL].［2022-05-11］. https://baike.baidu.com/item/%E8%BF%AA%E5%A3%AB%E5%B0%BC%E9%A2%91%E9%81%93/2291976?fromtitle=Disney%20Channel&fromid=6102743&fr=aladdin.

② 陈毓芬. 心象地图及其在地图设计中的作用[J]. 解放军测绘学院学报，1995（12）：290-293.

始计算、推理等智力操作，也可以随意停止这些活动，但我们却无法直接控制意象活动，如“望梅止渴”（见图9.4）、“杯弓蛇影”，这些都是以本能的方式被唤醒的。

图9.4　意象活动潜藏着巨大的心理能量

第二，意象活动能精准表达内心感受。逻辑思维的功能是客观的观察，而意象活动则是主观或者说是体验性的观察。当然，观察的对象包括外在世界和内心世界。由于意象往往把相似的事物视作同一，因此在反映外在世界时往往不如逻辑思维精确；但在反映内心世界上，意象却具有极强的精准性，能准确清晰地表达内心感受。

第三，意象活动具有强烈的情绪色彩。逻辑是人类理性的体现，因此往往与情绪无关；而意象活动作为一种原始的认知功能，没有与情绪分离开来，而往往表现出强烈的情绪，因而具有巨大的心理能量。人对事物的想象永远伴随着情绪体验，从而可带来相应的行动趋向。

第四，意象活动采取预存信息策略。与逻辑系统相比，意象活动更多地使用大量预存信息的策略，以快速完成对事物的理解。关于这一点，我们在下文中还会有讨论。

总之，意象活动是一种原始但重要的认知方式，与逻辑思维的“意志性”不同，其具有自动运行的特点，并常常伴随着强烈的情感色彩，从而蕴藏着巨大的心理能量。

我们以东方卫视台标（见图9.5）为例，来做一个简单的解释。尽管它的设计本来选取了鲜橙形状作为意象，不过它使用了红色，加上台标上的“五角星”，让观众不约而同地将它看成“番茄”。当然，设计原本要表达的“新鲜、丰润、亮丽”等特点依然被保留下来。于是，与“芒果台”相对应，东方卫视获得了“番茄台”的“雅号”。

图9.5 东方卫视台标①

事实上，人们对图形的解读并不会完全根据设计师的意图，而更多地根据自己的经验，自动化地启动意象活动，进而伴随着相应的情感体验。这就是图像所具有的“不思而得”的心理能量。

三、预存图像：文化母体的图像预制件

如果意象活动是一种原始的认知方式，那么基于图像而形成的“图式”（schema）就是一种高级的认知方式，可以让人透过事物的表面洞察其本质和规律。

图式一词来自希腊词汇，表示大体的形状或方案。这个概念可以追溯到柏拉图和亚里士多德，但康德第一次将其描述为人类把握世界的“范式”，即将某一纯粹先验的概念与对某个事物的大脑印象相结合的过程②。现代心理学认为，图式本质上是一种心理认知结构：人类所处的现实环境往往携带着庞杂的刺激（信息），而无法逐一识别、感知和分析，因此“大脑处理信息的底层逻辑是诉诸图式，即借助一套假设的心理结构，来完成信息的组织和加工”③。

图式之所以成为可能，是因为在人的记忆中预存了大量的“意象图式”，即“预存图像”，它们如同一个庞大的“词汇表”。贡布里希认为，图式作为深藏于人类心灵深处的东西，是长久以来由经验和学习而留在人们记忆深处的观念模式。作为人类发展中不断积淀下来的文明印记，它们悄无声息地被

---

① 上海东方卫视[EB/OL]. [2022-05-11]. http://cctvzsjn.com/service.asp.

② SHAGHASESMI E，HEISEY D R. The cross-cultural schemata of Iranian-American people toward each other：a qualitative approach[J]. Intercultural communications studies，2009（1）：143-146. 转引自：陈喜贝，刘明东. 文化图式理论研究综述[J]. 湖南第一师范学院学报，2011（6）：125-130.

③ 刘涛. 视觉修辞学[M]. 北京：北京大学出版社，2021：206.

储存在代代相传、生生不息、繁衍着的人类的深层意识里，从而形成了这种独特的“词汇表”，在控制着人们感知的同时，也不断地丰富着人们的意识空间[1]。

一般来说，预存图像的“词汇表”有两大来源：一类来自先天预存，类似于荣格所说的“原型”，是人类通过漫长的进化而获得的，并通过遗传方式代代相传。以“圆”为例，荣格曾说过：“圆（或球状体）乃是‘自身’的象征。它从各个方面表示了心灵的完整性，并且包括人类和整个自然界的关系”，“它总是指出生命最重要的方面——根本的统一”[2]。正所谓“圆满”，无论东方还是西方，“圆”都具有和谐、完满之意。事实上，“圆形”也是品牌标识最常见的形状，我们只要稍微回忆一下汽车品牌标识，就会发现大众、宝马、奔驰、日产、别克、沃尔沃等品牌都使用的是圆形标识（见图9.6）。

图9.6 汽车标识通常以圆形作为基本造型[2]

另一类预存图像则是后天习得的。贡布里希认为，这些预存图像是由经验、学习而来，在大脑皮层留下的长时间记忆的观念模式，人们借助它们来完成对外界事物的理解。人的生活实践须臾也离不开视觉，从而积累了大量有关事物的意象，并沉淀为稳定的形式或结构。以电话为例，传统的电话听筒虽然已经远离我们的实际生活，但它却沉淀为我们对电话的图像意象；“红停绿行”的色彩指令通过后天的学习镶嵌进我们的潜意识之中，因此，今天的智能手机尽管没有了传统的电话听筒，但依然在界面上模拟出红色听筒和绿色听筒的图形，因此人们可以轻易地判断出哪个键是“接电话”，哪个键是“不接电话”（见图9.7）。

---

① 王楠. 视觉图像的心理规律初探：从阿恩海姆的“图”到贡布里希的“图式”[D]. 上海：上海师范大学，2010：25.

② 荣格. 人类及其象征[M]. 张举文，译. 沈阳：辽宁教育出版社，1988：220.

③ 这些图标分别为各公司版权所有，所涉图片均引自网络。

图9.7 智能手机界面对传统电话听筒的模拟

第三节 图形设计：基于预制件的符号编织

（扫描二维码，观看本节课程视频）

超级符号理论认为，进行品牌图形设计时，与其创造新的图形，不如从人类不断积累的“词汇表”中挑选出那些现成的“预存图像”，将它们作为图形设计的预制件，从而以最低的成本和最大的效能实现品牌营销传播的目标。

也就是说，在超级符号理论看来，品牌图形设计其实就是基于图像预制件的“符号编织”，通过预制件的组装、叠加和嫁接，生产出受人喜爱的品牌图形。

一、预制件组装

所谓组装，就是将几个图像元素作为“配件”，通过组合、装配的形式“编织”出一个新图形的过程。最为典型的就是蜜雪冰城的雪王图形，它就是由雪人、权杖（冰激凌）、皇冠三个图像预制件组装的成果。

雪人是人人认识、人人喜欢的形象。雪人有圆滚滚的雪球做成的身体、一个胡萝卜做成的尖鼻子、一双大大的眼睛、弧线形的嘴；权杖和皇冠则让雪人拥有了至高无上的“权力”，让它成为名副其实的“雪王”。另外，权杖还采用冰激凌的同构图形，让雪王图形具有了鲜明的“自明性”，表明蜜雪冰城的产品类别；同时，雪王伸出舌头舔嘴唇的小细节，传达出蜜雪冰城的美味（见图9.8）。

图9.8 组装而成的蜜雪冰城雪王图形

“雪人”“权杖”“皇冠”都是人人熟悉的图像，把这三个熟悉的图像预制件装配在一起，瞬间激发受众的集体潜意识，让雪王一出生就集万千宠爱于一身。

二、预制件叠加

所谓叠加，是指将图像预制件以“图”“底”方式叠加在一起，而“编织”出新图形的过程。

其实，叠加也是对图像预制件的组装，只不过这种组装往往是通过“叠加”来实现的。叠加之后的预制件之间呈现出有趣的“图底转换”：当消费者注意到其中的某个图像预制件时，那么这个预制件就是视觉的中心“图”；当消费者注意到其他预制件时，那么这个预制件从之前的“底”转为“图”，从而让品牌图形可以同时传递双重符号意义。

图9.9 足力健老人鞋品牌图形

足力健老人鞋的品牌图形就是由上下两层图像预制件叠加而成的（见图9.9）。

（1）老人形象：一位头戴绅士帽、手持文明杖、大步流星向前走的老人轮廓镶嵌在红色三角形之中。实际上，老人形象又是由三个常见的小预制件组装而成的："文明杖"暗示老人的年龄，"绅士帽"显示出老人的"讲究"和"精致生活"，大步流星的"老人"形象则展示了老人硬朗的身体。这三个小预制件共同组装成为一个大预制件——一位健康的老人形象。

（2）三角形。红色的"三角形"衬在老人形象的下方，构成了品牌图形的整体形状。三角形作为人们熟悉的图形，具有双重视觉特性：一方面，三角形具有尖锐感，可形成强烈的视觉冲击。正是这个原因，各类警告标志才习惯性地使用三角形作为基本造型（见图9.10）。另一方面，三角形又具有稳定感，将足力健老人鞋的利益点传递给了消费者。要知道，老人鞋的最大价值之一就是可以防滑防摔，从而有效地保护老人。这也是足力健老人鞋的核心诉求。

图9.10　以三角形为基本造型的警告标识

从远处看，首先映入眼帘的往往是红色的三角形，可以让足力健老人鞋品牌在喧闹的街道中脱颖而出；从近处看，老人形象从红色三角形中"跳出来"，成为视觉的中心，品类信息、产品利益、情感关联瞬间传递出来。

当然，图像信息的传递，往往是通过自动化机制，并在消费者的意识阈限之下发生的。也就是说，图像元素会自动激发一系列生理、心理和文化机制，从而让信息传递在潜意识中瞬间完成。

三、预制件嫁接

所谓嫁接，就是把不同的图像预制件融合在一起，"编织"成一个不可分割的整体。这种技法受到了植物嫁接的启发：一株植物的枝或芽嫁接到另一株植物的茎或根上，最终长成一个完整的植株。可见，与组装、叠加不同，品牌图形的嫁接实际上是图像预制件相互融合。当然，新的图形依然保留着两个原来图形的特点，从而也可以同时表达它们各自的意义。

以鲜丰水果的品牌图形为例：它将全球通用的网络表情符号融入苹果形状之中，从而形成了新的图形。苹果和网络表情符号显然都是大家十分熟悉的图像预制件（见图9.11）。

图9.11　鲜丰水果品牌图形的嫁接之法

（1）苹果。众所周知，苹果是大家熟悉、喜爱的水果，符合人们对水果的假设和期望。因此，当消费者在繁忙的街道上四处寻找水果店时，苹果图形可以让他们下意识地做出准确的识别并快速加以理解。对于水果店而言，苹果图形具有唯一性、权威性。

（2）网络表情符号。这是一个几乎全世界的人都认识和熟悉的、可以表达"新鲜""好吃"的图形符号——"眼冒爱心""流着口水"的Emoji表情。Emoji 这个词源于日语里的"绘"（e=图片）、"文"（mo=写）、"字"（ji= 字符），是一套起源于日本的12×12像素的表情符号，在20世纪90年代由NTT Docomo公司的栗田穰崇创作。它最初在日本流行，之后在全球范围内传播，并以一定标准写入Unicode（一种在计算机上使用的字符编码），在邮件、网页、手机和电脑操作系统中逐渐得到广泛应用[①]。如今，Emoji表情已经超越国别和不同文化，成为全球互联网平台通用的视觉语言系统，也是全球人都认识的超级符号。全球约有90%的在线用户频繁使用Emoji表情，每天有60亿个Emoji表情被传送。我们每天都用Emoji表情进行交流，也都用这个"眼冒爱心""流着口水"的表情表达超级想吃的情绪（见图9.12）。所以，把这两个预制件嫁接在一起，就创造出了一个具有强大信号能量的品牌图形（见图9.13）。它既可以表达鲜丰水果的品类特征，又可

① 张美静. 人际传播的符号回归：网络表情符号Emoji在社交媒体爆红的因素分析[J]. 新闻爱好者，2015（12）：47–51.

图9.12 “眼冒爱心”“流着口水”的Emoji表情

图9.13 鲜丰水果品牌图形

以表示水果鲜又甜、好吃到让人流口水的意思。将它放在鲜丰水果的门头上，便可以释放出强大的信号，不仅能刺激顾客的视觉，更能刺激顾客的味蕾，激发受众的浓烈情绪，让更多经过的路人关注、停留和走进店里。

事实上，英文“design”一词追溯起来，源于拉丁语的“designare”。这个词是由前缀和词根两部分组合而成的：前缀“de”表示“出”（out）的意思；词根“singare”来自“signum”，即“sign”的拉丁语词源，表示“标记、图腾、指示物、象征符号、证据，军队标准、军旗，信号、征兆，天象、星座”等[①]。可见，从词源学上看，“design”其实就是“标出或编出”的意思。

① sign[EB/OL]. [2022-05-12]. https://www.etymonline.com/search?q=sign.

如此，我们完全可以简单地将“设计”理解为“符号编织”，而品牌图形设计就是基于图像预制件的“符号编织”。

第四节　可言说性：让顾客说给顾客听

（扫描二维码，观看本节课程视频）

如果以为“编织”而成的品牌图形让人看得懂，设计工作的目标就达成了的话，那么肯定还没真正领悟超级符号理论的精髓。在超级符号理论看来，品牌图形在易于辨认、易于理解、易于记忆之外，还要让消费者可以“看图说话”，从而推动品牌播传的发生。正是从这个意义上说，品牌图形的设计一定要强调图形的“可言说性”。

一、不同符号之间的转换——ekphrasis

要理解品牌图形的“可言说性”，要先说清楚这里所说的“可言说性”对应的英文概念“ekphrasis”。据学者们考证，“ekphrasis”一词源于希腊语，由前缀“ek”与词根“phrasis”组合而成。前缀“ek”表示“出来”（out），词根“phrasis”表示“说明、告知”（speaking），两者合在一起就是“说出”“描述”的意思；其动词形式是“ekphrazein”，形容词形式是“ekphrastic”，最初都是指借助语言进行的惟妙惟肖的描摹[1]。

“ekphrasis”一词最早出现于公元3世纪阿弗索尼斯（Aphthonius）编写的修辞学教科书《修辞初阶》（*Progymnasmata*）[2]。该书专门针对学生进行演讲中的修辞训练，“ekphrasis”特指演讲中对人、事、物进行的详尽而具体的描述。也就是说，早期的“ekphrasis”可以译为“语辞赋象”，特指一种口语修辞技巧，强调对视觉事物的口语再现能力，追求将“听者”转换为“观者”以达成“图像化”再现的效果[3]。

随着口语文明向书面文明的发展，修辞学从注重口语辩论技巧转而针对书面语言的修饰。荷马在《伊利亚特》中对阿喀琉斯之盾（Achilles’ shield）

---

① 裘禾敏.《图像理论》核心术语ekprasis汉译探究[J]. 中国翻译，2017（2）：87-92.

② 裘禾敏.《图像理论》核心术语ekprasis汉译探究[J]. 中国翻译，2017（2）：87-92.

③ 胡易容. 图像符号学：传媒景观世界的图式把握[M]. 成都：四川大学出版社，2014：96.

的长篇描述被视作文学中“语辞赋象”的滥觞。人们通过阅读这些细致入微的文字描写，就可以在脑海中形成生动的画面，激发欣赏者的激情与想象，达到读文如见画的艺术效果①。近两千年来，“语辞赋象”逐渐以体制化的形式固定下来，成为一种特定的文学样式。

伴随着“读图时代”的到来，语言文字不再占据绝对统治地位，“ekphrasis”必须突破文学修辞的框架，而以“异符类象”来解释图像世界中跨媒介表意活动中的广义修辞现象。所谓“异符”即符号的异质性，包括跨越不同感官渠道的异质符号以及同感官渠道的跨媒介形态的异质符号；而“类象”则是指异质符号通过感知机制对共同“心象”的唤起，从而形成超越符号物理形态的文化“共相”②。

可以说，“ekphrasis”是一个古老而又历久弥新的词语，从狭义修辞技巧到广义修辞学术语，其含义随着时代的变迁而呈现出历时性演变。不过，从它的内核来说，有一点始终未变，即意义可以通过不同符号之间“转换”来实现沟通的可能。胡易容在研究“ekphrasis”时，就敏锐地注意到：“相较于巴别塔寓言中的语言隔膜，异质的符号似乎是更难以逾越的障碍。”但“人类从未停止修建一座符号的巴别塔来跨越这种屏障——ekphrasis就是这样一种不懈的努力”③。

二、品牌图形作为符号的“巴别塔”

其实，品牌图形何尝不是一种符号的“巴别塔”呢？品牌图形是让企业/品牌与消费者跨越“语言”的屏障、实现沟通的符号。不过，长期以来，品牌图形的“巴别塔”局限于品牌与消费者之间，强调品牌的核心概念通过视觉化方式呈现给消费者，却未能将消费者与消费者的“口碑传播”纳入品牌图形设计的视野。

对于消费者来说，品牌图形即使很好理解，但如果“不可言说”、“无法描述”或“说不清楚”，就很难形成自发的“口碑传播”。在我们看来，这样的品牌图形只完成了一半“转换”，即只完成了“视觉化”或“图形化”，但

① 裘禾敏.《图像理论》核心术语ekprasis汉译探究[J]. 中国翻译，2017（2）：87–92.

② 胡易容. 图像符号学：传媒景观世界的图式把握[M]. 成都：四川大学出版社，2014：96.

③ 胡易容. 符号修辞视域下的“图像化”再现：符象化的传统意涵与现代演绎[J]. 福建师范大学学报（哲学社会科学版），2013（1）：57–63.

却没有完成另外一半，即让消费者“说话”（见图9.14）。

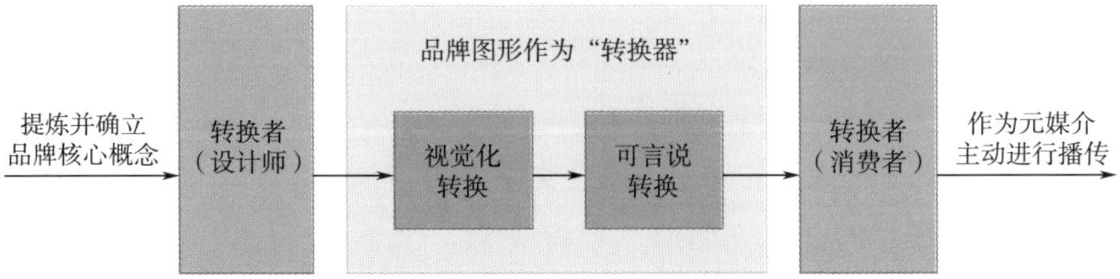

图9.14　品牌图形作为“转换器”

也就是说，超级符号理论认为，品牌图形不仅要让消费者直观并正确地理解，还要让消费者“看图说话”。这里的“说话”，就是指超级符号理论所倡导的播传。其实，消费者被超级符号理论视为重要的元媒介，具有强大而持续的传播影响力。可见，品牌图形的“可言说性”，就是要将消费者的角色转换为传播者，向周围的消费者主动传播，唯有此才能放大品牌图形的信号能量。

因此，超级符号理论主张，品牌图形在设计构思时，应该充分考虑让消费者“看图说话”，主动地将这种“可言说性”当作品牌图形的重要原则。凡是不能让消费者“看图说话”的品牌图形，都是不合格的；只有那些能够让消费者可以脱口而出地加以描述的品牌图形，才具有强大的播传势能。

三、品牌标识上加注拼音

让我们结合西贝莜面村的案例来进一步说明品牌图形的“可言说性”。莜面的学名为“燕麦”，是联合国推荐的十大健康食品之一，在中国也被列为第三主食。作为中国知名的餐饮品牌，西贝莜面村矢志于推广“莜面文化”，让所有中国人乃至全世界的人都认识“莜面”，喜爱“莜面”。

但是，一个严肃的问题摆在西贝莜面村的面前：很多中国人虽然知道燕麦，但大多并不认识“莜”字，不知道它念yóu，不少人习惯性地把它读作xiǎo。如此说来，“莜”字将成为西贝莜面村开展品牌营销传播的巨大障碍[①]。

怎么办？看来，必须突破“莜”字这个屏障，即让大家认识“莜”这个字。于是，西贝莜面村找到几乎所有人都可以脱口而出的一句话：“I love you！”，把它

---

① 华杉，华楠. 超级符号就是超级创意[M]. 南京：江苏凤凰文艺出版社，2019：25.

嫁接过来，即“I love 莜！”，再用全球流行的图形——“我爱纽约——I♡NY”的“心”形标志，形成了“I♡莜”的品牌图形（见图9.15）。

图9.15 西贝莜面村“I♡莜”

为了进一步降低消费者“看图说话”的难度，西贝莜面村还在“莜”字的上方加上了拼音“yóu”。单纯从设计学的角度来说，在品牌图形上加上“拼音”（注音），堪称一种“前无古人”的做法。但这种突破常规的做法以极低的成本普及了“莜”字，破解了“莜”字读音这个营销传播的屏障。当然，它不仅让大家能够看懂了，而且让大家可以“看图说话”，随口一句“I love 莜（yóu）”，普及了“莜”字的读音，也推广了中国的“莜面文化”，进而让西贝莜面村成了家喻户晓的餐饮品牌。

总之，超级符号理论强调品牌图形的设计就是图像预制件的符号编织，使消费者“不思而得”“看图说话”，让品牌走进人类的集体潜意识，以最低的成本和最高的效能自动化地达成品牌营销传播的目标。

第十题　什么是文化原力？

（扫描二维码，观看本节课程视频）

第一节　从历史深处走来——从博柏利的格纹说起

说起博柏利品牌，你可能不认得它那马背骑士的品牌标识，但你却很有可能一眼就识别出它那特有的格纹图案（见图10.1）。

图10.1　博柏利品牌标识及经典格纹①

对于格纹的故事，博柏利官方给出的说法并不复杂：

“早在20世纪20年代，博柏利格纹首度被运用在品牌防渗雨服饰的内衬上，直至 60年代才成为家喻户晓的品牌代表性标志。顾客对于博柏利格纹日益增长的需求揭开了该品牌经典设计演进的序幕。”

“1967年的某一天，博柏利巴黎精品店的买手Jacqueline Dillemman正在为当时的英国大使Patrick Reilly爵士筹备一场时尚宣讲会，准备过程中她灵感瞬现，随手将一件大衣的格纹内衬拆下，并用其包裹行李箱和制作伞套。博柏利格纹配饰从此应运而生。”

“数十年来，博柏利经典格纹有多种形式的演绎，例如20世纪70年代首次推出的羊绒格纹围巾，现已成为该品牌闻名遐迩的配饰之一。在接下来的80、90年代，格纹图案被广泛运用到成衣系列中，并在品牌广告中屡次亮相。格纹图案现已获得商标注册，成为毋庸置疑的品牌标志。”②

尽管博柏利将格纹的应用称为“灵感瞬现”，却有意或无意地回避了格纹图案的来源问题。事实上，超级符号理论认为，“超级符号”是人们记得、熟

① Burberry伦敦旗舰店开幕！用经典格纹设计内装，不愧是玩格子的[EB/OL]. [2022-05-16]. https://www.sohu.com/a/483720098_121124796.

② BURBERRY格纹[EB/OL]. [2022-05-16]. https://cn.burberry.com/the-burberry-check.

悉、喜欢的符号，它们隐藏在人类大脑深处的集体潜意识之中，积聚着强大的文化原力。基于此，我们认为，博柏利格纹图案的来源应该是我们关注的焦点。

事实上，尽管博柏利拥有多项格纹专利以及格纹商标，但格纹并不是博柏利的发明，而是从英国历史的深处走来的。“早在1 700多年前，格纹这一时装史上化石级的经典元素就出现在了苏格兰高地，而后当身穿苏格兰裙的华莱士和苏格兰起义军撩起裙摆羞辱英格兰军队时，独特的苏格兰格纹风靡了整个欧洲，时尚与时间来到如今，产生于不列颠岛的格子主义已成为全球潮流圈蔓延的一种浪漫风情。”①

看来，要说清楚格纹的来源，是绕不开“苏格兰的民族服饰”——苏格兰方格裙（kilt）的。16世纪，苏格兰北部高地上的盖尔人用未加剪裁的格子呢布料（Tartan）做成披肩来遮蔽全身。之后，格子呢披肩逐渐演变为大方格裙（great kilt），在高地男人中流行开来。17世纪中后期，一位来自兰开夏郡的英国贵格会教徒托马斯·罗林森将大方格裙改良成小方格裙（small kilt），保留了大方格裙的下半部分，即及膝短裙。18世纪90年代后，剪裁考究的苏格兰短裙正式登场②。

正因为苏格兰方格裙有着深厚的文化和历史底蕴，它常常被视为苏格兰人民族精神和荣誉的神圣象征。不过，苏格兰方格裙之所以拥有如此崇高的地位，是因为英国政府对苏格兰文化的压制催生了苏格兰民族精神的觉醒。1746年英国乔治二世颁布服饰法，规定高地兵团不得穿任何形式的高地服饰，包括方格裙。此次为起点，苏格兰人开展了不屈不挠的斗争，并最终在36年后迫使英王废除了该项禁令。至此，方格裙这个原本是浪漫主义的时尚服饰，开始成为一种抵抗英国政府压迫的标志，也成为苏格兰民族身份的持久象征。

从视觉元素来看，格纹正是苏格兰方格裙的“灵魂”。早期的苏格兰方格裙采用原色的布料制成，如白色或暗棕色、绿色或黑色，而不是后来标志性的多色格纹图案；19世纪晚期，随着染色和织布技术的进步，格纹图案得到了发展，开始出现了极其复杂的格纹组合。据说，现在格纹呢的格纹类型多达3 500多种。

---

① 格纹的由来及种类[EB/OL]. [2022-05-16]. http://www.sjfzxm.com/news/fushi/20120301/283092.html.

② Burberry经典格子背后的苏格兰文化[EB/OL]. [2022-05-16]. http://events.jianshu.io/p/1d39efb38ea4.

可见，诞生于1856年的博柏利只是从苏格兰文化中寻找到了大家记得、熟悉、喜欢的符号（图形元素），而将其“编织”进了自己的品牌图形之中。博柏利选用了米色底、红黑格——这个被称为“Burberry check ‘nova’”的经典格纹，它最早是博柏利为雨衣系列衬里而设计的纹样，早在1924年博柏利就将该图案注册成了商标。直到1967年以后，博柏利才将该图案陆续应用于雨伞、行李箱、服装、香水之上，也让博柏利从之前的功能性服饰品牌转型为时尚“达人”的最爱。伴随着博柏利受到探险家和英国皇室的钟爱，格纹与博柏利品牌一起开始成为英伦时尚的代名词。

“无论你来自世界哪个角落，只要看到类似的格子衣料（Tartan）的服饰，如Tommy、GANT等，相信第一个映入脑海的就是苏格兰或是英伦风。”[1]格纹不仅不是博柏利的“发明”，而且也不是博柏利的“专有”。许多具有英伦血统的时尚品牌都喜欢使用类型不同的格纹，诸如千年格、人字格、马德拉斯格纹、菱形格纹等。“充满浓浓怀旧风情的格纹拥有无限可能”，而且至今依然是“各大品牌设计师最为钟爱的元素”[2]。

虽然我们已经强调过，超级符号是人们记得、熟悉、喜欢的符号，图像设计应该回到历史和文化深处，去寻找那些经典的图案（图像），不过，我们好奇的是，这些超级符号所携带的“文化原力”究竟是什么？为什么它们可以激发人类大脑深处的集体潜意识，可以引爆积聚了数万年的巨大能量？这些问题，正是本章所要讨论的问题。

第二节　图像权力：基于文化认同的征用占有

（扫描二维码，观看本节课程视频）

图像的征用和占有与图像经典化之间的循环，是文化生产的主要形式。在此过程中，图像吸引了宗教、政治等权力的介入，并呈现出各种权力的交织和转换。基于此，超级符号理论主张将图像作为一种文化资源，并强调征用和占有经典图像，以吸附图像背后的“通天神力”，来根本性解决品牌营销传播的效能问题。

---

① 格纹的由来及种类[EB/OL]. [2022-05-16]. http://www.sjfzxm.com/news/fushi/20120301/283092.html.

② 格纹的由来及种类[EB/OL]. [2022-05-16]. http://www.sjfzxm.com/news/fushi/20120301/283092.html.

一、通天神力：图像作为沟通天地的媒介

一直以来，当谈及战略资源（strategic resource）时，人们总是倾向于认为它特指“硬体资源”，如矿产、石油、水、土地和食物资源等①；而今，“软体资源”的价值日益受到重视，如时间资源、空间资源、信息资源和文化资源等②。事实上，图像就是一种文化资源，具有战略价值。

图像之所以具有战略价值，重要的原因在于图像其实是一种“文化记忆”，携带着巨大的“文化原力”。“文化记忆”是德国人类学家扬·阿斯曼（Jan Assmann）在20世纪90年代提出的概念，它区别于一般的生活经验，其所要回答的是“我们是谁”和“我们从哪里来、要到哪里去”的文化认同性问题③。可见，“文化认同”构成了图像最底层的“文化原力”。

要探究图像的“文化原力”，必须要回到图像的起源。正如列维·布留尔所说，“图像与被画的、和它相像的、被它代替了的存在物一样，也是有生命的，也能赐福或降祸”④。早期人类之所以有如此大的热情，并运用几乎是当时最先进的艺术手段，如绘画、雕刻、堆塑等来创造图像，其根本原因在于他们相信这些图像具有特殊的巫术功能，即它们是“沟通天地的媒介和传递人神之间信息的使者”⑤。

在这种观念的指引下，日、月、山、水、云、动物、植物、人物等都可以成为图像表现的对象，也都被认为具有通天的“神力”。以动物为例，它们与人类朝夕相处、息息相关，而必然成为人类最感兴趣的对象之一。费尔巴哈说过，“动物是人不可缺少的、必要的东西；人之所以为人要依靠动物；而人的生命和存在所依靠的东西，对于人来说就是神”⑥。

尽管经历数千年的发展，这些图像的巫术和宗教色彩已经褪去，但它们依然携带着强大的文化认同和心理能量，并深深嵌进了人类的文化记忆之中。

---

① 李晓西. 什么是战略性资源?[J]. 政工研究动态，2001（15）：18.

② 王连伟. 战略性资源、战略规划与治理能力：国家治理现代化视域下的资源观[J]. 天津行政学院学报，2016，18（1）：28-36.

③ 王霄冰. 文字、仪式与文化记忆[J]. 江西社会科学，2007（2）：237-244.

④ 布留尔. 原始思维[M]. 丁由，译.北京：商务印书馆，1985：41.

⑤ 刘志雄，杨静荣. 龙与中国文化[M]. 北京：人民出版社，1992：54-55.

⑥ 费尔巴哈. 费尔巴哈哲学著作选集：下卷[M]. 荣震华，王太庆，刘磊，译.上海：上海三联书店，1962：438-439.

二、“经典化”：图像资源的征用与占有

阿斯曼在界定文化记忆概念的同时，还强调文化记忆形成的关键环节是其“经典化”（kanonisierung）过程，即普通的文本和仪式经过具有权威的机构或人士的整理之后，被确定为典范的过程①。

以中国“龙”为例：“自距今7 000余年的新石器时代直至今天，龙，几乎贯穿了这一漫长而复杂的文化发展历程，并在宗教、政治、文学、艺术等各个领域充当着重要角色。”② “纵观中国龙造型的发展历史……其演变大致经历了五个重要的发展时期，即新石器时代早期——滥觞期，商周——发展期，汉唐——新变期，宋代——定型期，明清——充实期”，而“经典化”为中国人心目中的祥龙瑞兽，最终积淀成为中华民族的精神象征和文化标志③。

众所周知，龙并不直接来自现实中存在的动物，而是众多动物形象聚合而成的。学者指出，远古的龙纹其实并没有统一的式样，其原型分别来自鱼纹④、鳄纹⑤、鲵纹⑥、猪纹⑦、虎纹⑧以及蛇纹⑨等，因此其只能算是“原龙纹”（见图10.2）。

图10.2　内蒙古翁牛特旗三星他拉村出土的玉龙⑩

从“原龙纹”演变为后来的“龙纹”，实际上是各不相同的动物图腾聚合的过程。而这一过程其实就是“龙”在商朝开启的“经典化”过程。有学者指出：“商王朝没有像周代那样大规模地分封诸侯，而主要靠发展子姓部族的势力来巩固以其为首的方国联盟。尊崇和祭祀尽量多的先祖，便可以在更广泛的程度上凝聚子姓部落的力量。”因此，商人主动收集和采纳“远方图

① 王霄冰. 文字、仪式与文化记忆[J]. 江西社会科学，2007（2）：237-244.

② 刘志雄，杨静荣. 龙与中国文化[M]. 北京：人民出版社，1992：1.

③ 李雅君. 中国龙造型的演变及内涵[J]. 山西大学学报（哲学社会科学版），2019（2）：134-138.

④ 渭河流域，仰韶文化半坡类型，7 000余年前。

⑤ 漳河流域，仰韶文化后岗类型，6 460余年前。

⑥ 渭水流域，仰韶文化庙底沟类型，约5 500年前。

⑦ 辽河流域，红山文化，5 000余年前。

⑧ 太湖流域，良渚文化，5 000—4 000年前。

⑨ 汾水流域，龙山文化陶寺类型，4 500—3 900年前。

⑩ 贾鸿恩. 内蒙古翁牛特旗三星他拉村发现玉龙[J]. 文物，1984（6）：6，10，97.

物”，饰于青铜及玉质礼器之上，“使民知神奸”，“协于上下，以承天休”①。于是，有角、有鳞、有爪，腾云驾雾的龙形象开始出现了②（见图10.3、图10.4）。

图10.3　殷墟妇好墓出土的玉龙

图10.4　汉代青龙瓦当（陕西省博物馆）③

三、权力编织：基于图像的权力转换

在讨论商代“龙”对不同图腾的综合时，历史学者刘志雄、杨静荣指出，“商人的这种做法貌似宽宏，但其本质却是垄断与独占”④。也就是说，图像“经典化”的过程，其实就是权力对图像资源征用和占有的过程。

图像因为携带着强大的文化认同，而作为一种战略性资源，必然吸引权力的征用和占有。我们依然以“龙”为例：进入封建社会以后，统治者通过权力的手段来力图垄断对于“龙”的使用。这种垄断在服饰中的体现最为突出：从东汉开始，九卿以下的官员在祀典中已无使用龙纹的资格；及至唐代，则出现了祀典中使用龙纹的权力应由皇帝垄断的言论；元代开始，曾规定市街商店不得织造或贩卖日月龙凤纹的缎匹，后又改而规定五爪龙由皇家专用；明代创造性地制定了一套以不同动物纹饰表示官制的规定，同时对龙纹做出了复杂的规定；清代对蟒袍的使用较为宽松，但对五爪龙纹依然规定严苛。“历代皇帝对龙纹的厚爱”，“无非是借通天神兽来表示自己的非凡能力，以维持其统治地位而已”。“到了封建社会末期，龙也就成了帝王的标志。仅就明、清两代皇帝而言，其衣、食、住、行，莫不大量使用龙纹。”⑤

① 刘志雄，杨静荣. 龙与中国文化[M]. 北京：人民出版社，1992：64.

② 毛洪东，王灵光，孙艳. 早期中国“龙”形象的发展演变[J]. 寻根，2020（1）：4–8.

③ 该图片引自：http://inews.gtimg.com/newsapp_bt/0/14717975012/641.

④ 刘志雄，杨静荣. 龙与中国文化[M]. 北京：人民出版社，1992：65.

⑤ 刘志雄，杨静荣. 龙与中国文化[M]. 北京：人民出版社，1992：286.

图像的征用和占有，其实就是图像权力的编织过程：一方面权力通过图像的征用和占有，悄然将自己“潜伏”进各种经典图像之中；另一方面这些经典图像以文化认同的形式，在人类文化记忆的深处释放出对人们思想观点和行为方式的深刻影响。我们仍以“龙”为例，直到今天，“龙”依然是人们记得、熟悉、喜爱的符号，至今活跃在生产生活之中，不仅显现出强大的生命力，而且具有强大的权力能量。如我国电影公映许可证，这个被大家俗称为“龙标”的图像，即使那些并不熟悉我国电影管理制度的观众也可以直接感受到“龙”的“官方色彩”和“权威感”（见图10.5）。

图10.5 中国电影公映许可证（俗称“龙标”）①

进入现代社会之后，图像“经典化”过程的“主角”已经由宗教、政治权力转变为经济、市场权力。而广告正是一种制度化的市场权力，在加速图像的“经典化”过程的同时，也在加速获取这些图像背后的“权力”。这就是“文化原力”的根本性来源。

（扫描二维码，观看本节课程视频）

第三节 N级编码：经典图像的生产与应用

文化记忆理论，尤其是“经典化”概念，可以解释图像征用和占有的本质，但对于品牌营销传播的实践过程而言，还缺乏细节性的剖析。文化符号

① 图片引自：https://gimg2.baidu.com/image_search/src. http%3A%2F%2Fdoc.100lw.com%2Fpic%2F8a5e598a24209fa2ea11723a%2F1-810-jpg_6-1080-0-0-1080.jpg&refer=http%3A%2F%2Fdoc.100lw.com&app=2002&size=f9999，10000&q=a80&n=0&g=0n&fmt=jpeg?sec=1649142987&t=230c61fca4a1869661854240164e619a.

学者叶舒宪提出的N级编码理论为我们提供了一个新的理解视角，让我们明白经典图像其实是经过文化的“N级编码”而形成的。

一、文化符号学的N级编码

叶舒宪认为，当今作家的创作，不过就是在“不断编码和再编码”的文化中“寻找到某些重要的符码规则”，并运用这些符码规则进行“再编码”[①]。之所以有这个结论，原因在于他将文化视为一个“不断编码和再编码的历史过程”，并将“一万年以来的文化文本和当代作家的文学文本之关系”归纳成“N级编码”关系，即：“无文字时代的文物和图像，有着文化意义的原型编码作用，可称为一级编码”；“其次是汉字的形成，可称为二级编码”；而“三级编码指早先用汉字书写下来的古代经典”；“今日的作家写作，无疑处在这一历史编码程序的顶端，我们统称之为N级编码”[②]（见图10.6）。

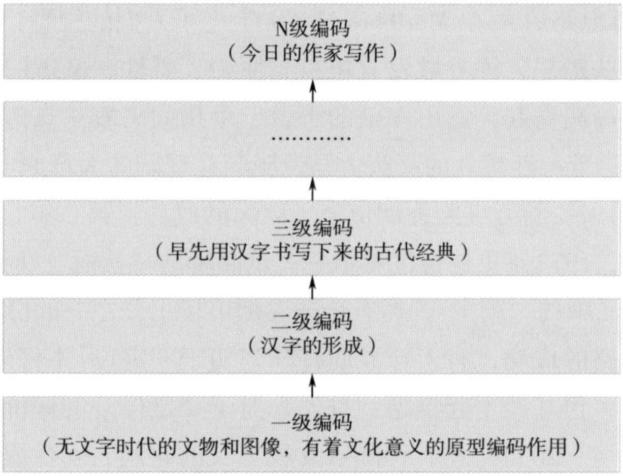

图10.6　叶舒宪提出的N级编码理论

当然，N级编码理论本身是一个宏阔的文化理论，其力图解释的是人类上万年来生产的文化与当今作家创作之间的关系。对于我们而言，恐怕有必要对它做一点“修订”，即：人类文化史其实就是一部N级编码的图像史。一方

① 叶舒宪. 玉兔神话的原型解读：文化符号学的N级编码视角[J]. 民族艺术，2014（2）：32–37，44.

② 叶舒宪. 文化文本的N级编码论：从“大传统”到“小传统”的整体解读方略[J]. 百色学院学报，2013（1）：1–7.

面，图像作为早期人类最为重要的文化形式，确立了文化最底层的“符码规则”；另一方面，人类经过“不断的编码和再编码”，层累性地生产出浩如烟海的文化资源，其中当然包括丰富的图像资源。因此，我们可以说，文化母体已经准备了取之不尽、用之不竭的图像资源，品牌要做的不过是征用和占有它们，为品牌营销传播服务。

二、重新理解万宝路香烟广告

在此，我们要运用N级编码理论，来重新解读广告史上堪称经典的万宝路香烟广告案例。

万宝路是一个诞生于20世纪初的香烟品牌，它最初瞄准了当时正在觉醒的女性群体。不过，在起初的40年里，它一直经营惨淡，一度濒临停产。直到1954年，李奥·贝纳在承接了这个品牌的广告业务之后，决定对它实施“变性手术”。

于是，“万宝路男人”（Marlboro Man）走进了人们的视野：广告中有一个目光深邃，皮肤黝黑，浑身散发着粗犷、原始、野性、豪迈的英雄气概的牛仔，他的袖管高高卷起，露出多毛的手臂，手指间夹着一直冉冉冒烟的“万宝路”香烟，跨着一匹雄壮的高头大马，驰骋在辽阔的大草原上[①]。

“万宝路男人”给万宝路香烟带来了巨大的成功：第二年它就成为全美第十大香烟品牌，1972年更摘得世界第一香烟品牌的“桂冠”。时至今日，万宝路依然是香烟品牌的“霸主”，拥有全球卷烟市场十分之一的份额[②]。

对于万宝路的成功，有人含混地将其归功于“定位+牛仔形象”。这种结论看起来正确，但却经不起推敲：首先，对于“定位”的评价，必须要回到当时的历史语境。20世纪初，伴随着女权主义的兴起，女性成为潜力巨大的香烟消费群体。照此而论，万宝路早期将消费者群体定位于女性，似乎是切中市场脉搏、符合时代潮流的；其次，至于“牛仔形象”，有学者将万宝路牛

① 杨晓燕. 美国人的西部情结与万宝路牛仔形象的成功[J]. 湖南科技学院学报，2015（12）：47-48.

② 根据中商产业研究院整理的数据，2019年菲利普·莫里斯公司拥有全球销量前15位的卷烟品牌中的6个，这些品牌及市场占有率分别为“万宝路”（10%）、“蓝星”（3.5%）、“切斯特菲尔德”（2.2%）、“菲莫”（1.9%）、“百乐门”（1.5%）、“邦德街”（1.1%）。中商产业研究院. 2020年全球卷烟市场分析：销量逐年递减 万宝路销量第一[EB/OL]. [2022-05-20]. https://www.askci.com/news/chanye/20200909/1801581208551.shtml.

仔形象的成功归结为“深深扎根于美国人心中的西部情结”[1]，但问题的关键是，这种“西部情结”从何而来？它与万宝路广告究竟是什么关系？对于这些问题，我们可以借助N级编码理论获得完整的解答。

三、美国牛仔形象的文化编织

其实，真实的牛仔大都是命运悲惨的“马背劳工”，长期受到牧场主的剥削，工作极其艰辛和危险。牛仔时代的全盛时期从1865年算起，到1890年，不过短短的25年。参加过长途赶运的牛仔人数大概为35 000人。可以说，他们不过是“夜空瞬间即逝的一颗流星”[2]。

但是，牛仔却成了“美国无人能够替代的英雄人物”以及美国精神的代名词，根本原因在于各种形式的“文化书写”，即文化N级编码（见图10.7）。

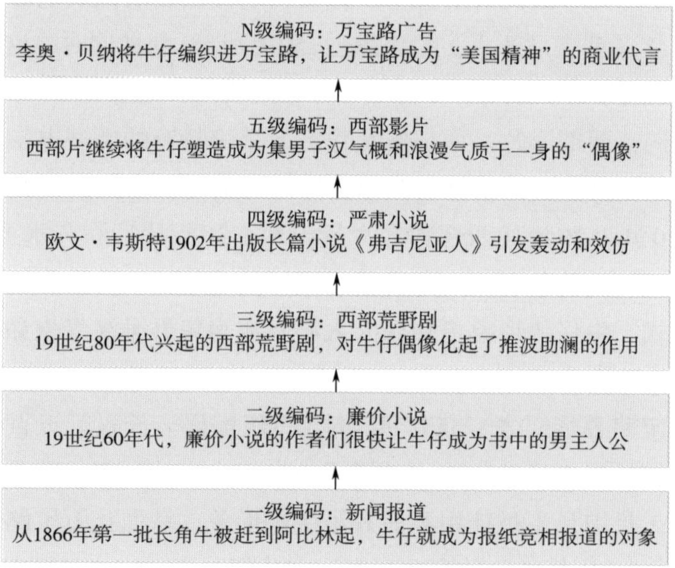

图10.7　万宝路香烟广告的N级编码

一级编码：新闻报道。从1866年第一批长角牛被赶到牛镇阿比林起，牛仔就成为许多报纸杂志竞相报道的对象，逐渐成为广为人知的人物[3]。

---

① 杨晓燕. 美国人的西部情结与万宝路牛仔形象的成功[J]. 湖南科技学院学报，2015（12）：47–48.

② 李青. 略论美国历史上的牛仔与牛仔文化[J]. 杭州师范学院学报（社会科学版），2004（1）：89–92，98.

③ 周钢. 美国西部牛仔研究[M]. 北京：人民出版社，2018：266.

二级编码：廉价小说。19世纪60年代，廉价小说的作者们开始把牛仔写进自己的作品，并让牛仔成为书中的男主人公。这些虚构的廉价小说将牛仔描绘成着装华丽、能骑善射和勇敢无比的英雄骑士。到19世纪80年代，廉价小说已经把牛仔神化和偶像化①。

三级编码：西部荒野剧。19世纪80年代兴起的西部荒野剧表演，对牛仔的偶像化起了推波助澜的作用。以野牛比尔著称的布法罗·比尔·科迪和他的明星"牛仔之王"巴克·泰勒，把浪漫的"枪战骑手"带到美国和欧洲，把牛仔演义成了美国的民族英雄②。

四级编码：严肃小说。欧文·韦斯特1902年出版的长篇小说《弗吉尼亚人》，讲述了一个牛仔的浪漫传奇爱情故事。该小说一出版就引起轰动，当年售出20万册，成为美国头号畅销书；不久，小说被改编为戏剧在"百老汇"公演，创造了那几年最高的上座率；此后，它又被四次拍成电影和电视连续剧。到1938年，《弗吉尼亚人》销售超过150万册③。与此同时，这部小说还引发了无数作家的崇拜和效仿，千万个"弗吉尼亚人"诞生④。

五级编码：西部影片。西部影片作为好莱坞特有的类型电影，最能体现美国人的民族性格和美国精神。西部影片的历史可以追溯到1903年的《火车大劫案》。20世纪20年代西部影片大量出现，30年代后在艺术上渐趋成熟。牛仔英雄气概与爱情故事，夹杂着精心设计的枪战情节和动作，成了西部影片的经典模式。牛仔的形象更加深入人心，成为集男子汉气概和浪漫气质于一身的"偶像"⑤。

至于万宝路香烟广告，充其量只能算N级编码。经过了近百年的文化编码，牛仔的符号意义已经生成，已经成为人们本来就记得、熟悉、喜欢的符号。而李奥·贝纳只不过征用和占有了牛仔形象，从而让万宝路香烟"如有神助"，成了"美国精神"的商业代言。在我们看来，这才是万宝路香烟广告成功的真正"秘诀"。

---

① 周钢. 美国西部牛仔研究[M]. 北京：人民出版社，2018：266.

② 周钢. 美国西部牛仔研究[M]. 北京：人民出版社，2018：266.

③ 周钢. 美国西部牛仔研究[M]. 北京：人民出版社，2018：266.

④ 杜可富. 牛仔神话：美国文化的表征[J]. 安徽教育学院学报，2001（1）：74–76.

⑤ 李军. 美国西部牛仔和牛仔文化[J]. 社会科学论坛，2003（6）：45–50.

第四节　品牌原型：图像激活集体潜意识

经过文化N级编码而形成的经典图像，不断地抽象化为人类心理结构中最古老的“印记”，具有了图式思维特征，并具有超时空、跨文化的传播能力。这个“印记”相当于荣格所说的“原型”（archetype），它可以脱离具体的图像（图形），并激活人类的集体潜意识。

（扫描二维码，观看本节课程视频）

一、十二种品牌原型

经过漫长的进化和发展，人类已经沉淀下来无数的原型，从而为品牌营销传播准备了取之不尽的原型资源。正因如此，近年来在商业—市场营销方面出现了一种研究神话原型的热潮，并由此催生了实用性很强的运用文学原型的品牌创意理论，给传媒广告业、形象设计和市场开发方面的从业者带来不小的震动[①]。

其中，美国女学者玛格丽塔·马克（Margaret Mark）和卡罗·皮尔森（Carol Pearson）通过对世界各大知名品牌的研究，以四种动机为依据，总结出了12种品牌原型，为品牌营销传播提供了一套寻找“原型”的具体方法（见表10.1）。

表10.1　玛格丽塔·马克和卡罗·皮尔森总结的12种品牌原型

动机	原型	座右铭	范例
独立与实现	天真者	自在做自己	可口可乐
	探险者	不要把我困住	星巴克
	智者	真理将使你解脱	邦诺书店
冒险与征服	英雄	有志者事竟成	耐克
	亡命之徒	规划就是立来破的	哈雷
	魔法师	梦想成真	万士达卡
归属与享受	凡夫俗子	人生而平等	钍星（Saturn）
	情人	我心中只有你	香奈儿
	弄臣	如果不能跳舞，我就不要和你一起革命	百事可乐

① 唐卉. 从神话到品牌图腾：解读《很久很久以前》的文学人类学意蕴[J]. 江西社会科学，2005（10）：34–37.

续表

动机	原型	座右铭	范例
稳定与控制	照顾者	爱邻如己	康宝浓汤
	创造者	想象得到的，都能创造出来	芝麻街
	统治者	权力不是一切，而是唯一	IBM；卡迪拉克

在他们看来，“原型是集体意识和个人意识中的强大力量”。“这些原型可以被视为这些人的‘预设模式’，就好像某个电子邮件软体或文字处理软件是你电脑的预设程式似的”；“一个人一旦接触到了包括文学、艺术、电影、电视或广告等外在环境中的原型意象，一阵子之后，便常常会有某个原型从沉睡的状态进入发挥作用的状态。广告中的原型意象能唤醒某个原型故事，就像你在电脑荧幕上按下某个图示便会开启某个程式一样”①。

尽管这12种品牌原型未必可以应用于所有品牌，但它让我们深刻地认识到“原型”所具有的强大力量，这其实就是超级符号所强调的“文化原力”。

二、老干妈的母亲原型

在众多的原型中，“母亲原型”是最常见的类型。在荣格看来，母亲原型源于人类寻求滋养和保护的集体潜意识，而这点决定了该原型呈现的方向性。母亲原型的具体意象十分丰富，但它们有一个共同的指向，即这些意象都暗含或象征着赎救、献身、肥沃、丰饶、保护、帮助这类意义，而这些都是所有人类心中存在的集体潜意识②。

一些品牌就有意或无意地契合了“母亲原型”。大家熟悉的“老干妈”就携带着这种原型的“心理印记”。1989年，42岁的陶华碧做起了凉粉和冷面的小生意。尽管自己生活窘迫，但她一直格外照顾那些穷学生。于是，这些学生心怀感恩，总是亲切地称她“老干妈”。

原本作为辅料赠送的豆豉辣酱，出乎意料地受到了顾客的欢迎，于是陶华碧将原来的“实惠饭店”更名为“贵阳南明陶氏风味食品店”，主营辣椒酱系列产品。之后，她制作的辣椒酱供不应求，连街道和工商局都来游说

① 马克，皮尔森. 很久很久以前：以神话原型打造深植人心的品牌[M]. 许晋福，戴至中，袁世珮，译. 汕头：汕头大学出版社，2003：39-40.

② 周永明. 原型论[J]. 文艺研究，1987（5）：111-122.

她办厂，但她放心不下那些学生，一直拒绝放弃餐馆经营。直到受她照顾的学生都加入游说的队伍，陶华碧才决定开办辣酱厂，并沿用了大家对她的称呼——“老干妈”。

如今的老干妈年销售额超过54亿元，成为国内最大的辣椒制品生产企业。但老干妈依然“踏实苦干、本本分分”，“坚持品质至上，对每一颗辣椒、每一粒黄豆等原料都精挑细选”，努力“酿造出消费者最满意、最熟悉、最认可的味道”[1]。这种“味道”不是单纯的味蕾感受，而是“妈妈的味道”。

在我们看来，老干妈契合了“母亲原型”，平凡、真实、坚韧、伟大。这个原型镶嵌在人类集体潜意识之中，携带着巨大的心理能量，具有跨越文化、实现沟通的能力。也许正因为如此，老干妈品牌（见图10.8）虽然看起来“土里土气”，但一点也没有阻碍它在海外市场的“走红”，老干妈还被亲切地译为“Godmother”（教母）[2]。

图10.8　老干妈的品牌图形[3]

三、星巴克的美人鱼原型

在世界各地的文化中，妩媚、妖娆的美人鱼都是女性形象的重要原型。星巴克的“美人鱼”形象则来自希腊神话中的海妖塞壬（Siren）。

在希腊神话中，塞壬最初是半人半鸟，后来才演变为双尾美人鱼。在荷马史诗《奥德赛》里，女神喀尔告诫奥德修斯，当他们通过欲望之海时，海妖塞壬会发出婉转曼妙的歌声引诱路过的航海者，致使航船触礁沉没。因此，奥德修斯决定用蜂蜡堵住同伴的耳朵，并将自己绑在桅杆上，以此克制欲望、抵御诱惑，最终成功地渡过了危险海域。可见，海妖塞壬在西方文化中是爱、

① 老干妈2020年实现销售收入超54亿元 再创历史新高[EB/OL]. [2022-05-14]. https://baijiahao.baidu.com/s?id=1692448897137069120&wfr=spider&for=pc.

② 郝北海. 老干妈：一代商业传奇背后的奇特营销模式[EB/OL]. [2022-05-14]. https://www.sohu.com/a/212701771_117373.

③ 用真人头像做logo的餐饮品牌，你能想起几个？！[EB/OL]. [2022-05-14]. https://www.163.com/dy/article/DCNQ7H970522NG1Q.html.

欲、诱的象征。

海妖塞壬所携带“原型”意象，契合了星巴克最初对于咖啡文化的定义——一种引诱人们放纵的愉悦之物。因此，星巴克在1971年第一次启用品牌图形时，西雅图年轻设计师泰瑞·赫克勒（Terry Heckler）直接借用了一幅15世纪斯堪的纳维亚的双尾美人鱼木雕图案，将星巴克海妖设计成美人鱼形象：她头戴皇冠，赤裸着上身，双尾清晰可见。

不过，对于不熟悉西方文化的人来说，海妖塞壬的图像实在很难说得上性感或诱惑。因此，随着星巴克在全球市场的拓展，星巴克开始逐渐弱化塞壬这个原型，并强化全球共享的“美人鱼”的意象，以获得更强大的跨文化传播能力。如今，大家熟悉的星巴克品牌图案（见图10.9），是一条长发飘飘的美人鱼，几近完美的五官和轮廓衬在绿色的底纹中，分外妖娆①。

1987年　　1992年　　2011年

图10.9　星巴克品牌图形的演变②

总之，超级符号理论主张图形设计应该回到文化和历史的深处，去发现并征用和占有那些大家记得、熟悉、喜爱的符号，这些符号携带着与生俱来的“文化原力”，具有可以引爆人类潜意识的巨大能量。对于品牌营销传播而言，与其总想着要去创造什么、创新什么，还不如回到文化母体寻找原型，吸附“文化原力”，以最小的成本实现最大的传播效能。

① 1987年，星巴克对其品牌图形做了调整，隐藏了赤裸的上身，淡化了分叉的双尾，简化了头上的皇冠；1992年塞壬的形象被隐去了下半身，脸部被特写来凸显精致的五官，双尾虽然被保留下来，但更多地是具有装饰性功能；到了2011年，环绕图案周围的英文名称也被去掉了，图形变得更加简洁，美人鱼头像则更加突显出来。

② 商标logo要与时俱进，现代标志的风格演变不可不知！[EB/OL]. [2022-04-16]. https://www.sohu.com/a/228051720_410381.

第十一题 什么是播传？

一首“你爱我，我爱你，蜜雪冰城甜蜜蜜”的歌在2021年夏天突然在大街小巷传唱开来，人们毫不费力地记住了这首歌，连五音不全的人都能哼唱，一群又一群的人相继去门店唱歌并录像，发布到自己的社交媒体账号上。与此同时，一个手持权杖、头戴王冠的雪人在各类视频里挥舞着小短手快乐地摇晃，在大街小巷和人们互动，大家从来没见过这么活泼的品牌吉祥物。蜜雪冰城仿佛一夜之间就火遍了全国。

是什么让人把生意做得这么成功？这其中有什么秘诀吗？对此，大概可以用“播传”这两个字加以概括。什么是播传？就是“设计一句话让顾客说给别人听”。“播传”二字直击广告的传播原动力，广告之所以耳熟能详，能让人们脱口而出，不是品牌说一句话给顾客听，而是设计一句话让顾客忍不住说给他周围的人听。“你爱我，我爱你，蜜雪冰城甜蜜蜜”就是这样一句话，只要听到就让人忍不住哼唱，只要哼唱就令人忍不住舞蹈。

播传原理是超级符号传播三大原理之一，这个原理的主要内容是，传播的重点不是“播”，而在于“传”。“播传”较之于“传播”，提供了一种全新的视野，体现了人们对信息传收双方关系的反思和完善，不再认为受众是传播的终点，而传播也不是信息线性的流动。“传播”一词隐含了品牌与消费者之间的一对多的单向关系，聚焦在“播”，而“播传”则更多地聚焦消费者与消费者之间的多向关系，侧重于“传”。当受众不再是传播活动的终点时，品牌营销信息经由大众媒体到达受众，受众自行决定信息的流向，当一部分信息从受众自发传播开来，就发生了信息的播传。

播传最大的好处就是能够降低品牌营销信息传播活动的成本。人们投放广告，总是用到达率来算千人成本，事实上，传达率的影响因素是到达率的十倍[①]。俗话说“一传十，十传百，百传千”，如果花一元钱使一句广告语到达甲，那么这一人成本就是一元钱，如果甲把这句话到达乙，那这句话的成本就变成了五毛钱，如果甲把这句话到达到一千人，那么这句广告语的千人成

① 华杉，华楠. 超级符号就是超级创意[M]，南京：江苏凤凰文艺出版社，2019：34.

本就变成了0.1分钱[1]。

超级符号理论认为，影响品牌营销信息传播有三大要素：传达率、到达率和仪式性。如何推动广告的播传，超级符号原理认为可以从以下三个视角来把握：品牌需重视“人”这个元媒介，让消费者替我们传播；广告要压倒性投放，只有实现全面的媒体覆盖，才有可能转化成传达率；越贵的媒介仪式性越强，信号能量越大，传播效果越好。

第一节　人即媒介：传播的关键在于“传”

（扫描二维码，观看本节课程视频）

超级符号原理体系中的播传原理认为人（和商品）是“元媒介”，其他一切媒介都是这个元媒介的延伸，因此要注重消费者的人际传播，把消费者看作品牌免费而珍贵的“媒介”，这样品牌的营销信息和广告就能依靠千千万万消费者自发的人际传播而被更多的人知晓。

这个观点来自著名的媒介环境学家麦克卢汉的理论——“媒介即人的延伸”。麦克卢汉认为任何媒介都是人体的延伸，例如报纸是眼睛的延伸，广播是耳朵的延伸，电视是耳朵和眼睛的延伸。不仅如此，一切延伸人体的东西都是媒介，轮椅是腿的延伸，衣服是皮肤的延伸，斧头是手的延伸，“万物皆媒介”，“一切技术都是肉体和神经系统增加力量和速度的延伸”[2]。“刊登广告推销商品的客户长期以来所谋求的，正是人的意识的延伸”[3]。这就改变了我们以往传统的一些认识：仅仅把大众媒介看作可以发布品牌营销信息的中介，把全部预算都用在向大众媒介购买版面、时间和流量上，而忽略了品牌原本就有的、免费的媒介和流量。更为严重的是，品牌因此被大众媒介特别是一些互联网平台裹挟，必须不断抬高预算竞价购买关键词，增加品牌营销成本；只要平台停止输送流量，品牌就失去了受众群，销售量就会骤减。

超级符号理论中的元媒介包含两个方面——商品和人。本节主要讲人的元媒介属性。作为元媒介的人包括三个群体，一是企业家和所有员工，二是

① 华杉，华楠. 华与华方法[M]. 上海：文汇出版社，2020：186.

② 麦克卢汉. 理解媒介：论人的延伸[M]. 何道宽，译. 北京：商务印书馆，2000：127.

③ 麦克卢汉. 理解媒介：论人的延伸[M]. 何道宽，译. 北京：商务印书馆，2000：168.

消费者，三是所有人。企业通过官方账号、企业家或明星员工自媒体账号发布品牌营销信息，在到达消费者之后，消费者根据品牌提供的信息预制件进行二次传播，理论上可以构建品牌营销信息传播的“永动机”。这里所说的预制件是指套语、名号、程式、主题、场景等①，是口语文化传播中的基础素材。蜜雪冰城主题曲MV（音乐短片）中的预制件包括主题曲旋律、歌词和雪王的舞蹈。

以蜜雪冰城的主题歌大火为例（见图11.1），蜜雪冰城的门店和官方自媒体账号、平台的各类UP主起到了关键作用。蜜雪冰城门店打响了第一枪，自2019年12月到2021年5月，蜜雪冰城的门店广播一直循环播放这首主题歌，到2020年7月播放这首主题歌的门店已经达到了1万家。蜜雪冰城门店一贯有播放歌曲的习惯，让每一个走进或路过门店的人都能听到。这首歌歌词简单，朗朗上口，不需要刻意背诵就能脱口而出，旋律取自著名的美国民谣《哦！苏珊娜》，这是一首已经传世170多年的民谣，受到世界各地人民的喜爱，也为蜜雪冰城主题曲的海外传播奠定了基础。在国内，这首歌在民国时期就被国人改编成《苏三不要哭》并传遍大街小巷，此后几经改编，最近一次大火是周杰伦据此改编的《牛仔很忙》，受到广大青少年的喜爱。许多人可能不知道这首歌的最初版本，但对它的旋律却十分熟悉，听过一遍就能哼唱。此外，这首主题曲的歌词非常简洁，只有13个字，“你爱我，我爱你，蜜雪冰城甜蜜蜜”，且去除了原曲中复杂的音阶和变化，保留了最简单的二节拍/四节拍切

图11.1　蜜雪冰城主题曲

① 华杉，华楠. 超级符号就是超级创意[M]. 南京：江苏凤凰文艺出版社，2019：63.

换，节奏变得简洁强烈，富有动感，听后让人忍不住起舞。主题曲MV每15秒重复一次，歌词里寄生了品牌名，蹦蹦跳跳的品牌吉祥物雪王自始至终出现，一秒钟都不浪费，视频中柠檬和茶这两种重要的食材作为背景出现，一下子就让观众明白了蜜雪冰城在卖什么。

第二步是蜜雪冰城的自媒体账号发力。在2021年6月3日，蜜雪冰城分别在抖音和B站官方发布了这首主题曲的中英文MV；6月4日抖音话题#蜜雪冰城主题曲#关注度就高达18.4亿次，相关主题#满脑子都是蜜雪冰城主题曲#关注度也达到了2.6亿次。在此后的一个月里，蜜雪冰城主题曲为各类UP主提供了内容创作的预制件，完成了蜜雪冰城主题曲的播传，这首歌被翻译成韩语、法语、意语、俄语、德语等14国20种语言，以及各类土话、方言、电音、戏曲、摇滚说唱等版本，快速席卷抖音和B站；6月25日，央视记者王冰冰将蜜雪冰城主题曲与神舟十二号飞天联系在一起改编翻唱，包括央视在内的各类官媒也加入了场全民狂欢，将这次营销盛事推向了高潮。

据统计，蜜雪冰城官方在B站发布相关视频4个，在微博发布相关视频7个，在抖音发布相关视频13个。网民二次创作作品覆盖抖音、B站、知乎、微博、网易云音乐和QQ音乐等时下年轻人喜爱的热门互联网平台，累计传播210亿次，这是一场呈几何级数增长的播传大事件。品牌借助大众媒介，将品牌名、品牌谚语和产品寄生于歌曲中发布，受众根据歌曲MV中的旋律、歌词、雪王舞蹈标志性动作等预制件进行二次创作后发布于个人社交媒体账号，既保留了品牌营销信息的核心元素，又能够在传播中体现传播者的娱乐精神和对时尚流行文化的模仿追随。因此，“广告语不是一句我说的话，而是替消费者设计一句他要说的话”[①]。蜜雪冰城官方账号密切关注着这些由受众发起的播传活动，为了让顾客能快乐地玩起来，提供了无词背景音乐方便网民使用，并对其中一些优秀的二创作品跟进点赞、评论、收藏，在B站蜜雪冰城官方账号的收藏夹里保存着77个版本的主题曲。

网络世界的热度延伸到了现实世界，许多网友去蜜雪冰城的门店唱跳这首主题曲，索要免费冰激凌或柠檬水，唱跳活动再一次成为自媒体内容素材火遍全网。而这个去门店兑换产品的活动其实是网友的自发行为，蜜雪冰城

---

① 华杉，华楠. 超级符号就是超级创意[M]. 南京：江苏凤凰文艺出版社，2019：62.

的少数门店主动配合了这些互动节目，多数门店的员工由于未接到总部通知，面对热情的顾客最初是比较被动的。但蜜雪冰城很快就在父亲节这一天推出了“对父亲唱主题曲，换奶茶桶”活动，极大地推动了网民从线上走向线下，让网络世界聚合起来的流量转化成线下门店的消费和口碑。消费者与门店服务员和雪王的互动，让雪王这个品牌吉祥物形象更为立体生动，让人们一看到雪王就想到蜜雪冰城，就想到价格亲民的柠檬水和冰激凌，这种锚定消费者心理的传播，使蜜雪冰城成为受众心目中一个可爱活泼的代名词，而不仅仅是一个品牌。人作为媒介的特性一方面在于其能主动传播，节省了品牌传播的千人成本，通过信息在受众中的传达率推动信息的到达率；另一方面，人是有感情的动物，人会在信息传播过程中投射自己的情感、观点和认知，品牌在网络世界和门店与受众积极互动，并为受众提供了传播的预制件，受众通过自己的认知和情感创作内容并二次传播，在扩大品牌信息知名度的同时，也提升了品牌的美誉度。

品牌需要与消费者建立更为紧密的关系，消费者才会持续购买，品牌才会长久盈利。消费者既是品牌传播活动的出发点，也是落脚点，消费者既是媒介的受众，也是媒介信息的观察者、评论者和发布者，受众的参与内容构建完成了品牌信息传播的跨媒介叙事。超级符号原理认为，在融媒体时代应充分释放消费者的传播价值。因此我们主张在已有传播学和广告学对消费者的认知基础上，根据消费者所处购买前、购买中、使用中、使用后四个消费场景的不同，将消费者的角色划分为受众、购买者、体验者和传播者四个身份[①]（如表11.1所示）。

表11.1　超级符号原理之消费者的四重角色转化

消费场景	角色	状态描述	策略目标	策略重点
购买前	受众	茫然、易遗忘	强大的刺激，从茫然中唤醒； 重复对抗遗忘	超级符号系统； 预制件； 全面媒体化
购买中	购买者	购买环境中的信息搜寻者	提供信息服务； 打动购买，促成销售	超级符号； 货架思维

① 华杉，华楠. 超级符号就是超级创意[M]. 南京：江苏凤凰文艺出版社，2019：199–217.

续表

消费场景	角色	状态描述	策略目标	策略重点
使用中	体验者	期待和验证心理	仪式感制造惊喜； 社会认同促进反复购买和播传	符号化体验； 仪式化体验
使用后	传播者	感性、无主动意识	设计一句话让消费者替我们传	超级符号系统； 预制件

以蜜雪冰城为例，蜜雪冰城自媒体账号和门店展示的主题曲面向的是所有的受众，这时的受众只是漫无目的地在网络世界冲浪或路过蜜雪冰城门店，主题歌旋律简单、曲调熟悉、歌词易记，让消费者快速识别出了蜜雪冰城的超级符号系统，反复播放之后让消费者能脱口而出跟随哼唱，这就是将主题曲的预制件植入消费者的心智，使其不会轻易遗忘。广告语朗朗上口，才能人人上口，只有人人上口，才能传播起来[①]。网友制作的二创视频在短时间内席卷互联网，成为年轻人追逐的时尚潮流活动，一部分人走入门店唱跳主题曲寻求免费产品或消费，让受众的身份发生转化，父亲节活动让门店唱跳主题曲充满了仪式感，唱跳内容被拍摄成视频，成为网络社交媒体平台蜜雪冰城主题的再次创作，此时消费者的身份从体验者正式变为传播者，充分体现了消费者的媒介价值和播传力量。

第二节 压倒性投放：要广告不要“窄告”

（扫描二维码，观看本节课程视频）

稍微了解一点广告的人应该都听说过这句话：“我知道我花在广告上的资金有一半被浪费掉了，但我无法知道究竟是哪一半。”这背后隐藏着对品牌、媒介、受众三者关系的思考。品牌主根据受众的媒介接触习惯进行媒介策划，希望广告营销的每一分钱都能产生效果。品牌主购买媒介资源，其实买的是特定媒介聚合起来的受众，这些受众因为某些共性聚合在特定媒介周围，我们通过媒介内容的特性去推测这些受众的共性，最

① 华杉，华楠. 超级符号就是超级创意[M]. 南京：江苏凤凰文艺出版社，2019：62.

理想的情况是品牌的广告恰好出现在需要它们的受众那里，观看特定媒介内容的受众恰好就是品牌的目标消费者。这无疑解决了“一半的广告费都被浪费了”这个难题。现代广告投放的日趋精准化就是按照这个思路在制定媒介策略。

但实际情况可能并没有那么简单。受众是传播学对信息接收者的统称，品牌营销信息的受众包含品牌内部受众和品牌外部受众，品牌目标受众的内核可以被锁定到非常具体的人群，如各类渠道人员、意见领袖和社交媒体平台的KOL（关键意见领袖），但目标受众的外延也可以非常广阔，可能是所有“社会人”。任何一群“社会人”都有可能存在共性的标签，特定媒介前聚合的受众也可以有截然不同的特质和标签，可能很难有一个媒介可以恰好聚合所有的品牌目标受众。但媒介的影响范围越大，媒介的受众规模越大，媒介信号能量必然越大，潜在的目标受众一定也越多。同样的广告发布在央视黄金档和电线杆上会产生截然不同的影响力。信号能量越大的媒介，越有可能产生意见领袖，催动社会模仿。“不是所有人都买得起劳斯莱斯，但当你开一辆劳斯莱斯出门的时候，大家都会投来羡慕的目光，一些年轻人会把买一辆劳斯莱斯当作自己的人生目标。”品牌营销信息的传播终极目的是促进销售，但广告还需要告诉消费者品牌所代表的社会价值和符号象征意义，这同样也是一系列标签化的结果，比如劳斯莱斯的车主代表社会成功人士，而五菱宏光Mini EV是备受年轻人喜欢的性价比之王。

以手机品牌为例，手机作为移动媒体终端近年来成为人们日常生活的必备，手机的操作系统连接了真实世界和虚拟世界，是元宇宙畅想的起点。现在的消费者早已不再争论日常生活是否需要手机，而是在一众手机品牌之间为选哪一个左右为难。有一个品牌曾经凭借一句广告语推动了整个行业的闪充技术的发展，这个品牌就是OPPO手机。2014年，OPPO手机在广告中提出“充电5分钟，通话2小时”的口号，搭载VOOC闪充技术的OPPO Find应运而生，自此所有的智能手机都开始努力提升电池闪充性能，有时消费者甚至会把手机充电效率和续航能力作为衡量一个品牌是否值得购买的重要指标。随着时代的发展，人们的通话方式已经多种多样，这句广告语也有了“迭代版”：充电5分钟，开黑2小时。“开黑”是手机游戏里的名词，保持这个广告语句式，针对不同的人群还可以改成“充电5分钟，综艺10小时”或者“充电5分钟，聊天8小时”。

OPPO手机为人所熟知，除了提供了品牌谚语这种经典句式，让顾客过目不忘外，更为重要的是OPPO手机广告投放媒介众多，总量巨大，遍布线上线下各类场景和平台，可以说无所不在。

有一句话叫“中国综艺千千万，OPPO、VIVO各一半”，OPPO手机近年来找准国内快速发展的综艺市场，投放了大量的广告，广告费用高达数十亿元。2015年OPPO手机冠名了《偶像来了》《极限挑战》《挑战者联盟》三档节目，冠名费用为6亿元；2016年冠名了《偶像来了》《中国好声音》《奔跑吧兄弟》《天天向上》四档节目，冠名费用超过10亿元；2017年冠名了《偶像来了》《中国新歌手》《跨界歌王》三档节目，冠名费用也达10亿元。与此同时，OPPO手机请当红偶像周杰伦、TFboys、杨洋、杨幂等代言品牌，整体广告投入达12亿元，有人戏称OPPO的明星代言人能组建一个足球队。在这些综艺节目中，除了各类场景广告牌、主持人手牌、贴片广告、中插广告外，节目进行中主持人和嘉宾与品牌保持良性互动，只要在既定的范围内，可以随意地拿品牌开玩笑，在《我想和你唱》这样一档素人歌唱节目中，一位嘉宾自我介绍是手机店老板，主持人汪涵笑称“美女老板的店里只卖OPPO手机，充电5分钟，通话小半年”，巧妙地化用了品牌谚语。

OPPO手机并不满足于综艺节目的受众，除了电视剧植入和综艺节目冠名，在火车站和机场广告牌、手机门店，甚至楼宇外侧、足球场，都能看到OPPO手机广告的身影。在中国的一些乡镇和城市，时常能看到一整座楼的阳台外侧都是OPPO手机的广告，巨大的绿底白字的标识极具识别度，一整座楼有几十个这样的广告牌，铺天盖地，非常醒目，在印度这样的海外市场，OPPO也是这样做的。一块印着品牌名的广告牌或许很容易被人忽视，但几十块这样的广告牌就能放大品牌信号能量，成为附近居民生活景观的一部分，可以说，这些广告牌没有一块被浪费。

OPPO手机在网络媒体上也采取了类似的媒介策略。微信是当下人们使用最广泛的社交媒体之一，OPPO手机是最早在微信朋友圈发布信息流广告的品牌之一。2014年1月，OPPO手机在微信朋友圈投放了一条拍照手机的广告《至美一拍，记录看得见的幸福》，这支广告曝光量为2.55亿次，点击量为1.45亿次，评论209万次，点赞55万次。这些广告为OPPO手机带来了市场的快速增长，IDC（互联网数据中心）发布的数据显示，2016年OPPO手机占领了国内智能手机市场16.8%的份额，出货量为7 840万台，位列国内市场第一。

这一年中国智能手机销量增长了6%，而OPPO手机销量的增长则高达109%。

受众会因为各种各样的原因集合在不同的媒介平台，“精准营销”可能只是个美丽的故事，品牌的目标消费者未必与特定媒介内容的受众重合，最保险的办法是面向所有人传播，选择媒介信号能量大、覆盖面广的媒介投放广告。

要广告不要“窄告”，一方面是指品牌要关注广告的媒介影响范围，只有让更多的人听过你的品牌，能说出品牌广告语，了解品牌形象和品牌价值，才有可能从受众转化成消费者，品牌才能获得持续的利润。另一方面是指不要依靠单一的流量商来获得流量，这会使品牌主失去“流量主权”，最终可能导致盈利困难。

购买关键词，把网民感兴趣的一些词语和品牌营销信息挂钩，从而使广告呈现在目标消费者眼前，这听起来非常美好。事实上我们往往很难精确地计算出单支广告的投入产出比，影响产品销量的因素除了广告还有产品质量和产品设计、渠道、分销、零售商等多个方面，品牌方不能只为看到广告的人付费，在互联网媒介平台购买关键词或按点击付费的方式可能会让品牌主陷入更大的恶性循环。购买网络关键词，实际上是品牌在寻求广告百分之百的到达率。网络关键词往往公开竞价，价格会随着投标人的出价上涨，买的人越多，关键词就越贵，长此以往，特定关键词的价格可能已经超出了品牌的单支广告预算，给品牌主带来极大的经济负担，这时品牌主就失去了网络平台的流量主权，只能等着平台推送流量，才有可能发生销售的转化，这就使品牌坠入了流量商的“流量监狱”。

如前所说的OPPO手机品牌就是将“流量主权”掌握在了自己手里。比如，在各类综艺节目中打广告，总有一个节目观众会喜欢，邀请众多明星做代言，总有一个粉丝会买单，在各城市、火车站、地铁、公交站打广告，每天都在散发信号能量，在微信朋友圈发布情感类诉求广告，引导受众深度关注广告内容，促进品牌与消费者的情感互动，使品牌形象和品牌价值深入人心。OPPO手机品牌最早催动消费者对手机闪充续航需求的关注，超强续航能力成为品牌的专属优势，经典广告语成为品牌谚语，为大众所熟知，以这句广告语为基础的内容创作成为消费者播传的预制件，这一切都建立在OPPO手机铺天盖地的广告投放基础上，因此品牌营销广告要“压倒性投放”，要广告不要“窄告”。

第三节　仪式性加持：让信息更具传播力

（扫描二维码，观看本节课程视频）

超级符号理论认为，影响品牌营销信息传播有三大要素：传达率、到达率和仪式性。仪式性越强的媒介信号能量越大，信息的传播效果越好。媒介的仪式性相关思考来源于传播学的“仪式观”，即把传播看作一种文化的共享过程，它并非直接指信息在空间上的扩散，而主要指传播如何在时间上来维持一个社会。从“仪式观”的视角来看，传播实质上是“以团体或共同身份把人们吸引到一起的神圣典礼”，其目的是“建构并维系一个有秩序、有意义、能够用来支配和容纳人类行为的文化世界”[1]。仪式可能来自文化母体中的信仰和惯例，能给人带来亲切感、认同感和安全感，仪式往往具有特定的流程和符号化的想象，人们喜欢富有仪式感的事物，人们因仪式感而凝聚，仪式感承载了情感、文化和传统，赋予个体生命存在的意义。仪式既存在于庄重严肃的庙堂文化，在琐碎繁杂的日常生活中也俯仰皆是。仪式能跨越时间和空间，向仪式的发起者、参与者、追随者甚至旁观者发出特定的信号。媒介的仪式性通过对特定信息和符号的编码传播给受众，受众往往会按照媒介的编码方式进行解码，和其他内容相比，媒介的仪式性减少了信息在传播中被误读的可能性，减少了噪声，因而增强了传播效率。

超级符号理论中催动广告发生播传的媒介仪式性体现了消费者对品牌广告的信心，当品牌选择在贵媒介发布广告，意味着品牌愿意支付更高额的媒介资源费、明星代言费、广告制作费、产品设计费，这样的品牌某种程度上意味着比在广告方面平平无奇的竞争者资本更雄厚，技术更先进，包装更精美，服务更周到。越贵的媒介在受众中传播范围越广，公信力越高，信息到达受众时信息被误读的概率就越小，信息的传播效率就越高。我们甚至可以说，如果品牌想引发消费者的关注，就要去更贵的媒介做广告；如果品牌想让消费者购买产品，就要去更贵的媒介做广告；如果品牌想实现广告的播传，让消费者替品牌传播，就要去更贵的媒介做广告。经济学对广告的解释可以概括为两点：其一，广告是企业为了解决信息不对称而给顾客发的信号；其二，信号必须足够贵，如果信号不够贵，则信号

① 周鸿雁，孙健. 隐藏的维度：评詹姆斯 ·W. 凯瑞的新闻观[J]. 东岳论丛，2010（12）：147.

无效[①]。

贵媒介的传播奇迹在20世纪90年代发生过许多次。许多中国人都应该对恒源祥十二生肖广告印象深刻，这个广告最初诞生于1991年。当时的恒源祥主打羊毛制品，1991年又是中国农历羊年，因此广告语也立足于此，修改了几个版本，从“恒源祥，发羊财”到“恒源祥，羊发财”，最后于1994年改成大众熟知的“恒源祥，羊羊羊”。广告在中央电视台播出，很快就尽人皆知。2005年恒源祥成为北京奥运会赞助商，为奥运村里的25 000个房间提供床上用品，也为奥运会中国代表团及技术官员提供礼仪服饰。恒源祥长期在央视投放广告，在20世纪90年代央视春节联欢晚会的间隙，时常能看到恒源祥在澳大利亚拍摄的“万羊奔腾”广告，标志性的广告语成为一代中国人的记忆。2008年春节期间，恒源祥发布了经典广告语的加长版，画面一开始是北京奥运会会徽和恒源祥商标的静止画面，画外音从“恒源祥，北京奥运会赞助商，鼠鼠鼠”一直念到“恒源祥，北京奥运会赞助商，猪猪猪”，这则十二生肖广告在当时掀起了轩然大波。这则广告是恒源祥经过周密策划而制作的贺岁广告，品牌传媒顾问丁秀伟说，“设计这个广告的初衷，实际上是恒源祥向全国人民拜年”。恒源祥品牌中心总监李巍说，“贺岁广告播出后，所有的市场反应以及争议都在预期当中，这不是失误，这是恒源祥很长时间的谋划，所有都在控制之内”。

恒源祥十二生肖广告展现了超越时代的幽默感，这种幽默感或许是当时的电视观众无法理解的，但在自媒体飞速发展的今天，恒源祥官方亲自下场对自家广告进行“恶搞”，并发布在央视春节期间，无疑显示了巨大的娱乐精神，为各家UP主准备了绝佳的二创素材。可以说，“恒源祥是把名字做到极致的案例，把信号发到最强的案例”[②]。这种极致一方面是广告语本身足够简洁，让人过耳不忘，甚至走进一家销售羊毛制品的商场就会立刻想起；另一方面是恒源祥选择在中央电视台这一国家级媒体的春节假期黄金时段播发广告，对于当时媒介资源尚属有限的中国观众来说，无疑起到了一个“原子弹”爆炸的效果，将媒介的仪式性拉满。或许许多人并不喜欢这则广告，觉得不够高雅，太过洗脑，但通过这则广告，人们一下子就知道了恒源祥，也知道了恒源祥的产品质量一定是过硬的，否则怎么会成为北京奥运会的赞助商？今

---

① 华杉，华楠. 华与华方法[M]. 上海：文汇出版社，2020：199.

② 华杉，华楠. 超级符号就是超级创意[M]. 南京：江苏凤凰文艺出版社，2019：121.

天像“恒源祥，羊羊羊”这样的广告有许多，如“瓜子二手车直卖网”“Boss直聘”“你没事吧……没事就吃溜溜梅”都是大众耳熟能详的广告语，通过品牌谚语、口语套话和不断重复，很快就打开了品牌的知名度。不过，这些广告大部分都是以电梯间的分众广告形式投放的，缺少了央视的覆盖率和公信力，效果自然也就很难与恒源祥广告相提并论。

第十二题　什么是全面媒体化？

对于经常出差的人来说，2005年之前出行住在哪里是个麻烦事：当时中国的酒店行业只有两类产品，一类是价格昂贵的高档酒店，普通人很难接受；另一类是设施落后的招待所，居住环境往往差强人意。不过从2005年开始，人们多了一个选择，那就是快捷酒店。汉庭酒店发现了这片蓝海，剔除了高档酒店的各类娱乐设施，减少客房面积，增强入住体验，200元就能住一晚，很快，汉庭成了人们出行的首选，一时间风头无两，模仿者趋之若鹜。

时间到了2015年，全国经济型酒店已多达2万家，知名的经济型酒店品牌不胜枚举，当年的蓝海变成了红海，消费者的选择越来越多，汉庭酒店的业绩连年下滑，产品老化、入住率下降，和同类产品之间价格竞争激烈。汉庭通过一系列的消费者调研发现，地段、价格、设施差不多的情况下，“酒店是否干净”是消费者选择酒店最重要的因素。近年来不单是经济型酒店，就连星级酒店都发生过各类清洁事故，原本是最基本的服务，却由于行业监管不力、酒店自身管理缺乏，成为消费者出行住宿最头疼的问题。由此，汉庭决定以“干净”作为突围的新蓝海战略。

发现了核心的消费痛点，开展有效的品牌传播就成了解决问题的关键。广告的形式有那么多，预算是有限的，到底应该选择哪些布局媒介策略，才能使营销传播效果最大化呢？怎样才能让消费者在信息庞杂的宣传环境里知道汉庭品牌的“干净”主张呢？汉庭决定采用“企业的自媒体”发布广告，通过企业全面媒体化的方式，实现这个目标。这里的自媒体不是在社交媒体上开设的自媒体账号，而是充分挖掘和利用企业自有的媒体资源。时至今日，很多品牌所认为的媒体往往是付费的传统大众媒体或者互联网媒体，这其实是对媒体资源的一个巨大浪费。汉庭独辟蹊径，将所有能与消费者、员工乃至广大公众产生连接的接触点都视为媒介，并对这些接触点进行媒体化改造，提出了“爱干净，住汉庭”的广告语，所有的品牌营销信息传播都围绕着这六个字展开。2017年，“爱干净，住汉庭”这六个蓝色大字出现在全国25个城市300多家汉庭酒店的楼顶（见图12.1），成为汉庭酒店的店招、顶招、侧招，并印刷在承诺卡上，放在每一个房间的床头。

图12.1 “爱干净，住汉庭”门头广告[①]

通过一年的“干净行动”，汉庭赢得了消费者的青睐，带动了整个经济型酒店行业对干净的提升和关注，华住集团更把每月24日定为“清洁日”，致力于成为国内首个消灭清洁事故的酒店集团。这一年汉庭的收益成为全行业的增长奇迹，汉庭母公司华住集团股价两年内大涨500%，市值冲破100亿美元，成效显著。

第一节 商品即信息：你自己就是最大的媒体

（扫描二维码，观看本节课程视频）

全面媒体化和企业“自媒体”本质上是超级符号理论的媒介观在商品维度的营销策略，超级符号原理体系中的播传原理认为人和商品是元媒介（人的维度在第十一题“什么是播传”中有详述），其他一切需要付费的媒介都是元媒介的延伸，并主张用媒介思维去设计和经营品牌与消费者的所有接触点，这些接触点包括产品、包装、货架和门店等，是品牌的人格化精神的物理存在，是商品元媒介的主要形式。超级符号理论认为，商品即信息，包装即媒介，企业的一言一行都是品牌传播，所有的事都是一件事。

这个观点来自著名的媒介环境学家麦克卢汉的经典理论——媒介即信息。

① 汉庭酒店[EB/OL]. [2022-05-30]. http://www.huayuhua.com/index/Anli/show/catid/7/id/36.html.

媒介即信息，是指媒介是一套复杂的讯息系统，其中蕴含的结构和运行规律影响着身处其中的人们的感觉、认知和情感，这是一种长期的、巨大的影响。媒介不是消极的存在，而是具有积极意义的信息。媒介形态本身就具有强大的力量。在营销传播中，我们要把媒介视为一种与其内容意义有紧密关联的语境要素。这种语境要素能改变符号的意义，能决定符号的传播数量、结构[①]。“媒介即信息”几乎是麦克卢汉所有理论的概括和浓缩，与传统传播学在媒介之外观察传播活动不同，麦克卢汉认为，媒介研究的最新方法不光要考虑媒介的内容，还要考虑媒介（运行机制）机器赖以运转的文化母体[②]。因为他认为，媒介内部结构和运行机制对人的影响要远远大于媒介内容对人的影响。

商品是元媒介，所以商品本身就在传递着信息，影响着受众。对于酒店来说，“住宿”是商品，酒店的所有软硬件设施都是围绕着满足顾客住宿需求而存在的。其中酒店大楼是企业最大的媒体，所以汉庭在全国25个城市300多家酒店的大楼楼顶立起“爱干净，住汉庭”六个蓝色大字的招牌，一天24小时都在对着路过的人群播发信号，传递信息（见图12.1）。没有人不爱干净，如果想踏实、安心地睡个觉，不用担心接触床单后会不会过敏、毛巾是不是擦过马桶、水杯水壶有没有消毒，当消费者准备选择一家酒店住宿时，“汉庭=干净”就会马上浮现在他的脑海中。这是一句广告语，也是汉庭的战略投资，它把酒店上上下下所有的投入和关注的焦点都放在“干净”这件事上，把“干净”做成品牌的核心价值，做成企业文化。因此汉庭围绕“干净”建立了一整套行动工程体系，将人力、物力、财力压倒性地投入，把干净做到极致。

首先是技术投入。汉庭投资入股了两家国内领先的洗涤供应商，采用先进的“洗涤龙”设备，突破了传统洗涤方式的局限，保障床品、毛巾等物品达到更高级别的洗涤标准，此举带动了国内洗涤行业的快速发展。

其次是从上到下的人力投入。汉庭邀请日本国宝级清洁匠人新津春子莅临汉庭指导，对保障酒店卫生最为关键的岗位——“清洁阿姨”进行严格的岗位培训，制定了细致的工作流程和评价标准，设计了一条清晰的职业规划路径，提出了“清洁师”这个全新的岗位，并分为初级清洁师、中级清洁师和高级清洁师，提高清洁师的报酬，提升清洁师的职业地位和职业尊严感，鼓励清洁师发挥主观能动性，为自己的荣耀工作（见图12.2）。汉庭的CEO（首

① 胡易容.传媒符号学：后麦克卢汉的理论转向[M].苏州：苏州大学出版社，2012：46.

② 麦克卢汉.理解媒介：论人的延伸[M].何道宽，译.南京：译林出版社，2019：21.

席执行官）也亲力亲为，巡店时带一块抹布，看到不干净的地方就随手擦掉，为汉庭内部的其他员工起到示范作用；汉庭的CEO被称为“首席清洁官”，成为行业首创。

图12.2 汉庭清洁师模特代言①

再次是带领加盟商共同执行汉庭的卫生评价制度——“净”字评级行动，越干净的汉庭酒店，“净”字就越多，能够在汉庭酒店官网和APP上被优先推荐，消费者可以根据这个“净”字标来筛选自己的下榻之处（见图12.3、图12.4）。企业官网和官方APP是酒店在线上的最大“自媒体”，全国各地门店的网络端口上一个又一个“净”字标发挥着和酒店大楼楼顶“爱干净，住汉

图12.3 汉庭酒店官网“净”字标（1）②

---

① 汉庭酒店[EB/OL]. [2022-05-30]. http://www.huayuhua.com/index/Anli/show/catid/7/id/36.html.

② 汉庭酒店[EB/OL]. [2022-05-30]. http://www.huayuhua.com/index/Anli/show/catid/7/id/36.html.

图12.4　汉庭酒店官网“净”字标（2）[①]

庭”一样的媒体作用，向消费者展示彰显酒店品质的评价体系，持续发布传播信号。

最后，汉庭对酒店内部进行了媒体化改造，小到房卡（见图12.5）、防撞条、消毒柜、台卡等，每一个接触点都是可改造的媒体位，都展现了汉庭为实现“干净”所做的各种努力。顾客从打开汉庭的官网页面开始，就开启了一段围绕“清洁”展开的旅程。汉庭将每月的24日定为“清洁日”，通过营销日历的方式将“清洁行动”日常化，致力于成为国内首个消灭清洁事故的酒店集团，还要求所有门店全面整改清洁卫生工作，由总部实行严苛的达标检查，对于整改达不到标准的门店，随时进行清退。

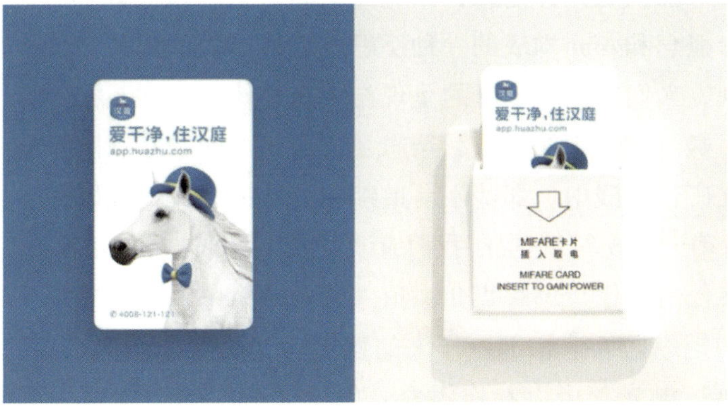

图12.5　汉庭房卡[②]

① 汉庭酒店[EB/OL]. [2022–05–30]. http://www.huayuhua.com/index/Anli/show/catid/7/id/36.html.

② 汉庭酒店[EB/OL]. [2022–05–30]. http://www.huayuhua.com/index/Anli/show/catid/7/id/36.html.

从酒店大楼楼顶的广告语，到汉庭官网、酒店大厅的印刷易拉宝、前台的背景墙、房卡、电梯间分众广告位、床头柜上的提示卡，都是汉庭的媒体位，也是汉庭品牌与顾客的接触点，发挥着品牌传播的作用。所有的媒体位发布的内容都在为“爱干净，住汉庭”的品牌战略做注解，通过不断地重复再重复，集合成巨大的信号能量，给消费者以强烈的冲击。超级符号理论认为，媒介不仅仅指我们每天都能够接触到的大众媒体，如手机、电视、广播、报纸等，还可能是“任何你能够放置信息的地方”[①]。所有目标消费者能够接触到的东西，都可能成为媒介选择的对象，或者可以将其改造为媒介。酒店销售的商品有“住宿”功能，汉庭酒店通过消费者调查发现这个“商品”的合格标准是“干净”，商品和围绕商品的所有媒体位都在告诉顾客汉庭的“商品”达到了这个标准甚至超越了这个标准，并详细说明为了提供给消费者“超预期”的消费体验做了哪些努力。在企业的“自媒体”上传播品牌信息，通过对企业的全面媒体化改造，汉庭做到了“所有的事都是一件事”，让消费者发生购买行为。

企业“自媒体”的优势非常多，可以利用企业本来就有的各种媒体位发布广告，在媒介策略方面安排更加合理，节省下来的预算可以用于生产技术的提升、原料的优化、渠道的开辟，进一步组织扩大再生产；同时，也能使企业避免陷入“流量陷阱”，不被网络竞价捆绑，不再依赖购买搜索引擎关键词获得流量，一味追求广告的到达率。

商品即媒介，媒介即信息，因此商品即信息。超级符号的这个观点本质上是对媒介概念和媒介构成的一种反思。近代广告的繁荣极大地归功于近代报刊的出现，人们往往把广告的呈现与大众媒体密切联系在一起，按照媒介史的划分，媒介被限定在报纸、杂志、广播、电视、互联网等有限的大众媒介内。而在广告实践中，那些不易追踪和统计的“非标准媒体”往往对引发消费者的行动更有效[②]。这提醒我们应该对大众媒介之外的传播途径予以关注。麦克卢汉在他的著作《理解媒介：论人的延伸》中为我们展现了一种全新的视角，不如把一切人造物都看作人的特定功能的延伸，那么连铁路、货币、建筑、武器、电光都可以看作媒介，他认为所谓的“传播”不如说是一种“交通”——交流沟通，是物质和意义的传送和交换。那么对于汉庭酒店来说，

---

① 阿伦斯. 当代广告学[M]. 8版. 丁俊杰，等译. 北京：人民邮电出版社，2005：288.

② 丁俊杰，康瑾. 现代广告通论[M]. 北京：中国传媒大学出版社，2013：159.

可以传播信息的媒介太多了，除了以上论及的诸种，小票、垃圾桶、台灯、床品、电梯、公众号、电子优惠券，所有酒店为达成销售而存在的线上、线下设施都可以发布广告，都可以向顾客释放信号。可以说，商品自问世以来，每一个“毛孔”都流着流量的“血液”，企业“自媒体”本身就是企业最大的媒体①。

第二节　流量“永动机”：停止试图灌满一只漏桶

（扫描二维码，观看本节课程视频）

如何吸引消费者的持续关注，实现商品的持续购买，一直都是个难题。很多品牌不知道到底要不要打广告，或者应该去哪里打广告。全球著名的市场监测和数据分析公司——尼尔森公司的创始人阿瑟·尼尔森（Arthur Nielsen）曾感慨道，“我们花了毕生的精力试图灌满一只漏桶”。因为，“人们的记忆出奇的短暂。千百万美元的支出才买到的广告说服公众的效果可能像晨雾一样悄然散去”②。在信息泛滥和信息茧房存在的当下，互联网平台的公共流量购买转瞬即逝，品牌成为互联网平台流量的“打工人”，品牌的发展受到平台流量的制约，甚至已经演化成为品牌的生死存亡问题。这不免让人想起人类历史上执着了几百年都没发明出来的“永动机”，是否存在一种流量“永动机”，可以帮助品牌从根本上解决这个问题？

众所周知，在互联网时代“流量”是可以买的，比如抖音平台在“创作者服务平台”里的官方买流量渠道“DOU+”，通过“视频标签”或“账号标签”吸引流量“定向投放”“精准投放”，就能让视频的播放量立刻增长。付费流量的魅力在于马上买、马上有，但缺陷也在于此，对于内容质量不佳的账号，付费流量占总流量比例过高，一旦不买流量，浏览量和点赞量就断崖式下跌。这就涉及买流量的费用是否能转化为账号的实际收益问题，理论上说，花100元买5 000流量，只要买来的流量能给账号回报101元，这个购买就是划算的。但能做到这种程度的转化并不容易。说白了，这些流量只是为了改善优质内容算法推送不够精准的情况，如果内容本身不够精彩，就算不

---

① 华杉，华楠. 华与华方法[M]. 上海：文汇出版社，2020：218.

② 里弗斯. 实效的广告[M]. 张冰梅，译. 呼和浩特：内蒙古人民出版社，1999：43.

断有流量涌入，没人点赞关注，流量也并没有发挥作用。所以一些抖音的资深玩家发现，投“DOU+”只有在高质量账号启动和转化型账号加速时才能看到效果，否则这些买来的流量只能是“赔本赚吆喝”，根本留不住。此外，通过“打标签”发布的内容有时是模仿他人的优质内容，有时是蹭热点，一个标签锚定的是无数个同类视频内容，标签的流量并不一定能成为账号的稳定受众，而且流量一定是越来越贵的，账号运营的成本因此就会越来越高。如果品牌方意识不到这个问题，不但在平台上赚不到钱，也将导致没有预算在其他媒体上打广告。

在平台买流量和在各类媒体上打广告结果是不同的。首先是在时效性方面有明显差异。在各类媒体上打广告有时很难见到直接的效果，即便能改善销售但也有时间滞后性，这也是很多品牌喜欢买流量而减少打广告的原因。其次是主动权不同。无论在电视台做广告还是在电梯间做广告，顾客都能直接找到品牌，但平台买流量，主动权在平台。买流量是为了实现营销信息的到达率最大化，但到达率是需要进一步转换的，销售的全部原理就是流量转换漏斗。这个过程就像品牌方在大街上开一家店，每天都有路过的人群，有多少人能注意到这家店？注意到的人群里有多少愿意进店看看？进店的顾客里又有多少人最后买了东西？买流量的目的是把所有有购买意愿的人都引到店里来，打广告是为了让更多路过的人注意到这个店。不同的是买来的流量必须要靠平台输送，如果不买，店里就一个人都没有，品牌方只能被动地为流量付费；而打广告是让更多的路人进店，只要街上有人，就有可能走进店里买东西，主动权掌握在品牌方。

再回到本节开头的问题，有没有流量“永动机”可以为品牌持续输送流量，答案是有。通过企业的全面媒体化和“自媒体”，让更多的人路过品牌的店面，就可以保证一定会有一些人走进店里。原本只能吸引顺路从店门口经过的人进店，现在街对面的人也愿意过马路进店来看看，另外一条街的人也走过来。就如第一节提到的汉庭酒店大楼上立着的六个醒目大字“爱干净，住汉庭”，每天都在提醒路过的人，当他们去外地出差或者旅行想要找酒店下榻时，脑海里第一个出现的就是这六个字。打开汉庭官网或APP，“净”字标越多的汉庭酒店越排在前面，顾客选择汉庭的可能性就会增大很多。

有时街上的人流量很大，但同一条街上的同类竞争者数量也很多。很多餐饮店都开在人流聚集的商业街，每天来来往往的人不断，停下来吃饭的人也很多，但面对十几家甚至几十家饭馆，顾客到底愿意走进哪家店铺吃饭，就要看哪家饭店更“醒目”，广告“声量”更大，饭菜质量更有保证。

首先品牌名要起得好。以著名中式餐饮品牌老娘舅为例，“舅舅”是一个亲切的称呼，在江浙地区娘舅是家庭中的公信人物，如果家庭成员之间有什么纠纷，娘舅就会出面主持公道；在中国的其他地区，舅舅也是近亲，大家都很熟悉。“老娘舅”这个品牌名来自中国人熟悉的文化母体，因而具有很高的母体能量。

其次招牌要醒目，数量要多，这样信号能量才会大。老娘舅快餐品牌从2000年至今已经发展了20多年，使用过几十个品牌标志，现在使用的品牌标志是黑底黄字，一个饭碗里有一个“舅”字，旁边写着“米饭要讲究，就吃老娘舅”，在肯德基、必胜客和其他餐饮店铺中间十分醒目，一下子就让“中国胃”的顾客知道这里可以吃中餐、吃米饭。全国有300家老娘舅店铺，就有300块广告牌向路人发送“米饭要讲究，就吃老娘舅”的信号（见图12.6）。一家店到底是卖什么的，特色是什么，要让人看一眼就知道。

图12.6　老娘舅标识[①]

最后是提高门店产品的能见度，为顾客提供更多的购买理由。当消费者已经走进店里，却不知道该吃什么，说明品牌的广告没有宣传到位。喜欢吃汉堡的人们去麦当劳，喜欢吃炸鸡的人们去肯德基，喜欢吃比萨的人们去必胜客，这是品牌长期宣传的结果。老娘舅店招上写着自己的米饭好，但吃中

① 老娘舅[EB/OL]. [2022-05-30]. http://www.huayuhua.com/index/Anli/show/catid/7/id/43.html.

餐时只吃米饭是不够的，还要有主菜、配菜和汤，这才符合大多数中国人吃中餐的习惯。招牌套餐放在店内海报的中间位置，价值呈现最大化，告诉消费者选这个一定不会错，从而提高了消费者的购买效率，节省了其观察、询问、犹豫的时间。其他套餐围绕在招牌人气款周围，方便消费者替换选择，同时突出当季销量好、毛利高的汤品，提高客单价和毛利率。最后给每个套餐都编号，顾客按编号点餐，简化与店员的交流过程。

老娘舅在经过店铺改造后，门店的流量转化得到了显著提升，湖州东街店营业额增长了41%，杭州东站店营业额增长了50%，已经翻新的老娘舅241家店铺，2019年比上年平均营业额增长23%，净利润增长122%[①]。

门店是品牌的自有媒体，以门店为中心寻找媒体位，从每一个和消费者的接触点出发设计物料，把运营的必要支出如海报、菜单、外卖包装盒、纸巾、餐盘都当作媒体位来发布品牌营销信息，增加与消费者沟通的机会和时间，向消费者提供更多的价值证据链和给予消费者更好的消费体验。消费者对品牌了解得越多，对产品越熟悉，对品牌的信任度就越高。下一次再去商业街，顾客不但自己不假思索地走进老娘舅吃饭，还会带着亲友一起去吃，告诉他们这里的米饭特别好吃，红烧鱼特别地道，帮助品牌实现播传。

图12.7展示了传统的消费者流量漏斗和我们前文所说的消费者流量“永动机”。传统的消费者流量漏斗是线性流动方向，消费者的行动终点是购买，所有的品牌营销目标都是实现购买，但购买之后就不管了；超级符号原理主张的消费者流量“永动机”是一个循环系统，营销既要促使消费者购买，还要促使消费者播传。品牌通过全面媒体化和企业的“自媒体”强化传播信号，

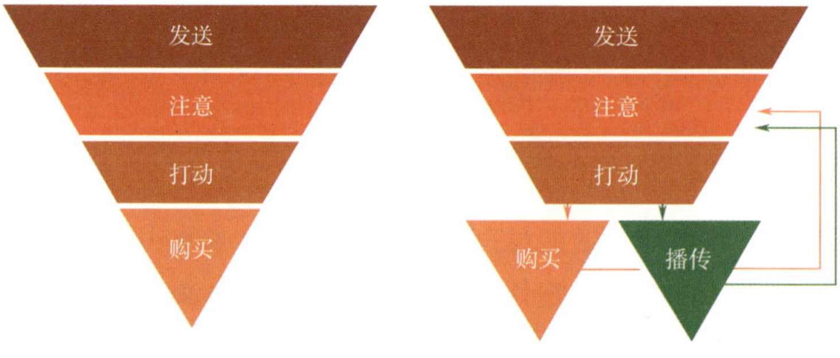

图12.7　传统的消费者流量漏斗和超级符号消费者流量“永动机”

---

① 华杉，华楠. 超级符号案例集[M]. 南京：江苏凤凰文艺出版社，2020：160-162.

通过各类媒介传播品牌信息到达消费者，消费者通过人际传播和口头传播帮助品牌扩大传播范围，增强信息的效度，让品牌形象更清晰。

除了要把流量掌握在品牌自己手中，还要发掘企业“自媒体”，创造机会让消费者了解品牌，强化品牌形象认知，促进消费者的播传，做到这些，品牌就有了一台流量“永动机”，就可以源源不断地为门店输送流量。

第三节　全军出击：让每一个营销工具都能单兵作战

（扫描二维码，观看本节课程视频）

超级符号理论认为，每一个营销工具都要单独完成一次完整的进攻，一个包装，一个海报，一个宣传单页，都要具备单独完成销售的资源条件[①]。全面媒体化和企业“自媒体”除了充分挖掘品牌自有的媒体位，在原本就需要付费的门店招牌、店内海报、菜单、点单系统、外卖盒上完成对消费者的传播目标，还要开发各类具备媒体性质的接触点，制造与消费者“邂逅”的机会，充分进入消费者的日常生活场景中和消费者的生活细节里。

为此老娘舅创造了一个经典品牌形象：老娘舅人偶。老娘舅请日本有“吉祥物服装界的凯迪拉克”之称的KIGURUMI.BIZ公司帮助设计了人偶，这家公司也是著名的熊本熊人偶制造商，具有丰富的品牌形象人偶制作经验。老娘舅人偶是一个头戴“饭碗头盔”、身穿厨师白色制服、双手交叠在胸前、一脸严肃的中年男性形象，活跃在老娘舅各类营销信息发布的场合：在微信表情包里挤眉弄眼；在户外广告里为杭州马拉松比赛加油；向大家介绍老娘舅严选食材的过程，对食材进行定期质量抽检；主持老娘舅集体婚礼；出现在门店附近的地铁站、公交站、楼宇外侧的平面广告上，提示消费者就近就餐。老娘舅微信表情包及印有老娘舅人偶形象的水杯、饭盒、帆布袋、手机壳的发布和销售继续创造和延伸与消费者的接触场景，强化品牌形象在消费中心目中的地位。

老娘舅有300家门店，分布在全国多个城市，集合效应非常大。卖牛杂煲的广东餐饮品牌“牛小灶”只有7家门店，是否也能运用全面媒体化的方式进行品牌升级呢？答案是当然可以。超级符号的品牌传播策略对营销主体

---

① 华杉，夏晓燕. 华与华使用说明书[M]. 南京：江苏凤凰文艺出版社，2020：107.

的量级并没有要求，无论跨国连锁品牌还是地铁站旁的早餐店，都适用。牛小灶的全面媒体化分为以下几个步骤。

一、门店

品牌的全面媒体化可以从门店外观开始，门店是品牌直接接触消费者的最大的自媒体，门店选好广告语和品牌超级符号，就能持续发出信号能量，刺激过往的消费者。牛小灶主营牛杂煲，牛杂煲是中国广东地区的一种美食，已经有100多年的历史，具有扎实的群众基础。广式菜肴以新鲜丰富的食材、清淡顺滑的口感享誉全国。广告语里的品牌名加上品牌诞生地，凸显了产品食材的新鲜、烹饪的地道。“广州牛杂煲，就吃牛小灶”这句广告语醒目地印在店头。

牛杂煲和牛密切相连，而牛这种动物身上最具有识别度的特征就是牛角，正如华尔街上矗立的那头象征着“牛市”的大铜牛一样，几乎在全世界各民族的文化里，牛都被赋予了积极、神圣、繁荣的意义，红色在中国传统文化里也有相似的含义，红色大牛角的形象辨识度极高，成为牛小灶最具识别力的超级符号。

二、灯箱广告

门店设计在与其他餐馆竞争的同时，还需要尽可能地宣传自己产品的优势，和普通的海报相比，灯箱广告在夜晚也能发挥作用，特别适合牛杂煲这种晚上迎来消费高峰的小吃。灯箱内容分为三个部分：主打菜品实物照片、大众点评必吃榜背书、“营业至凌晨一点”的说明文字。这三个灯箱肩负着进一步向消费者进行产品说明的作用。主打菜品实物照片，让不熟悉牛杂煲的顾客一眼就知道菜品的样子：色泽鲜艳、分量充足，牛杂清洗得非常干净，配上“牛杂超干净，量大超满足”的宣传语，一下子就将自家牛杂的特色体现出来；大众点评必吃榜背书，符合当下人们买东西必看评论的消费习惯，大家说好才是真的好，菜品的真实反馈一下子就彰显出来；营业时间说明方便路过吃夜宵的顾客选择，减少信息的模糊性，节省消费者的决策时间。

三、菜单

牛小灶是地方小吃，门店少，品牌知名度相对较低，一般开在临街的店铺，方便顾客夜晚出门就餐，餐品口味和特色就显得尤为重要，菜单成为品牌传播的重要道具。首先，招牌菜“传统牛杂煲”改名为“老广州牛杂煲”，与广州这个盛产美食的地域挂钩，提供给消费者购买的理由；增添菜品照片，主菜品照片最大，放在菜单核心位置，提高了主菜品牛杂煲的点单率。其次，增加了夏季菜单，主色调从红色换成蓝色，给人以菜品应时令更替、“不时不食”的印象，并在菜单背面增加品牌专区，即使顾客手拿菜单坐在店门口翻看，路过的人也能迅速知道品牌名，菜单就变成了一个广告位。最后，将餐品分为六类：必点主食煲、上得快前菜、涮菜、饮料酒水、主食小吃和餐后甜点，简化点单流程，提高消费者就餐效率，方便后厨完善餐品结构。

四、产品

牛小灶的产品是牛杂煲，按照“商品即信息，产品即媒体”的理论，牛杂煲是牛小灶继门店之外又一个重要的媒体，也是全面媒体化最为关键的一环。消费者路过门店、走进店中、点菜就餐，是一次成功的品牌传播活动，但如第二节所说，如果想拥有持续不断的流量，产品自身必须值得称道，消费者在体验产品过后，乐于二次复购，乐于介绍给亲友，这才是超级符号理论下品牌传播活动的成功。牛小灶的牛杂煲是放在锅里端上桌的，锅的形状和门头的红色大牛角一致，黑色的锅体配上红色的手柄，极具符号识别性，透过透明的锅盖可以看到里面鲜美的牛杂，许多顾客都会拍照上传至网络，这就是播传的达成。

牛小灶品牌第一家门店全面媒体化改造后，营业额增长了31%，剩余六家店全部改造完成后，营业额比上年提升了26%，这对餐饮业来说无疑是极为优秀的成绩。截至2019年，牛小灶门店发展到15家，营业额比两年前增长了200%。

对于企业而言，广告营销意味着一定比例地挤占总收益，而全面媒体化，则是合理规划企业的宣传成本，充分挖掘一切可能的媒体位。一方面，在固定支出的项目中寻找能被利用的媒体位，让门店、产品、店内布置、包装等企业的必要支出同时肩负广告的功能；另一方面，在海报、户外广告、招牌、官网、分众广告等原本就是广告宣传的位置充分凸显核心产品优势，提升品牌价值，简化消费者决策流程，提供消费者购买理由，最终实现品牌播传。

第十三题　什么是包装即媒介？

随着人们日常生活水平的提高，仅仅正餐吃饱、吃好已经不能满足人们的需求，早年间五颜六色的水果糖、后来五花八门的巧克力，给人们带来愉悦和快感。不过随着人们健康观念的升级，糖分和脂肪过多对身体有危害的观念已经深入人心，坚果这种富含优质蛋白质、不饱和脂肪酸且胆固醇低的零食届“小天使”走进人们的视野。连《中国居民膳食指南》都建议成人每天应摄入25~35克的大豆及坚果。

中国的坚果市场近年来在快速扩张，坚果种类和食用方法不断升级换代，向更加精细化、科学化方向发展。2015年沃隆首创了一款产品“每日坚果”，点燃了坚果行业的新热点，洽洽、三只松鼠、百草味等坚果零食领域的头部品牌相继加入战团，不到五年时间就缔造了一个百亿商业帝国。里斯数据预测，到2030年中国坚果市场规模将提升至2 000亿元，增长潜力巨大。

快速发展的蓝海通常也会快速进入竞争的红海。一方面是庞大的市场潜力，另一方面是市场上的坚果类产品同质化现象严重。随便走进一家超市，里面坚果区的货架上所有名叫“每日坚果”的产品包装都非常相似，包装基本上都罗列坚果的图案，黄色系的背景中用不同种类坚果的外观拼成数字、手指或者爱心的形状。产品缺乏符号性，消费者极易产生“选择困难症”。而消费者抱怨的“选择困难症”发作，很多时候是由于商家的营销没做到位：产品信息不充分，商品包装设计不科学，品牌信号能量不够大，购买理由不充足。

消费者知道吃坚果对身体好，但不知道应该吃哪些坚果、什么坚果品牌好。各品牌都在宣传自家坚果是人体健康所需，但各自产品的优势具体是什么却很难让人一眼看出来，消费者接收不到有价值的信息和行动指令，站在货架前挑选商品时要花费大量的时间去阅读包装、咨询店员、比对信息，决策成本非常高。运用超级符号原理，洽洽对每日坚果包装进行了改造，使其在这场竞争中赢得了先机。新产品洽洽每日坚果“小黄袋”上市首月，销量提升了120%，上市三个月，洽洽股价飙升。

超级符号理论本质上是修正人们对传播和媒介的理解。超级符号认为一切传播都是符号的编码和解码，最理想的品牌传播是运用解码的规律去编码。因为信息的传播过程通常是一个不断损耗的过程，转换率极低。超级符号则不仅解决了损耗问题，而且能实现信号和媒体的双重放大：一是在解码时抓取接收者的潜意识，使得信号放大；二是将接收者转化为发动者，发动播传，实现媒体放大。

第一节　不胫而走：商品比广告“跑得更远”

（扫描二维码，观看本节课程视频）

洽洽每日坚果的决胜关键是从重新设计包装开始的。为何要从包装开始调整而不是斥巨资在大众媒介上投放广告呢？主要是因为商品比广告“跑得更远”。在媒介种类日趋多样化的今天，品牌方在大众媒介上无论花多少钱做广告，都不可能覆盖到所有人，消费者很可能没看过品牌的广告。洽洽每年销售十亿袋产品，这十亿袋产品的包装就是十亿个广告位，在任何一个大众媒介投放广告，都不可能达到这十亿个广告位的效果。

喜欢吃坚果的顾客会自动走向超市的坚果货架进行挑选，天然地成为品牌的“目标消费者”。对于每日坚果这类快销品，各类零售终端的货架是它们的主战场，产品包装是它们的广告位。商品即信息，包装即媒介。当产品本身作为品牌与消费者的首次接触发生在货架前，在同类竞品中要能快速被识别，提供明确完整的产品信息、发送清晰的购买指令、提供流畅的购买指南、充分发挥商品本身的自我营销能力就显得尤为重要。

洽洽每日坚果的“包装革命”主要分为以下几个步骤。

一、用修辞展现科技魅力

洽洽是个成立20多年的国民品牌，拳头产品洽洽瓜子曾经是一代人的美好回忆。现在洽洽着手开辟坚果业务，并制定了“五年百亿，坚果第一”的战略目标，在坚果产品的技术研发和产品规划方面下了很大的功夫。2017年洽洽在“干坚果贮藏与加工保质关键技术及产业化”方面获得了国务院颁发的国家科学技术进步奖。坚果产品的储存和保鲜一直都是个难题，早年间许多坚果零食都采用“贴牌代加工”的方式上市，产品质量不稳定，坏果率较高，保质期较短。现在的坚果食品不但在品类上有了诸多花样，在产品质量方面也有了较快发展，能在保留美味和营养成分的同时尽量延长保质期，全自动化的生产设备代替传统的手工方式，实现安全量产。洽洽掌握了核心技术，保证了高品质坚果高溢价的可能性。把“掌握关键保鲜技术”作为品牌谚语印在洽洽每日坚果的包装上，不仅建立了洽洽产品的竞争壁垒，更回归了整个坚果行业的本质①。国家级的技术背书，无须过多渲染，就能让消费者明白洽洽每日坚果的优势所在，在这句品牌谚语中，修辞是发挥威力的关键。“掌握”“核心”“技术”让编码和解码的效率和行动指令最大化，消费者一下子就接收到了信号。

二、用符号创造货架优势

超级符号原理主张用“货架思维”指导包装设计，货架思维就是把产品出现的一切场合都视为货架，一切创意都要以货架上抓取竞争优势为导向。货架不一定是超市真实的货架，对于汉庭酒店来说，大街就是货架，酒店大楼就是商品包装，通过在大楼楼顶设立“爱干净，住汉庭”六个大字，路过的人群可以从众多大楼里识别出汉庭酒店；对于老娘舅来说，商业中心就是货架，左右相邻的肯德基、必胜客就是一起陈列的商品，黑底黄字的招牌、店头上碗里有一个“舅”字的标识和“米饭要讲究，就吃老娘舅”的广告语就是老娘舅的包装。洽洽每日坚果的新包装保留了原来包装的明黄色底色，这是通过相似的符号体系来区别商品种类。如何才能向消费者发送更大的信号？新款洽洽每日坚果在包装上增加了一个全世界都熟悉的荣誉符号——红色绶带，快速抓住了消费者的眼球，把获得国家科学技术进步奖的荣誉用红色绶带扩住，既体现了这个奖的珍贵，也在明黄色中划出了一条清晰的界限，红黄两色的强对比效果十分醒目，因而能让消费者一眼从货架上众多的坚果产品中发现洽洽。

三、把消费者最想知道的问题写在包装上

消费者站在货架前通过收集商品信息决定是否购买，最关注以下三个问题：这是什么东西？里面有什么？多少钱？一线卖场的好处是消费者和商品的直接接触，商品的包装设计、货架陈列、商品的形状和气味、商品的触感、

① 华杉，华楠. 超级符号案例集[M]. 南京：江苏凤凰文艺出版社，2020：112–119.

商品的配料表、生产日期、生产厂家信息，都能在拿起商品的同时获知，但消费者并不会把所有的商品都拿起来仔细端详，对于大多数商品只匆匆瞥上一眼，只有少数十分熟悉的商品会通过拿起细看的方式决定购买与否。那么在货架上的商品和其他同类产品放在一起时就展示了一种竞争态势，要通过简单的陈列吸引顾客前来查看，就要在最短的时间内用商品本身来帮消费者解决他们最关心的问题。基于一线货场对消费者的观察，洽洽每日坚果在第一面印刷了袋中究竟有什么——“每袋含4种坚果+3种果干”，旁边是每种坚果和干果的名称、产地和单颗图案，力争把最有价值的信息放在最前面。

四、给产品起个昵称

洽洽每日坚果的包装上印刷着产品的本名和昵称，本名是“每日坚果”，昵称是“洽洽小黄袋”，用昵称概括商品是为了方便消费者播传，说给别人听，因为传播本质上是听觉问题。这种做法在其他产品品类里也十分常见，以护肤品品牌为例，护肤品的全称往往字数较多又比较拗口，比如“雅诗兰黛特润修护肌透精华露”，俗称雅诗兰黛“小棕瓶”，是雅诗兰黛的核心产品，据说每15秒全球就售出一只“小棕瓶”。从1982年雅诗兰黛推出了世界上第一瓶精华液，到2020年“小棕瓶”已经发展到第七代，瓶身设计基本保持不变，棕色的方形矮瓶让很多人几乎忘记了它的本名，都用“小棕瓶”来称呼它。这种命名方式成为当下护肤品营销的一种惯例，各品牌几乎都会给自家的核心产品起一个昵称，比如兰蔻“小黑瓶”、资生堂“红腰子”、Olay“大红瓶”等。在自媒体盛行的时代，护肤品的营销主战场转向线上，头部KOL在直播间和短视频里向消费者大声“种草”，要想快速地让消费者记住这些产品的名字，跟随“种草”去购买，那就要起一个亲切又响亮的名字，方便大声说出来，说给别人听。

商品能够到达零售终端，创造无数个与消费者直接接触的机会，而广告只能在有限的几类大众媒体上发布，因而商品比广告“跑得更远”。商品的超级符号比商品“跑得更远”，因为品牌通过为商品设计包装凸显品牌超级符号，让顾客可以把商品的特征说给别人听。哪怕一个人从没见过苹果，周围人告诉他苹果很好吃、有营养，那么当他看到苹果的时候就能立刻认出并想要尝试。品牌的营销信息能够不胫而走，除了依靠投放广告，还要更多地依靠消费者的播传，设计一个能够被识别、被记住的商品包装，能让商品走到更远的地方。

第二节　一目了然：包装的本质是信息“炸药包”

（扫描二维码，观看本节课程视频）

在改造洽洽小黄袋包装的时候，我们提到了把最重要的信息印在包装的第一面，实际上作为三维空间的存在，包装不止一面。按照超级符号理论，商品包装不分正面反面，而是分为第一面、第二面、第三面……就像一期报纸分为头版、第二版、第三版一样，包装的每一面都是广告位，都肩负着传播品牌信息的任务，报纸的每一版也在按照栏目定位向读者传达信息，最重要的新闻放在头版，其他内容依次放在其他版面。所以品牌对包装的每个角落都要重视，让包装的每一面都发挥媒介的信息传播作用，并根据消费者的阅读习惯和使用场景来规划信息[1]。包装的本质是品牌信息的“炸药包”，所有信息都能释放能量信号，组合在一起就能给消费者巨大的刺激。超级符号理论认为，优秀的包装设计能极大地降低品牌营销传播成本。这里所说的品牌营销成本主要是货架上的产品陈列成本，在琳琅满目的货架上快速吸引消费者的注意力，携带消费理由和购买指令，“炸开”消费者的心智，达成购买[2]。

以洽洽每日坚果小黄袋包装为例，我们总结出几条关键设计，可以帮助消费者以最快时间驱散信息的不确定性，并下达购买指令。

第一，进入消费场景，基于“三现主义”。所谓“三现主义”，是指现场、现物、现实。超级符号理论认为品牌应进入顾客消费场景，通过品牌超级符号体系改善包装设计、货架陈列和广告宣传，把顾客从普通受众一步步转化为体验者、消费者和传播者。只有进入消费场景，才能准确把握消费者的需求。洽洽是令人信赖的大品牌，要让顾客一下子就知道这是洽洽的产品，如果原标识能让半径1米周围的人看到，把标识放大3倍，根据公式$S=\pi r^2$，传播范围就能放大9倍，就能让离货架更远的顾客快速发现并识别洽洽小黄袋。

第二，品牌符号+品牌谚语，超级符号体系放大声量。黄色包装第一面上印刷红色绶带，增加产品识别度，品牌谚语突出产品核心优势，红色斜杠整齐排列，增加货架的陈列优势。第二面再次印刷红色绶带和品牌谚语，通过重复帮助消费者记忆产品重要信息，并附加一张“国家科学技术进步奖证书”

① 华杉，华楠. 超级符号案例集[M]. 南京：江苏凤凰文艺出版社，2020：127.

② 华杉，华楠. 超级符号就是超级创意[M]. 南京：江苏凤凰文艺出版社，2019：109.

图，标明证书编号，增加权威背书的可信性和可验证性。

第三，用消费者熟悉的语言解释产品科技优势，突出产品购买理由。圆圈状“鲜”字标和“无添加”绿色飘带，回答消费者最关心的问题之一——产品新鲜不新鲜，健康不健康？“鲜”字标上下环绕小字“奶粉级保鲜包装”——用类比手法让锁鲜能力具像化；“含氧量<1%”用数字说明优势，保鲜能力可量化。“无添加”下小字“坚果不添加香精、色素”，进一步突破消费者的心理防线。

第四，产品信息可视化，解决消费者最关心的问题。洽洽小黄袋第一面的坚果和干果特写，回答消费者最关心的问题——这里面有什么？把以前坚果拼成的“6”字图案变成“名称+产地+特写”，无须再配备促销人员向顾客解释产品。“7日装（内含7小袋）”和包装袋侧面开窗，解决消费者关心的“这里面有多少？”的问题；标明产品规格，产品内容可视化，广告不再是“图片仅供参考”，而是“所见即所得”，方便顾客核算价格，按需购买。

商品包装是比广告“跑得更远”的广告。近代工业革命使产品能够量产以来，商品包装应该如何设计，一直都是人们关心的热点话题。20世纪最为经典的饮料包装非可口可乐莫属，瓶身就是可口可乐的超级符号。透明玻璃流线瓶装满棕色液体，瓶身上印刷着可口可乐经典飘带形状的标识，仿佛是梦露曼妙的身体曲线。有人说玻璃瓶装的可口可乐味道喝起来要比其他材质包装的可乐味道更好，除却玻璃比铝罐的密封性更好之外，玻璃的质地和瓶身的触感应该也是重要因素。据说这个经典瓶身是这样设计出来的：第一次世界大战爆发后，为了给在欧洲的美军提供量产饮料，可口可乐公司组织了一场设计大赛，希望设计出理想中的瓶子：就算身处黑暗也能仅凭触摸就能辨认出来；即便掉在地上碎了，也能被看出是可口可乐瓶。大赛的最终胜出者是印第安纳州（Indiana）的鲁特玻璃公司。设计师厄尔·R.迪恩（Earl R.Dean）在翻阅百科全书时看到可可豆荚植物的插图，从而获得了灵感。最初的瓶子更加丰腴，在流水线上生产时时常翻覆倾倒。1920年改进成略微细长的弧形，遂成为流传至今的经典包装设计。

在一本轻松愉快的经济学入门书《牛奶可乐经济学》中作者提到了一个司空见惯的问题：为什么可乐的瓶子是圆形的，而牛奶的瓶子是方形的？据说可乐通常会直接饮用，圆瓶特别是带着稍细一截的“美人腰”设计方便手持，而牛奶往往会倒入其他的容器里再饮用；另外牛奶由于其保质期较短，需要在冷藏柜里储存，方盒密集地摆放在一起，可以节省冷柜里的空间，存储更多的牛奶，但可乐不是必须一直放在冰箱里保鲜，如果人们喜欢冰凉的口感，只要在饮用前的一两个小时放进冰箱冷藏就可以。

包装首先为了分装、存储商品存在，通过密闭的包装隔绝空气和细菌，方便运输到更远的地方。但包装的作用远不止于此，在美国近代品牌史的早期，包装就开始发挥它的媒介作用。1851年美国密西西比河畔的码头工人在宝洁产品的纸箱上标上一个星星，购买者把这个星星当作质量标记，如果分销商找不到这个标记，就会拒绝接受这批货，最后宝洁把所有产品的包装上都标上了星星，因此拥有了一大批忠实的客户[①]。可见，170多年前的商人就开始通过包装设计传达品牌价值，降低信息传播成本，今天的人们如果还把包装的作用看得太简单，就很难在市场竞争中胜出。

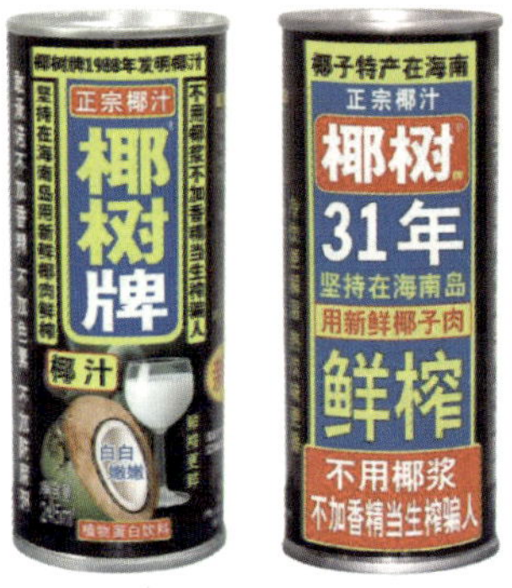

图13.1　椰树牌椰汁包装

在中国也有一个以高识别度、高信息含量的包装著称的饮料品牌——椰树牌椰汁。人们总喜欢从设计的美感角度抨击椰树牌椰汁的包装，因为它不太符合今天设计界流行的审美：低色彩饱和度、留白、大图小字、莫兰迪配色等。椰树牌椰汁的包装设计几乎和以上流行审美完全相反，黑底黄色大字，高对比度的色块对撞，瓶身写满了字，几乎找不到一点空白的地方。有人开玩笑说，从这个包装看，似乎这家公司的老板总是有很多话要说（见图13.1）。

和人们的嘲讽形成鲜明对比的是，椰树牌椰汁的销量持续逆势增长。“2020年海南省企业100强名单”显示，椰树集团有限公司实现营收43.289 6亿元，排名全省第25位，截至2021年，营收约为50.57亿元。2022年4月11日，椰树牌椰汁与瑞幸咖啡推出联名款饮品“椰云拿铁”，除了原料使用了椰树牌椰汁外，杯盖和包装袋也是典型的椰树牌椰汁的经典设计风格；4月12日，瑞幸咖啡宣布该款饮料首日全国总销量突破66万杯。这款饮品在网络也受到火爆追捧，一些没有抢到联名款的顾客在家自己动手制作，用椰树牌椰汁自制联名款饮料，上传照片到社交媒体，收获了一波点赞评论。

① 王海忠. 高级品牌管理[M]. 北京：清华大学出版社，2014：37.

消费者说的和做的经常是两回事，这一点从可口可乐当年试图通过问卷调查获知消费者意见、推出樱桃口味的可乐却一败涂地可以得到证明。当我们走近一家超市的货架，椰树牌椰汁的包装往往一眼就能被认出来。黑色、黄色、红色、蓝色是它的主色调，纸盒装、易拉罐装、整体的包装箱乃至海口椰树集团总部门头，都淋漓尽致地体现了“包装即媒体”的思想。通过分析椰树牌椰汁的包装可以发现一个非常鲜明且“单一”的主题，那就是椰汁的品质保障。椰树牌椰汁包装几经更新，基本上都保留了以下内容要素：

（1）品牌历史：年份每年更换、“椰树牌发明椰汁”。

（2）制作工艺和成分承诺：“鲜榨”“不用椰浆不加香精当生榨骗人”“敢承诺不加香精、不加色素、不加防腐剂”，配料表（国标允许使用的）中香精、色素、防腐剂添加量（%）为0。

（3）产品和原料产地：“坚持在海南岛用新鲜椰子肉鲜榨”。

（4）服务热线：手机号和客服电话。

（5）品牌谚语：“椰子特产在海南，正宗椰汁椰树牌”“敢承诺不加香精，不加色素，不加防腐剂”。

（6）品牌图形：椰子、椰汁或椰子树。

从包装上看，椰树牌成功的关键可分为如下三点：第一，重复。椰树牌椰汁包装虽多次修改，但整体设计风格和品牌符号基本不变，30多年来已经深入人心，产品在货架上的竞争优势突出，很容易就能被识别出来，可见重复是达成传播效果的关键。第二，信息链完整。包装上注明了消费者最为看重的有关产品品质的信息，分别从产地、成分、工艺等方面消除消费者的疑虑，降低了产品与消费者的信息沟通成本。第三，信号能量大。每一瓶椰汁都是一个广告位，长期大声宣传产品价值，信号能量巨大，对消费者能产生较大的刺激。

第三节　惊鸿一瞥：探索包装的终极奥义

（扫描二维码，观看本节课程视频）

包装设计的评价标准是什么？是登上印刷精美的设计年鉴被同行赞叹，还是出现在人声鼎沸的卖场货架被顾客疯抢？很多设计师肯定更希望自己的作品能登堂入室，成为美学典范和学院教材。那顾客喜欢什么样的设计呢？是美的设计还是有用的设计呢？超级符号理论认为，包装设计的终极奥义在于消除消费者在选购商品时的不确定性，评价设计的第一步是要看它是否满足了功能价值。好的包装设计首先要能在货架上突出产品，其次要通过包装上的符号和信号提高包装的销售沟通效率。包装让产品自己会“说话”，所以我们说，商品即信息，包装即媒介。超级符号理论主张设计的评价标准应回到包装承载的核心价值上来。

前文我们讨论的椰树牌椰汁，许多人说它“土到极致就是潮流”，它的成功完全在于它“与众不同的难看”。那么是否意味着只有“土”才能获得陈列优势呢？显然不是。椰树牌椰汁的成功在于醒目的包装和高品质的产品，而不在于“难看”。椰树集团一年销售额达几十亿元，产品赢得了顾客的尊重和认可，至于包装好不好看并不是最重要的。

包装设计的美可以和包装存在的第一目的兼容，包装即媒介是包装设计存在的第一目的，但审美是多元的，很难做到统一。当品牌探索的“美的向度”恰好与品牌营销信息的传播统一时，这种美就能促进品牌价值的传播和增值，反之则没必要，或者至少对现阶段的品牌而言没必要。同样是饮品，农夫山泉的瓶身设计就很好看，也很醒目。随着大众生活水平的提高，饮食摄入的一个关键关注点就是健康。人们饮水不再满足于解渴，水中的矿物质和微量元素是否丰富、水质是否清洁、水源地生态是否良好，成为评价一瓶水好不好的指标。农夫山泉创牌20多年，经历了瓶装水市场从纯净水、矿物质水到弱碱性水、蒸馏水等多个竞争热点阶段，最终锁定了“健康水，天然水”这一产品价值，既“农夫山泉有点甜”之后，“我们不生产水，我们只是大自然的搬运工”这句经典广告语也深入人心，成为品牌的超级话语。在其他品牌的瓶装水还在诉求产品的口感、成分时，农夫山泉从“天然水”这个角度出发，讨论水与自然的关系，把中国传统文化中“天人合一”的哲学思想作为品牌的文化母体，在消费者中间赢得了极高的赞誉。

以农夫山泉雪山矿泉水包装为例，产品设计的主旨是表现水质优异，内在逻辑是通过展现水源地的美丽让消费者对农夫山泉的水质形成感性的认知和诗意想象。瓶身大片留白，体现了水质的纯净。标签上主要有“农夫山泉”的红色标识、手绘的动物特写和数字。长白山是农夫山泉的四大水源地之一，将栖息在雪山的东北虎、花栗鼠、中华秋沙鸭、松雀鹰四种动物用剪影半镂空的方式印在瓶身上，与雪山、森林、泉水交织在一起，既展现了自然之美，又展现品牌的人文情怀，消费者把所有对雪山的美好想象和对我们所居住的地球的热爱转化成对品牌价值的认同。全套四种瓶身上分别印着数字58、240、1000、1588，每个数字体现了对大自然的关切和注解，所表达的含义通过白色小字印在瓶身。

（1）58：长白山已知国家重点保护动物有58种，其中东北虎为国家一级保护动物。

（2）240：长白山已知野生鸟类有240种，其中珍稀鸟类鹗为国家二级保护动物。

（3）1000：在长白山栖息的中华秋沙鸭目前全球仅存不足1 000只，这个从第三纪冰川期留存下来的物种非常稀缺。

（4）1588：长白山已知野生动物多达1 588种。

包装设计的评价标准并非“审美”与“审丑”的意义之争，而是如何通过对品牌超级符号的排列组合让产品在货架上获得陈列优势。这个货架既存在于实体店铺，也存在于街道城市，还存在于电商平台。电子商务时代，人们的购物方式发生了根本性的改变，移动终端使用者的信息主动检索能力大大增强，大数据推送让相似的产品一直出现，人们一方面获得了信息在数量上的极大自由，另一方面又身处在“信息茧房”中无法自拔。对于品牌营销信息的传播来说，以意见领袖为代表的消费者的播传将极大地影响到商品的口碑和销售。在电子商务时代，商品即信息的属性在更广阔的空间中被激发出来，大多数商品在购买环节都以虚拟的形态存在，消费者既不能摸也不能闻，商品的物理属性坍缩成一个符号，需要通过商家发布的产品介绍、意见领袖的使用心得、已经完成购买的消费者消费体验分享、大众媒介和私域流量的展示和定义，在消费者心目中累积整合成一个购买理由。“商品即信息，包装即媒介”的基础逻辑仍然适用，不同的是，电商商品的包装设计原则除了具备货架陈列优势，还要不须点击放大就能看清，从而达到说服购买的目的。

超级符号理论认为，品牌营销信息的传播必须对媒介重新思考，对媒介环境重新规划设计，目的是尽可能降低与顾客的沟通成本，降低顾客的决策成本，促使其尽快达成购买。因而超级符号理论主张用货架思维去进行包装设计，在改善产品包装前，设计师和产品团队应先去货架前观察一段时间，看看在销售场景中消费者和产品之间是如何发生信息沟通的。我们认为品牌的“全面媒体化”可以解决这个问题，当消费者站在琳琅满目的货架前，我们的产品要做到通过“惊鸿一瞥”就能吸引到消费者的注意力，品牌蕴含的文化母体元素要让消费者“一见如故”。商品包装是宣传商品的第一媒介，能让消费者对商品“一目了然”，极大地缩减消费者的沟通成本和决策成本，商品的超级符号和品牌谚语下达购买指令，消费者购物完成，并向他的人际关系网宣传这个产品的优点，宣传过程中使用的话语是品牌预先设计的预制件，帮助消费者组织语言和表述意义，品牌形象、品牌价值、品牌口碑随着消费者的播传“不胫而走”，到达比广告和商品可触及的更远的地方，品牌通过流量“永动机”不断带来新的顾客，品牌资产在这个过程中被逐渐累积起来。

第十四题　什么是品牌资产？

第一节　拍照大声喊田七——田七牙膏

说起田七，大家都知道它是一种中草药，其学名为“三七”，具有化瘀止血、活血定痛之功效。同时，一定还有不少人会记得，田七还是一个牙膏品牌，即曾经享誉全国的“田七牙膏”；当然，如果记得“田七牙膏”，那么没有理由想不起它的广告——“拍照大声喊田七”（见图14.1）。

（扫描二维码，观看本节课程视频）

图14.1　拍照大声喊田七广告

曾几何时，“拍照大声喊田七”的广告让田七品牌闻名大江南北，成为70后、80后抹不去的“集体记忆”。也正因为这则广告，“田七牙膏”至今还“活”在人们的日常生活中。只要是拍集体照的场合，我们总能看到一些人拍照时大声喊“1——2——3——，田——七——！”

诞生于1945年的田七品牌，称得上是历史悠久的民族品牌。其产业所在地为广西梧州，当地人崇尚健康养身，把田七这一传统中药材加入牙膏之中，创造了最早的中药牙膏。不过，在相当长的时期内，田七始终是一个区域性的地方品牌，从全国市场来说还是籍籍无名，几乎没有什么影响。

至于田七牙膏的母公司——广西梧州日用化工厂（后改组为广西奥奇丽

① 并购终落定，中恒集团能否重振田七昔日雄风？[EB/OL]. [2022-05-30]. https://baijiahao.baidu.com/s?id=1680422050724240065&wfr=spider&for=pc.

股份有限公司，以下简称为“奥奇丽”），其实是一家传统的国有企业，在企业经营、产品开发、市场拓展以及品牌推广等各个方面都比较稳健，因此田七牙膏的销售一直都不温不火。有资料显示，田七牙膏的年销售额大概在6 000万元左右[①]。

田七牙膏的传奇故事，一般认为始于2002年。这一年，奥奇丽被哈尔滨晓升广告传播集团公司收购（以下简称为“晓升集团”），让田七品牌迎来特殊的发展时期。晓升集团凭借自己在品牌运作方面积累的经验，启动了田七牙膏在全国市场的推广。“拍照大声喊田七”的广告在全国60多家电视频道播出，起到了立竿见影的效果，使田七牙膏当年的销售收入就突破了5亿元。

2004年田七牙膏更达到年销售量4亿支，销售收入10亿元[②]。田七品牌旗下一个单品一年就可卖得2.6亿元。这让田七比肩高露洁、佳洁士、中华等品牌，成为国内牙膏市场的四强之一。

遗憾的是，田七牙膏声名鹊起之后，奥奇丽开始进行多元化的快速扩张，但由于自身的产业链不完整、生产能力不强以及质量控制不到位等问题，到2014年企业陷入资金链断裂的困境，田七牙膏被迫停产。其后虽然经历了重组并恢复了生产，但未能摆脱经营不善的漩涡。

2019年6月，奥奇丽公开将部分资产进行拍卖，包括其所有的位于梧州市园区一路1号土地的使用权，梧州市旺甫外向型工业园区A7、A8土地使用权及地上的房屋、建筑物，生产设备(牙膏、湿巾)，“田七”57个商标，这批资产被估值2.3亿元。但最终无人竞拍而以流拍告终。

2019年8月，奥奇丽向法院申请破产。此后，奥奇丽破产管理人决定，并经过债权人会议通过及梧州中院准许，注册设立奥奇丽全资子公司——田七化妆品公司（以下简称“田七化妆品”），将其原持有的牙膏产品的生产许可证转至田七化妆品公司名下，用以恢复生产田七牙膏。

此时有传闻称，广西梧州中恒集团股份有限公司（以下简称为“中恒集团”）将收购田七品牌。2020年10月11日，中恒集团正式发布公告，称法院裁定批准奥奇丽重整计划；在重整完成后，中恒集团将持有奥奇丽全资子公

① 陈保洁. 国货之光田七牙膏是如何没落的[EB/OL]. [2022-05-30]. https://zhuanlan.zhihu.com/p/346207139.

② 陈保洁. 国货之光田七牙膏是如何没落的[EB/OL]. [2022-05-30]. https://zhuanlan.zhihu.com/p/346207139.

司——田七化妆品不低于55%的股份，实现对后者的控制[①]。

中恒集团作为一家大型中药企业，主营业务涉及医药制造、保健食品和中草药种植等几大板块。2019年中恒集团总营收为38.14亿元，其中制药收入为33.95亿元（血栓通占比超过80%，其主要原材料就是三七），比上年增加7.7%，毛利率高达91.91%，利润主要来自其子公司——拥有90年历史的梧州制药集团。

因此，中恒集团入主田七化妆品，本质上是力图改变其经营结构单一的问题，通过打造一个"中药—化学药—生物医药"三位一体的发展格局，来培育新的增长点，并加快公司的转型升级。毫无疑问，田七品牌的加入在一定程度上延长了中恒集团的生产线，丰富了其产品种类，顺应了企业转型升级的战略规划。

此外，中恒集团之所以看中了田七品牌，也是因为田七品牌自身还具有一定的战略价值。资深营销专家曾如此点评："田七品牌回血较为困难，中恒若想继续投入发展，各项成本将会非常大。从另一层面考虑，中恒也许更看中田七品牌背后沉淀的固有资产和相关资源。"[②]

我们不禁要问，田七品牌背后到底沉淀了哪些资产？相比较那些土地、厂房、技术之外的固定资产，我们更加关心的是：品牌资产究竟是什么？因此，在我们引入超级符号理论的相关观点之前，我们先简要地做一个回应。

对于那些不明就里的年轻人来说，"拍照大声喊田七"这个行为好像是一种习惯，有点"知其然而不知其所以然"。否则，百度知道上不会总有人在持续不断地提出这样的问题，同时又总有人不厌其烦地给出自己的回答：

——提问：拍照为什么要喊田七？

——回答：就是为了拍照的时候，露出笑容，而笑容最好是露着牙齿的笑容。研究表明，露着牙齿的笑容是最真心的，所以拍照的时候都愿意留下那一刻。有的人会说"耶——"，有的人会说"茄子""田七"，其实只是因为说出这些字的口形像在笑一样（引自"啤啤宝宝爱你呦"的发言，2021年8月18日）。

——提问：照相的时候为什么要喊"茄子"和"田七"？谁可以告诉

① 并购终落定，中恒集团能否重振田七昔日雄风？[EB/OL]. [2022-05-30]. https://baijiahao.baidu.com/s?id=1680422050724240065&wfr=spider&for=pc.

② 新东家中恒集团接盘，曾经的国货之王田七牙膏还能复活吗？[EB/OL]. [2022-05-30]. https://baijiahao.baidu.com/s?id=1672464076151482724&wfr=spider&for=pc.

我啊?

——回答：起初外国人照相爱说“CHEESE”（奶酪），因为发音时脸上的表情像在微笑，后来被中国人引用这个习惯就变成了“茄子”，而现在也不说茄子了，都变成了“田七”……流行都是靠人的创意带动的嘛（引自“弦之月NONO”的发言，2007年5月19日）。

——提问：拍照时喊“茄子”和“田七”有什么区别?

——回答1：没什么区别，只不过敝人更倾向于喊“田七”，因为喊的时候能想起广告上那幸福的一家子（引自“罗彩哀海颖”的发言，2020年6月18日）。

——回答2：“茄子”不会付你广告费；喊“田七”，你就是牙膏的代言人（引自“水大少爷”的发言，2015年1月26日）。

这十多年来，田七品牌的命运可谓坎坷，并多次面临生死大考。事实上，即使被中恒集团收购之后，田七牙膏重新进入人们的视野，依然还是有人怀疑它是否真的有未来。不过，正如网民“水大少爷”所说的，“喊‘田七’，你就是牙膏的代言人”。我们每一次拍照时喊“田七”，就等于为田七品牌做了一次免费的口头广告。因此，只要“拍照大声喊田七”还被人记得，只要人们拍照时还有人大声喊“田七”，田七品牌就有希望。

可以说，“拍照大声喊田七”就是田七最为重要的品牌资产。这个观点的背后是超级符号理论对于品牌资产的理解。

第二节　回归初心：品牌资产的策略性动机

（扫描二维码，观看本节课程视频）

要说清楚任何概念，恐怕都要回到概念的历史中，考察此概念诞生时的“动机”，这也许有助于我们理解这个概念。在我们看来，品牌资产虽然与品牌价值联系紧密，但其暗含的策略性动机让它与品牌价值有了根本性的区别。这是我们理解品牌资产概念的基础，也是把握品牌资产概念的关键。

一、品牌资产概念的提出

虽然品牌的起源最早可以追溯到中国、古希腊、古罗马等文明古国的陶器刻画符号，但现代意义的品牌管理实践直到20世纪30年代才出现。1931年宝洁公司的尼尔·麦克罗伊（Neil McElroy）首次提出“品牌经理制”，并以此为基础建立了“品牌管理系统”[①]。这意味着品牌实践穿越了数千年的商业文明史，最终沉淀为企业经营管理不可或缺的重要制度。

当然，系统化、科学化的品牌管理，则始于20世纪80年代品牌资产（brand equity）概念的发现和提出[②]。当时，全球特别是发达国家中大规模的企业兼并和收购浪潮涌现，品牌作为无形资产所具有的价值得到了初步确认。如，1985年，Reckitt & Colman Airwich兼并Industries，为继续使用后者的品牌名，前者多付出了1.25亿英镑；1988年雀巢（Nestle）花费26亿英镑收购了账面价值只有3亿英镑的Jacobs Suchard公司（拥有Milka、Lila Pause和Toblerone品牌）[③]。正是在这样的背景下，品牌资产概念应运而生，并吸引了学者们的关注。

显然，品牌资产概念的提出受到了品牌价值评估需求的启发和推动。有学者指出，“对品牌资产的关注最早来自品牌价值”[④]。可以说，从“品牌资产”概念诞生之日起，它就与“品牌价值”概念纠缠在一起。

二、品牌资产概念的模糊

四十多年来，品牌资产作为学术概念，一直风靡于全球的广告和营销学界，成为炙手可热的重要研究课题。以中文文献为例，标题中出现“品牌资产”（含品牌权益、品牌价值）的学术文献共有13 847篇，在品牌研究的全部文献中占比超过10%[⑤]。

不过，火热的研究现状下，品牌资产概念却“面目模糊”。凯文·凯勒曾

---

① 品牌经理制的要点包括三个方面：①企业为其所辖的每一个子品牌都专门配备一名具有高度组织能力的品牌经理；②品牌经理对其所负责品牌的产品开发、产品销售以及产品的利润负全部责任；③品牌经理统一协调产品开发部门、生产部门及销售部门的工作，负责品牌管理影响产品的所有方面以及整个过程。参见：李晓青，周勇. 中外企业品牌管理研究综述[J]. 商业研究，2005（21）：77–80.

② 根据学者的梳理，在品牌资产理论提出之前，有关品牌理论还有20世纪50年代的USP理论、60年代的品牌形象策略、70年代的品牌定位理论等。参见：乔均，储俊松，傅培培. 品牌权益模型理论研究综述[J]. 南京财经大学学报，2006（6）：54–58.

③ 莱兹伯斯，齐斯特，库茨特拉. 品牌管理[M]. 李家强，译. 北京：机械工业出版社，2005：6.

④ KRISHNAN H S. Charateristics of memory associations：a consumer–based brand equity[J]. International journal of research in marketing，1994（13）：389–405.

⑤ 这里的“品牌研究文献”，特指“在标题中出现‘品牌’一词的全部文献”。根据笔者对中国知网的检索，截至2021年12月29日，标题中出现“品牌”一词的全部文献共有302 211篇。

经感叹："品牌资产是20世纪80年代出现的最流行和最有潜在价值的营销概念之一。然而，品牌资产概念的出现，对于营销人员来说可能既有利也有弊。有利的一面在于：品牌资产提升了品牌在营销策略中的重要性，同时为管理和研究活动提供了重心；不利的一面在于：品牌资产概念因为不同的目的而有各种不同的定义，从而导致混乱和概念上的混淆。到目前为止，还没有就如何对品牌资产进行概念化和评估形成一致的观点。"①

单就我国的情况来说，对于"brand equity"一词，不同学者曾有不同的翻译。北京大学付国群主张将其理解为"商标资产"（1999年），南开大学范秀成认为它应该译为"品牌权益"（2000年），中山大学卢泰宏权衡再三后将其表述为"品牌资产"②。虽然此后"品牌资产"一词逐渐被学界和业界广泛接受，但其内涵和外延与品牌价值存在着"剪不断、理还乱"的关系。这两个概念经常被业界混用；即使是学界，也常常对它们不做严格的区分。如，我国著名的营销学者、中山大学卢泰宏教授在《品牌资产评估的模型与方法》一文中，就简单地将"品牌资产评估"等同于"品牌价值评估"③。

之所以出现概念的混用，与品牌价值概念的快速"出圈"有关。在短短的十数年内，不计其数的品牌价值评估模型被提出。其中，最为著名的莫过于国际品牌咨询机构（Interbrand）、《金融世界》杂志的模型。从20世纪90年代初开始，各种品牌价值评估报告持续公布，对全球品牌建设产生了重大而深远的影响（见表14.1）。

表14.1　2021年全球最佳品牌排名（前10位）④

排名	品牌名称	品牌价值（亿美元）	国家	领域
1	苹果	4 082.51	美国	科技
2	亚马逊	2 492.49	美国	科技
3	微软	2 101.91	美国	科技

① 凯勒. 战略品牌管理[M]. 3版. 卢泰宏，吴水龙，译. 北京：中国人民大学出版社，2009：34.

② 刘国华，苏勇. 多视角下的品牌资产概念述评[J]. 华东经济管理，2007（3）：124-128.

③ 卢泰宏. 品牌资产评估的模型与方法[J]. 中山大学学报（社会科学版），2002（3）：88-96.

④ 该榜单基于国际品牌咨询机构发布的"2021年全球最佳品牌排名（前100位）"。特别值得一提的是，中国仅有华为进入全球最佳品牌排名的前100位，其排名第85位，品牌价值为61.96亿美元。参见：Interbrand：2021年度全球最具价值100大品牌榜[EB/OL]. [2022-05-30]. https://view.inews.qq.com/a/20211024A011T300?ivk_sa=1024320u.

续表

排名	品牌名称	品牌价值（亿美元）	国家	领域
4	谷歌	1 968.11	美国	科技
5	三星	746.35	韩国	科技
6	可口可乐	574.88	美国	饮料
7	丰田	541.07	日本	汽车
8	梅赛德斯-奔驰	508.66	德国	汽车
9	麦当劳	458.65	美国	餐饮
10	迪士尼	441.83	美国	媒体

三、品牌资产的策略性动机

看来，想要正确理解品牌资产的概念，恐怕先要弄清楚它与品牌价值的关系，从概念的底层来“清算”这两个概念。

首先，品牌资产概念暗含着策略性动机。著名的营销学者凯文·凯勒（Kevin Keller）早就发现，品牌资产研究根本上说是被营销策略动机（strategy-based motivation）推动的。在市场成本不断推高、竞争日趋激烈、需求不断萎缩的背景下，企业开始寻找提高营销支出效能的“良方”。因此，品牌资产概念才进入营销者的视野，以更为深刻地理解消费者行为，从而优化目标市场和产品定位的战略决策，并改善特定营销组合的战术选择，根本上提高营销效率（marketing productivity）[①]。可以说，对于营销传播效能的关怀，是品牌资产概念的“初心”。

其次，品牌价值概念倾向于结果导向。尽管品牌资产概念的提出受到了品牌价值评估需求的推动，但从本质上说，它们是两个不同的概念。正如厦门大学黄合水教授所说，“品牌资产与品牌价值是不同的。品牌资产是品牌价值的基础，品牌价值是品牌资产的货币表达形式”[②]。品牌价值评估倾向于结果（outcome）导向，并不关心品牌营销传播实践。因此，如果品牌资产概念被品牌价值概念所牵引，甚至遮蔽，那必然造成品牌资产研究背离了策略性动机这个“初心”。

---

① KELLER K. Conceptualizing, measuring, and managing customer-based brand equity[J]. Journal of marketing, 1993, 57 (1): 1-22.

② 黄合水. 品牌资产：上[M]//马谋超. 品牌科学化研究. 北京：中国市场出版社，2005：93.

基于此，超级符号理论从两个视角来定义品牌资产：其一，从学理的角度来说，品牌资产就是可以给品牌带来效益的消费者认知。这里所说的效益包括大家熟悉的市场效益，还包括并被人忽视的传播效益；其二，从操作的角度来说，品牌资产就是可以谈说的品牌知识。这里所说的“谈说”，其实就是消费者的口语报告。

第三节　品牌资产：带来效益的消费者认知

（扫描二维码，观看本节课程视频）

四十多年来，关于品牌资产的定义可谓繁多，如支流众多的河流，令人顿生无所适从之感。因此，我们必须要从学理上廓清品牌资产概念的本质。在超级符号理论看来，品牌资产就是可以给品牌带来效益的消费者认知。

一、品牌资产指向差异化反应

凯文·凯勒曾对品牌资产做出一个言简意赅的定义，即“品牌资产可以界定为消费者基于自身的品牌知识，而对品牌营销活动所做的差异化反应”[①]。简单地说，凯勒将品牌资产理解为一种差异化反应。

在各种差异化反应中，最容易观察到的差异化反应显然是品牌产品在市场上的表现。与无品牌的产品相比，有品牌的产品不仅相对容易有更大的销量，而且其价格可能有显著的差别。这种差异化反应其实被认为就是品牌与无品牌的根本区别（见图14.2）。

对于今天的人们来说，将品牌与产品区分开来，是最为基本的日常生活经验。然而，从历史的角度来看，将品牌与产品做学术的区分，却是非常晚近的事情。1955年加德纳（Gardner）和列维（Levy）在题为《产品和品牌》（“The Product And The Brand”）一文中，第一次提出将产品与品牌区分开来。因此，这篇发表在《哈佛商业评论》的论文成为品牌理论研究的发端[②]。

---

① KELLER K. Conceptualizing，measuring，and managing customer-based brand equity[J]. Journal of marketing，1993，57（1）：1-22.

② 莱兹伯斯，齐斯特，库茨特拉. 品牌管理[M]. 李家强，译.北京：机械工业出版社，2005：138.

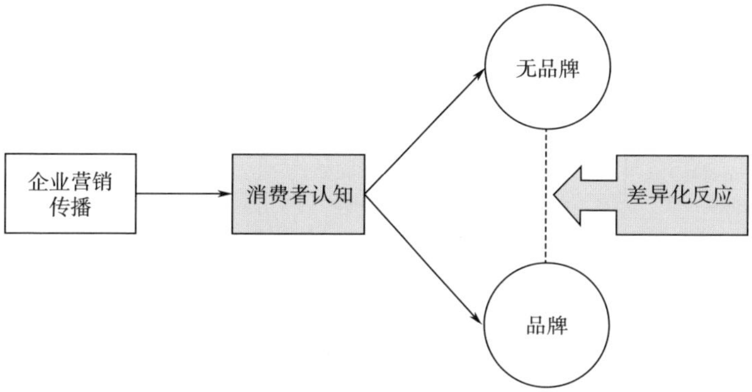

图 14.2　品牌形成的差异化反应

二、认知作为品牌资产的源头

如果说加德纳和列维1955年发表的这篇《产品和品牌》是品牌理论发展的“一小步”，那么凯文·凯勒在1993年发表的《概念化、测量与管理基于顾客的品牌资产》则是品牌资产研究的“一大步”。

该文一经发表就引发了巨大的反响，至今仍产生着深远的影响。到目前为止，该文保持着年均被引超过40次的记录，成为全球品牌资产研究领域最具影响力的文献之一[①]。这篇文章之所以受到如此广泛的肯定，其关键在于凯勒提出的“基于顾客的品牌资产模型”（CBBE），深刻地认识到了“消费者认知”是品牌资产的真正源头[②]。

也就是说，虽然各种品牌资产评估模型纷繁复杂，但它们的概念维度其实可以被“认知—行为—财务连续体”（the perception-behavior-finance continuum）概括。如，认知、偏好、态度，基本上属于认知维度；选择、销量、市场占有率，则与行为变量有关；价格、营收、利润、股东价值，显然是财务指标。在这个连续体上，“认知”带来“行动”，“行动”导致“财务”结果；那些靠近“财务”一端的各种维度只是结果（outcomes），那些靠近“认知”一端的维度才是原因（determinants）[③]（见图14.3）。

---

① 根据笔者用百度学术的检索，该文被引次数超过1.3万次；另外，在2013—2015年，该文每年被引量都超过1 000次。这在一定程度上可以证明，该文在品牌资产领域获得了极为广泛的认可。

② “基于顾客的品牌资产模型”即“customer-based brand equity”，常常简称为“CBBE”。

③ OLIVER L. Brand equity as customer equity driver：the differential effect of brands on the value of the customer base and the differences between industries[D]. Maastricht：Universiteit Maastricht，2007：3.

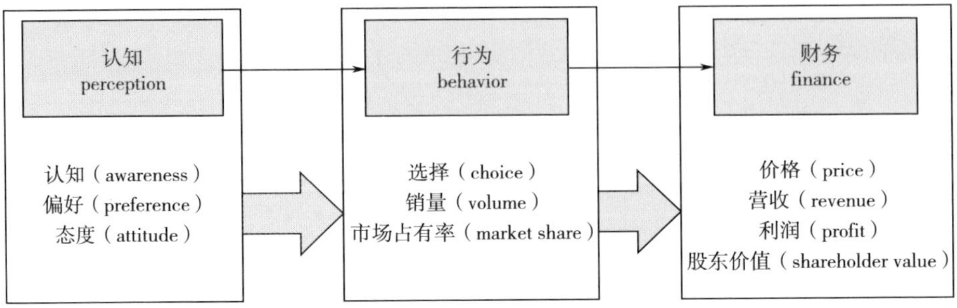

图 14.3　品牌资产三类维度之间的连锁效应

可见，当我们认识品牌资产时，应该区分“认知”、“行为”及“财务”三类维度；“认知”乃品牌资产之“因”，“行动”及“财务”乃品牌资产之“果”。

三、品牌资产带来的两种效益

品牌资产概念应该重视“因”，但也不忽视“果”。只不过，对于结果的认识，应该站在品牌营销传播策略的角度，服务于提高品牌营销传播效能。基于此，超级符号理论将品牌资产可以带来的结果归纳为两种效益，即市场效益和传播效益。

对于品牌资产的市场效益，我们不妨用“买我产品”来表达。我国名牌战略最早倡导者之一、名牌理论权威专家艾丰提出过“三卖”论，即名牌“卖得贵”“卖得多”“卖得快”[①]（见图 14.4）。也就是说，品牌资产可以让产品以较高的价格（即溢价）销售，从而让企业获得更为丰厚的利润；品牌资产可以吸引更多的顾客购买、使用，从而使品牌保持较高的市场占有率；品牌资产可以让产品销售得更快，有利于企业的资金回收和周转，减少企业的流

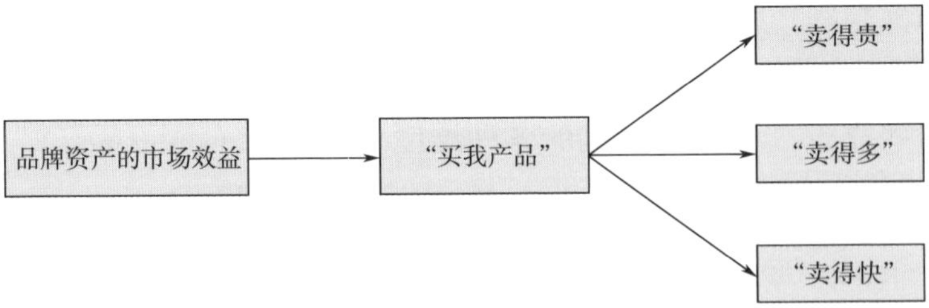

图 14.4　品牌资产驱动消费者“买我产品”

① 艾丰. 名牌战略：振兴民族经济之路：名牌论纲[N]. 经济日报，1996-07-08（1）. 转引自：黄合水，彭冉龄. 论品牌资产：一种认知的观点[J]. 心理科学学报，2002（3）：350-359.

动资金和流动成本。

对于品牌资产的传播效益，我们可以用“传我美名”来概括。超级符号理论认为，消费者角色可以细分为受众、购买者、体验者和传播者四重角色。受众角色是品牌资产生产的支点，而购买者和体验者角色推动消费者“买我产品”，至于传播者角色则实现“传我美名”（见图14.5）。当然，这里的“消费者”是广义的消费者，不仅指顾客，还应该包括员工以及供应商、渠道商、合作伙伴等利益相关者，乃至广大的社会公众。超级符号理论主张，人是品牌的重要元媒介，是品牌天生就有的、免费的媒介，具有强大的播传功能。

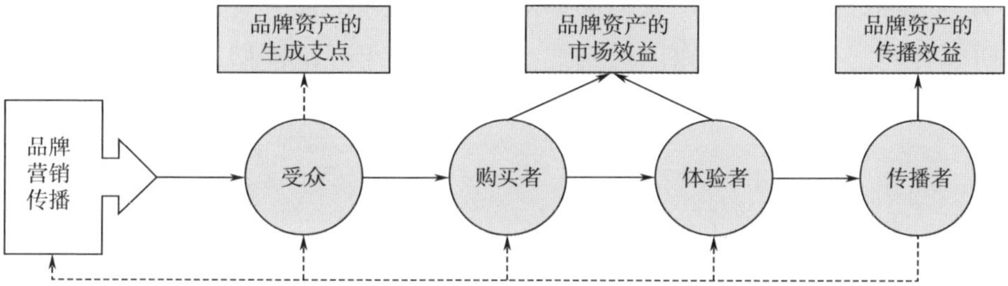

图14.5　消费者的四重角色

实际上，品牌资产的两种效益之间可以形成循环往复的关系：品牌资产不仅可以推动消费者“买我产品”，还可以推动消费者“传我美名”；同时，后者又会进一步推动消费者“买我产品”，从而形成一种特殊的流量循环。

第四节　品牌资产：可以谈说的品牌知识

从学理上廓清了品牌资产概念之后，我们还有必要从操作性的角度进一步阐述品牌资产的定义，以回应品牌资产概念的策略性动机，解决品牌营销传播效能这个核心问题。

（扫描二维码，观看本节课程视频）

一、品牌知识：整体不等于部分之和

实际上，凯文·凯勒在提出“基于顾客的品牌资产模型”（CBBE）时，

就提出了“品牌知识”（brand knowledge）的概念[①]。在他看来，品牌资产就是“消费者基于自身的品牌知识，对品牌营销活动所做的差异化反应”。“企业在提高营销效率方面最有价值的资产，也许就是该企业之前营销活动的投资，在消费者心智中创建的品牌知识。”[②]因此，“品牌知识是创造品牌资产的关键”，“营销者必须找到一种能使品牌知识留在顾客记忆中的方法”[③]。

在他看来，“品牌知识”由品牌知晓（品牌认知）和品牌形象两个维度构成（见图14.6）。其中，品牌知晓包括品牌回忆和品牌识别；品牌形象是指“消费者记忆中的品牌联想所反映出来的对于品牌的认知”，因而受“品牌联想类型”“品牌联想好感度”“品牌联想强度”“品牌联想独特性”4个因素的影响[④]。尽管凯勒表示要“支持那些对于策略视角的品牌资产感兴趣的经理们和研究者们”，但“品牌知识构成维度模型”属于理论模型，并不能直接应用于实践。

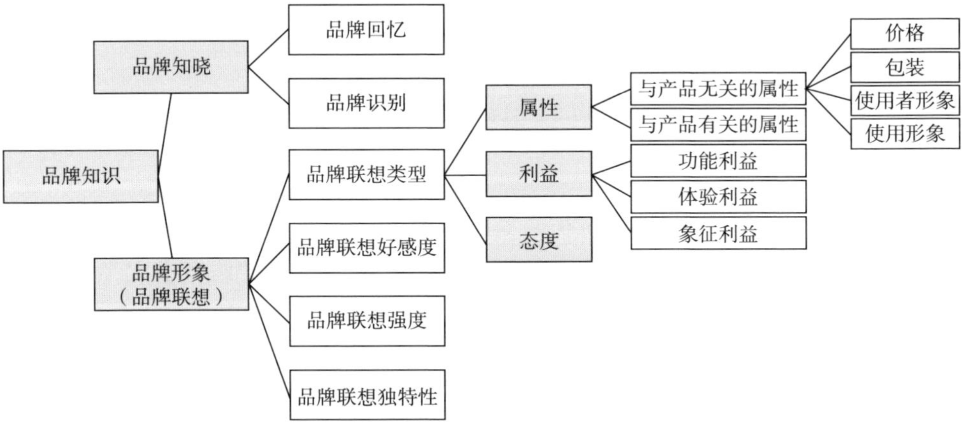

图14.6 品牌知识构成维度模型

① 品牌知识其实是消费者品牌知识（consumer brand knowledge）或关于品牌的消费者知识（consumer knowledge of a brand）的简称。参见：蒋廉雄. 从单向视角到整体视角：品牌知识研究回顾与展望[J]. 外国经济与管理，2008（6）：42–50.

② KELLER K. Conceptualizing，measuring，and managing customer-based brand equity[J]. Journal of marketing，1993，57（1）：1–22.

③ 凯勒. 战略品牌管理[M]. 3版. 卢泰宏，吴水龙，译. 北京：中国人民大学出版社，2009：51.

④ KELLER K. Conceptualizing，measuring，and managing customer-based brand equity[J]. Journal of marketing，1993，57（1）：1–22.

凯勒意识到了上述模型的不足，在2003年提出了“品牌整合理论”，并将品牌知识扩大为“消费者记忆中储存的关于某个品牌的特定意义”。不过，他依然遵循着之前的思路，只是将品牌知识的构成维度拓展为知晓、属性、利益、形象、观念、情感、态度和体验8个方面（见图14.7）。[①]

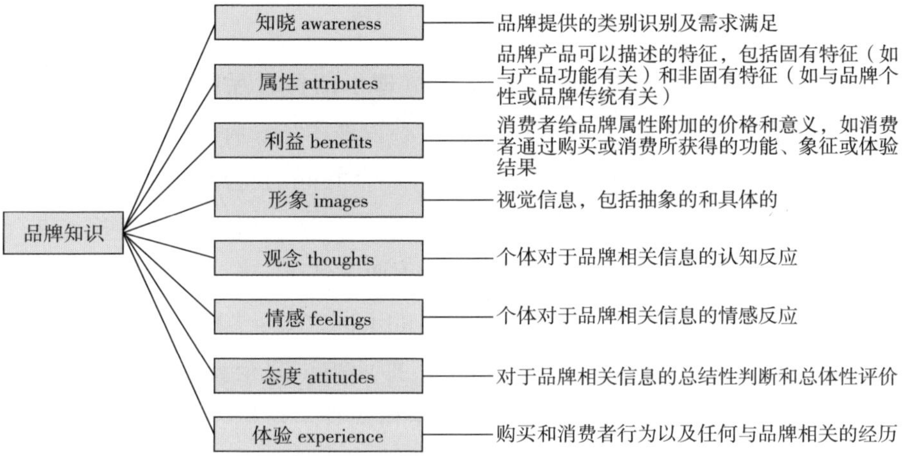

图14.7 凯勒的品牌整合模型[②]

“整合”无疑是正确的方向，不过“整合”不应该是将“原有的概念简单地堆积在所有的综合模型上”[③]。实际上，“整合”的底层是“整体论”哲学。“整体论是中国古代自然哲学的基本”，其中“道家哲学就是突出的代表”[④]。亚里士多德认为“整体并不等于部分之和”，也蕴含着整体论的思想。如今，“超越还原论、主张整体论，已成为科学发展的一个基本趋势”[⑤]。

心理学领域也存在着整体论与机械论、还原论两种取向。诚然，研究者可以人为地将心理划分为知、情、意等心理过程以及需要、动机、能力、性格等个性心理，但人类心理本质上是一个不可分割的整体，不存在任何一种

① KELLER K. Brand synthesis：the multidimensionality of brand knowledge[J]. Journal of consumer research，2003，29（4）：34–45.

② KELLER K. Brand synthesis：the multidimensionality of brand knowledge[J]. Journal of consumer research，2003，29（4）：34–45.

③ 蒋廉雄. 从单向视角到整体视角：品牌知识研究回顾与展望[J]. 外国经济与管理，2008（6）：42–50.

④ 金吾伦. 整体论哲学在中国的复兴[J]. 自然辩证法研究，1994（8）：3–4.

⑤ 黄前程. 整体论概念的梳理与整合[J]. 长沙理工大学学报（社会科学版），2013，28（5）：61–65.

独立的心理成分，更不是所有的心理成分的叠加[①]。

“对于人类心理而言，整体绝不等于部分之和。”[②]因此，与其徒劳无功地堆积、叠加各种维度概念，不如换一个新的研究进路，将品牌知识作为一个整体来捕捉，进而让品牌知识成为一个可操作的概念。

二、口语报告：对整体品牌知识的捕捉

山东大学于伟在其博士学位论文中梳理了消费者品牌知识的测量方法，并归纳出了自由联想测试、隐喻引发法、心智地图法三种经典方法[③]。尽管这些方法的具体操作不尽相同，但它们却有一个共同的特点，即总体上依赖于被试的自我报告。自我报告通过被试的日记、回忆、口语记录等形式进行报告来收集研究数据，是认知心理学研究的重要方法之一[④]。

心理学家斯滕伯格注意到了自我报告的不同之处：“基于各种自我报告的数据信度取决于提供报告的人的坦诚度，即使被试完全真实地报告，根据回想做出的报告（例如，日记、回忆、问卷和调查）显然没有直接观察下所提供的认知加工报告可靠，因为被试有时会遗忘。对诸如解决问题和决策等复杂认知加工，研究者通常使用口语记录。在这种研究中心，被试大声叙述执行特定认知任务过程中自己的看法和观点。”[⑤]

看来，口语报告也许会为我们打开一扇新的窗户，让我们有机会探索一种捕捉消费者整体品牌知识的操作性方法。

三、品牌谈说：口语报告中的品牌知识

这种口语报告的方法就是消费者的“品牌谈说”。超级符号理论主张，品牌资产从操作性的角度而言就是可以谈说的品牌知识。

第一，不要联想（association），而要联结（connection）。

品牌知识的建立本质上是“神经活动”的建立；这种“神经活动”不

---

① 陈少华，郑雪. 整体与部分之和：一种整体论的心理学模式[J]. 自然辩证法研究，2000（8）：1–4，14.

② 陈少华，郑雪. 整体与部分之和：一种整体论的心理学模式[J]. 自然辩证法研究，2000（8）：1–4，14.

③ 于伟. 消费者品牌知识形成及后向影响机制研究[D]. 济南：山东大学，2008：27.

④ 斯滕伯格. 认知心理学[M]. 3 版. 杨炳钧，陈燕，邹枝玲，译.北京：中国轻工业出版社，2006：12.

⑤ 斯滕伯格. 认知心理学[M]. 3 版. 杨炳钧，陈燕，邹枝玲，译.北京：中国轻工业出版社，2006：12.

需要联想，而只需要联结。联结主义是美国心理学家爱德华·李·桑代克（Edward Lee Thorndike）提出的一种学习理论。在桑代克看来，学习就是联结（connection），心理是人的联结系统①。桑代克只关注情境与反应之间的联结，而不谈观念之间的联想；动物没有观念和观念的联想，而联结是人和动物所共有的。

超级符号理论也主张联结，而弃用联想。超级符号理论一直强调，必须从文化母体中寻找人们本来就记得、熟悉、喜欢的符号②，充分利用消费者已有的经验和知识，通过联结来建立品牌知识（见图14.8）。

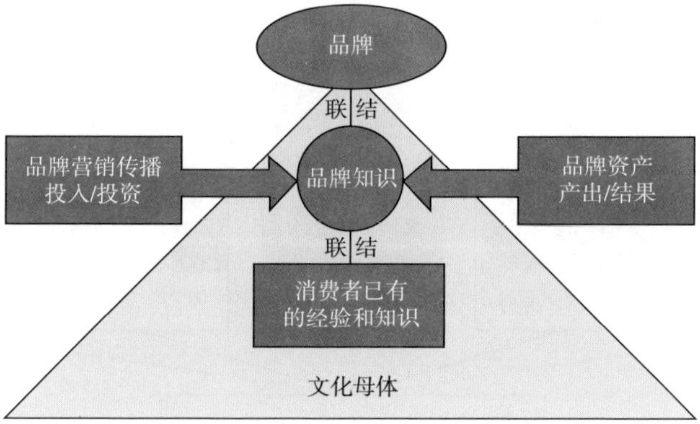

图14.8　通过联结来建立品牌知识

第二，不要概括（generalizing），而要脱口而出（speaking）。

之所以弃用联想概念，也是因为联想往往要求人们进行概括等深度加工，这种加工必然会远离人们头脑中储存的真实、具体、鲜活的记忆。因此，超级符号理论主张，对于品牌知识的捕捉，只要消费者脱口而出的回忆，不要消费者进行概括之类的加工。

“比如，谈起耐克品牌，消费者可能会提起勒布朗·詹姆斯、迈克尔·乔丹、泰格·伍茨、罗杰·费德勒或者兰斯·阿姆斯特朗，这些联想可以归类为‘顶级运动明星’”③。显然，经过概括而成的“顶级运动明星”，远离了消费者脑海中真实的品牌记忆（见图14.9）。以乔丹为例，耐克公司早在1985

① 胡咏萍. 桑代克教育心理学思想述评[J]. 江西教育学院学报，1997，（5）：56–58.

② 华杉，华楠. 超级符号就是超级创意[M]. 南京：江苏凤凰文艺出版社，2019：1.

③ 凯勒. 战略品牌管理[M].3版．卢泰宏，吴水龙，译.北京：中国人民大学出版社，2009：111.

年起步时，就以高薪合约签约了乔丹，并随即推出了第一款以乔丹命名的球鞋。如今，“Air Jordan”（后整合进Jordan Brand）已经是耐克旗下畅销的子品牌，占据了耐克总营收的近1/10①；乔丹也因为“Air Jordan”这个品牌成为美国职业篮球联赛中球鞋合同收入最高的球星，数倍于位列其后的勒布朗·詹姆斯②。这些球星都不应抽象为“顶级体育明星”，而应该是清晰的、独特的、活生生的品牌记忆③。

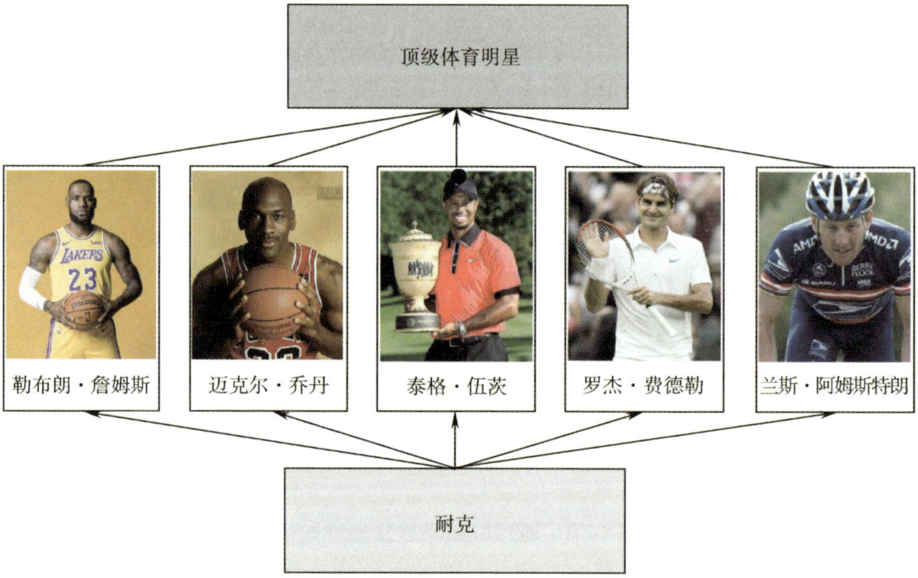

图 14.9　概括远离真实的品牌记忆

第三，不要书面语（writing），而要俗话说（saying）。

之所以拒绝概括，是因为概括而成的词语大都是书面语。书面语看起来

---

① 该比例根据以下新闻提供的数据推算而来：耐克公司公布的2019年Q2财报显示，耐克营销猛增12%，达到98亿美元，其中Jordan Brand有史以来第一次季度收入超过10亿美金。参见：耐克发布2019年财报：大中华区营收同比增长24%，连续20个季度双位数增长[EB/OL]. [2022-05-30]. https://baijiahao.baidu.com/s?id=1653396041000798186&wfr=spider&for=pc.

② “NBA球星球鞋合同收入排行榜”显示，迈克尔·乔丹（Michael Jordan）的球鞋合同收入达1.3亿美元，詹姆斯（LeBron James）紧跟其后，为3 200万美元。参见：NBA球鞋合同年收入：乔丹居首，第二名只有其零头[EB/OL]. [2022-05-30]. https://baijiahao.baidu.com/s?id=1643179170983339146&wfr=spider&for=pc.

③ 要补充说明的是，这几位明星都不应该被“概括”成抽象的“顶级体育明星”。我们只是以乔丹为代表，来证明“概括”这种方法存在逻辑问题。

准确、严谨，但往往脱离了真实的生活场景，远离了消费者口头的谈说；那些脱口而出的回忆往往是口语中的"俗话说"，不思而得、随口说出，这才是人们分享和传播的真实样态。

这里所说的"俗话说"，用专业的术语来说，叫作"熟语"。所谓熟语[①]，简单地说，是指人们长期习用、有某种历史渊源的、在长期的语言活动中反复加工锤炼而成的固定词组或短句[②]。它一般包括成语、惯用语、谚语、格言、歇后语等。有趣的是，尽管这些熟语因为具有固定程式或者固定搭配而常常被当作所谓"陈词滥调"，但它们却活跃在人们的日常交流之中，并顽强地存留于各民族的语言文化之中。

品牌同样以熟语的形式留存在人们的日常谈说之中，成为人们在脑海中储存的品牌知识，甚至成为人类文化重要的组成部分。仍以耐克为例。我们对学生展开了随机的访谈，发现每个学生关于耐克的记忆并不相同，有些是非常个人化的经历和体验，但有一些却是大家共同的记忆（见图14.10）。大家在阅读这些文字时，很难体会它们的口语特点。其实，绝大多数人都会轻易地将耐克标识表述成为"勾"，甚至会用"勾勾"这样的叠词来描述。这种叠词就是一种典型的口语现象。

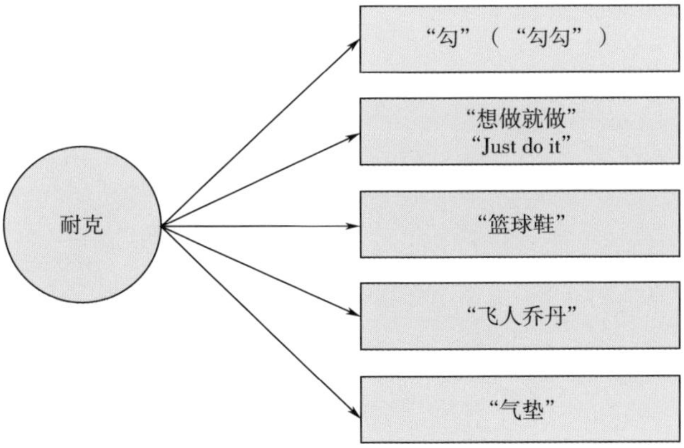

图14.10　耐克的品牌熟语

① 1960年北京大学语言学教研室编的《语言学名词解释》指出，"熟语是从俄语的фразеология或英语的phraseology翻译过来的。熟语指语言中现成的固定的词组或句子，包括词组、成语、谚语等。它是人们长期使用语言的过程中形成的"。参见：牛思涌. 熟语探微[J]. 郑州大学学报（哲学社会科学版），1993（3）：103–106，94.

② 牛思涌. 熟语探微[J]. 郑州大学学报（哲学社会科学版），1993（3）：103–106，94.

总之，超级符号理论认为，品牌要活在消费者心中，更要活在大众的谈说中。从品牌营销传播实践的角度而言，那些脱口而出的“俗话说”，才是应该捕捉的品牌知识，也才是值得投资的品牌资产，因此我们说，“拍照大声喊‘田七’”就是田七品牌最为宝贵的品牌资产。只要“拍照大声喊‘田七’”还被人记得，只要人们拍照时还会大声喊“田七”，田七品牌就有复兴的希望。

第十五题　什么是广告投资观？

第一节　小葵花妈妈课堂开课啦——小葵花品牌

只要一说起儿童药，不少人一定会想起小葵花品牌，同时还一定记得“小葵花妈妈课堂”。这种认识最初来源于葵花药业在2008年为葵花牌小儿肺热咳喘口服液所做的15秒广告（见图15.1）。

（扫描二维码，观看本节课程视频）

图15.1　小葵花娃娃及小葵花妈妈课堂

广告一开篇，一个戴着听诊器的小葵花娃娃大声呼唤：“小葵花妈妈课堂开课啦！孩子咳嗽老不好。”

镜头反打，一位妈妈焦急地问：“怎么办呢？”

小葵花娃娃旁白道：“多半是肺热。”画面出现一个红色线条勾勒的肺部示意图。

接下来，小葵花娃娃再次出现在镜头前，拿着药盒，面向观众说道：“用葵花牌小儿肺热咳喘口服液，清肺热治疗反复咳嗽。”同时，画面再次闪现肺部图片，只不过这次用蓝色表示。

最后，小葵花娃娃站在药盒前，伸出听诊器提醒："妈妈一定要记住哦！"

十多年过去了，当我们再次回顾这则广告时，可能才会发现这则广告作为投资所具有的战略价值，即为小葵花品牌播下了两颗品牌资产的"种子"。

第一颗"种子"：小葵花娃娃形象。这则广告从头到尾，除了中间妈妈问了一句"怎么办呢？"，占用了不到一秒的时间以外，其余的时间全部都是小葵花娃娃和包装（即药盒）的"戏"。也就是说，这则广告看起来卖的是口服液，但实际上却是在推小葵花品牌。短短的15秒，让小葵花品牌闪亮登场，也让一个"小葵花"的形象深入人心。

第二颗"种子"："小葵花妈妈课堂"。这则广告的第一句话"一反常态"，没有直接去讲"小儿肺热"，而是让可爱的小葵花娃娃大声召唤："小葵花妈妈课堂开课啦！"其实，这则广告暗含着企业的战略意图和战略布局，即"小葵花妈妈课堂"不只卖小儿肺热咳喘口服液，而要卖所有的儿童药。也就是说，小葵花品牌虽然现在在推广小儿肺热咳喘口服液，但将来要做所有的儿童药。

经过十多年持续的"耕耘"，2008年种下的这两颗"种子"开始发芽，到如今已经长成了"参天大树"：今天的小葵花已经是中国儿童药领域的领军品牌，形成了完整的儿童药产品体系，年市场零售额近100亿元，销量超3亿盒。其中，单品销售过亿元的就有7个产品，分别是小儿肺热咳喘口服液、小儿柴桂退热颗粒、小儿氨酚黄那敏颗粒、金银花露、小儿氨酚烷胺颗粒、小儿肺热咳喘颗粒、小儿化痰止咳颗粒。同时，小葵花儿童药还有10余个产品销售过千万元，分别是芪斛楂颗粒、小儿清肺化痰口服液、小儿智力糖浆、小儿感冒颗粒、盐酸氨溴索口服溶液、葡萄糖酸锌颗粒、小儿止咳糖浆、小儿咳喘灵颗粒、小儿麦枣咀嚼片等。

特别值得一提的是，最早推出的产品——小儿肺热咳喘口服液（颗粒）高居儿童止咳品类榜首，2017年其单品销售率先突破6亿元，成为名副其实的明星产品[①]。显然，这些收成源于葵花药业于2007年启动的儿童药发展战略，以及2008年前述广告战略性地为小葵花播下的品牌资产"种子"。

广告作为企业营销传播的战略工具，不是广告人用来显摆所谓"创意"的舞台，也不是企业用来炫富比阔的工具。播下品牌资产的"种子"，精心栽培、细心浇灌，等待它花开有时，必然会结出累累硕果。这就是超级符号理

① 儿童用药市场超1 500亿 葵花药业抢先发力，未来五年布局三大品类[EB/OL]. [2022-05-30]. https://baijiahao.baidu.com/s?id=1638108521242338809&wfr=spider&for=pc.

论的“广告投资观”。

第二节　广告作为投资：以品牌资产为中心

“我知道我花在广告上的资金有一半被浪费掉了，但我无法知道究竟是哪一半。”虽然这句话未必真的出自百货业的奠基人约翰·华纳梅克，但却并不妨碍它流传了一百多年，并成为广告行业似乎无法破解的“魔咒”。

（扫描二维码，观看本节课程视频）

不过，如果我们换一个思路，不再简单地将广告作为一种花费（expenditure），而是将广告作为一种投资（investment），即对品牌资产的投资，那么也许可以从此终结对“哪一半”的百年追问。

一、基于消费者认知留存的降低投入和提高产出

正如凯文·凯勒所说，“品牌资产可以界定为消费者基于自身的品牌知识，而对品牌营销活动所做的差异化反应”[①]。广告本质上就是通过留存消费者的品牌知识来获得消费者的差异化反应。这种差异化反应本质上就是品牌资产的功能，并具体表现为留存认知、降低投入、提高产出（见图15.2）。

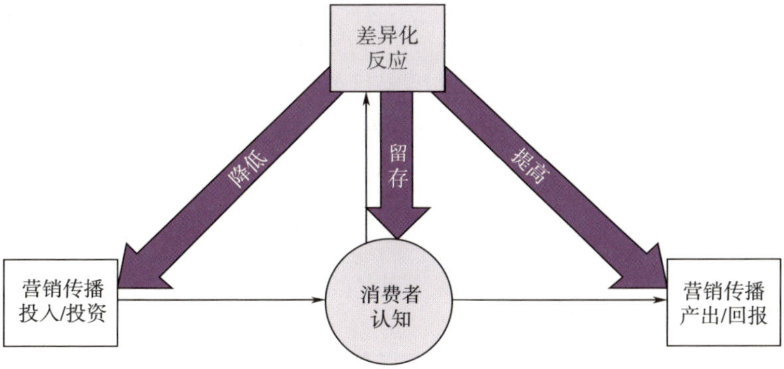

图15.2　品牌资产的三大功能

功能一：留存认知。消费者认知不仅是差异化反应生成的支点，也是其

① KELLER K. Conceptualizing, measuring, and managing customer-based brand equity[J]. Journal of marketing, 1993, 57（1）: 1-22.

留存的“容器”。差异化反应形成之后，可以储存于消费者认知之中，持续地影响企业未来的营销传播活动。正是基于这个原因，才开始出现现代意义的品牌意识和品牌实践，也才让企业开始建立起一种“长期主义”的品牌理念和方法。

功能二：降低投入。既然差异化反应可以长久地留存于消费者认知之中，那么企业营销传播活动的投入（input）就不再只是支出（expenditure），而是面向消费者认知的投资（investment）。这种投资可以沉淀、累积在消费者的认知之中，从而降低企业未来营销传播的投入。著名的广告大师奥格威曾说过，每则广告都是对品牌的长程投资。

功能三：提高产出。留存于消费者认知中的差异化反应，最终会兑现为消费者行为，并形成品牌市场表现和财务价值等回报（return）。也就是说，企业营销传播作为投资，品牌资产在降低未来的投入成本的同时，可以进一步强化消费者的差异化反应，从而提高企业营销传播产出（output）。

品牌资产的这三大功能是证明广告是投资而不是花费的关键证据：广告可以在消费者认知上留存下来，成为消费者抹不去的品牌知识；而这些知识不仅可以提升营销传播的产出，而且还可以降低营销传播的投入，使得广告营销传播成为性价比超高的投资。

二、让消费者“买我现有产品”并“买我将来产品”

广告作为投资的另外一个证据，来自品牌资产带来的市场效益。这里的市场效益可以用“买我产品”来概括。当然，“买我产品”又可以细分为两类：即“买我现有产品”和“买我将来产品”（见图15.3）。

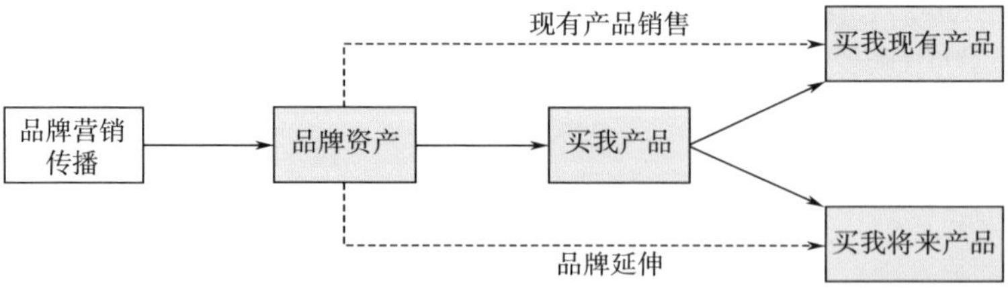

图15.3　品牌资产驱动消费者“买我产品”

“买我现有产品”是指品牌资产直接驱动顾客购买。品牌资产的本质就是顾客基于消费者认知而对企业营销传播做出的差异化反应，这里的差异化反应当然首先指向现有产品的销售，让企业在未来很长时期内持续获得回报。极端的情况下，一些知名品牌即使停止广告的支持，也能在一定程度上维持产品的销售。联合利华的力士香皂（Unilever's Lux Beauty Bar）就是经典的案例：它已经有15年以上的时间没有做广告了，但仍有2 500万美元的销售，其毛利高达50%[①]。

"买我将来产品"则是指品牌资产助力企业的品牌延伸，驱动顾客购买企业推出的新产品。面对日益激烈的市场竞争，企业要建立一个新的品牌不仅所费不赀，而且成功的概率不大。因此，大部分企业在导入新产品时，都会采取品牌延伸这一策略。调查结果显示，89%的新产品导入是系列延伸（指品牌名字被用于该产品类别的一个新的细分市场），6%是类别延伸（指品牌名字被用于一个完全不同的产品类别），只有5%是新品牌[②]。

可见，广告作为投资所积累的品牌资产，不仅可以在现有产品销售上获得回报，还可以在未来的新产品销售上获得回报。

三、广告让品牌活在大众的"谈说"之中

广告可以作为投资的更为长期的证据来自品牌资产的传播效益。品牌本身具有传播功能，本来是一个基本常识。但在相当长的时期内，广告营销传播只关注"播"，而几乎忽略了"传"。超级符号理论提出将人作为元媒介，强调由人来发动品牌播传，让品牌活在大众的"谈说"之中，进而让品牌成为文化。

人之为人，正在于他能传播。马克思把人与人的关系看成人之为人的条件，"人的本质不是单个人所固有的抽象物，在其现实性上，它是一切社会关系的总和"[③]。马克思把人理解为现实社会关系的总和，使人的本质的展开具有了一种客观的向度；而社会关系显然只有通过传播（或叫交往）才能建立。"人在积极实现自己本质的过程中创造、生产人的社会联系、社会

---

① SAPPRITO B. Has-been brands go back to work[J]. Fortune，1986（4）：123.转引自：黄合水，彭冉龄. 论品牌资产：一种认知的观点[J]. 心理科学学报，2002（3）：350-359.

② CRAWFORD M. New products management[M]. Homewood：Irwin，1993. 转引自：黄合水，彭冉龄. 论品牌资产：一种认知的观点[J]. 心理科学学报，2002（3）：350-359.

③ 马克思，恩格斯. 马克思恩格斯选集：第1卷[M]. 北京：人民出版社，1995：56. 转引自：赵家祥. 马克思关于人的本质的三个界定[J]. 思想理论教育导刊，2005（7）：20-26.

本质。”[①]传播（或叫交往）不仅是人真实的生活日常，而且是人的本质的实现。

人类早就开始使用语言，开展口耳相传的传播活动。“早在古希腊时代，人就被界定为‘会说话的动物’，因为我们能说话，所以我们是人，因为我们是人，所以我们会‘说话’，要‘说话’，‘说话’使我们成为人。”[②]中国古人同样很早就认识到了这一点：《春秋谷梁传·僖公二十二年》里就说，“人之所以为人者，言也。人而不能言，何以为人？”[③]人与“谈说”是本质性地联系在一起的。

随着大众传播媒介的兴起，“谈说”这类古老的传播活动如同一位年迈的老者，失去了昔日的荣光，而将自己的“霸主”地位让于大众传播。百年来，现代营销传播活动快速进入机构化和规模化阶段，并发展出学科化、体制化的营销传播理论和实践，以至于今天的营销者经常忘记了“谈说”的存在，甚至直接将品牌营销传播活动与大众传播画上等号。

不过，站在真实的个体角度来看，传播者角色从来没有消失，古老的口头传播活动从来没有退场。“谈说”看起来被大众传播遮蔽，但从来都没有消失，它顽强地存留在人们的日常生活之中，并持续地对人们的认知和行为产生巨大的影响。尤其伴随着互联网的勃兴，特别是社交媒体的发展，“谈说”以各种“在线”（online）形式勃兴，再次走进人类传播舞台的中央。

在不断“谈说”的过程中，品牌不再是外在于“人”而存在的“物”，而是“人”不可分割的组成部分：不思而得、不证自明，耳熟能详、脱口而出。在不断接力的“谈说”之中，品牌本身也成为文化。

如此说来，世界上少有如此合算的投资了。广告播下品牌资产的“种子”，不仅会开花结果，还能荫蔽后人、造福子孙。这可谓利在当代、功在千秋。

---

① 马克思，恩格斯. 马克思恩格斯全集：第42卷[M]. 北京：人民出版社，1979：24. 转引自：赵家祥. 马克思关于人的本质的三个界定[J]. 思想理论教育导刊，2005（7）：20–26.

② 刘铁芳. 论说的教育[J]. 教育理论与实践，2001（10）：1–4.

③ 春秋谷梁传·僖公二十二年[EB/OL]. [2022–05–30]. https://www.gdwxcn.com/article/49041.html.

第三节　广告投资的“四部曲”：品牌资产运营

讲清楚广告投资观的基本理解，接下来我们要进入更加具有操作性的环节，看看基于品牌资产的广告投资究竟应该如何展开。对此，我们将其归纳为“四部曲”，即品牌资产盘点、品牌资产排序、制订品牌资产目标、品牌资产投入。

（扫描二维码，观看本节课程视频）

一、品牌资产盘点

品牌资产盘点，是指定期或临时对品牌资产进行清查、清点的一种作业。摸清楚“家底”，是品牌建设的基础，也是品牌发展的前提；品牌究竟有多少资产、有哪些资产，应该是要了然于胸的。

在超级符号理论看来，品牌资产包括品牌名称、标识、产品、包装、店面、广告、促销活动、公关活动、社会活动等，包括与品牌有关的一切能被消费者“谈说”的并能给品牌带来效益的部分。在此，我们以西贝莜面村为例，来试着盘点它的品牌资产（见表 15.1）。

表 15.1　西贝莜面品牌资产盘点表

序号	品牌资产	配图
1	西贝莜面村	西贝 莜面村
2	I love莜	I ❤ 莜
3	闭着眼睛点，道道都好吃	

续表

序号	品牌资产	配图
4	牛大骨、面筋、烤羊排	
5	25分钟上齐一桌菜	
6	红格子桌布	
7	每年情人节亲嘴打折	
8	家有宝贝，就吃西贝。有专业儿童餐和儿童套餐	

续表

<table>
<tr><th>序号</th><th>品牌资产</th><th>配图</th></tr>
<tr><td>9</td><td>每年春天有香椿莜面</td><td>
</td></tr>
<tr><td>10</td><td>每年秋天那达慕草原美食节</td><td>
</td></tr>
</table>

二、品牌资产排序

如果说，品牌资产盘点的目的是弄清楚有哪些品牌资产，那么品牌资产排序则是对这些品牌资产按重要程度进行排序，确定投资的优先等级。仍以西贝莜面村为例，来看看品牌资产可以如何排序。

第一品牌资产：西贝莜面村这个名字。对于任何一个品牌而言，最基本的品牌资产一定是它的名字。如果没有名字，品牌就无法存在。因此，如果资源极其有限，一般都会选择凸显品牌名称。

第二品牌资产："I love 莜"标识。西贝莜面村的方块标识，既是标识，又是品牌名称。对于那些人们非常熟悉的品牌，广告中即使不出现它们的名称，哪怕只放它们的标识，消费者也可自行“脑补”出来。

第三品牌资产：“闭着眼睛点，道道都好吃！”对于餐厅来说，消费者总是冲着“吃”而来的，也就是冲着菜品而来的。到底哪个菜可以成为西贝莜面村的品牌资产呢？不同的顾客有不同的喜好，有人喜欢羊肉串，有人惦记面筋，有人忘不了炝炒牛心菜。因此，一句“闭着眼睛点，道道都好吃！”，就将消费者的购买理由“一网打尽”。

第四品牌资产：“25分钟上齐一桌菜”，同时还有一个配套的道具：沙漏。菜品本身固然是选择餐厅的重要因素，但上菜速度常常直接决定顾客的用餐体验。在人们越来越没有耐心的今天，“上菜快”本身就是重要的购买理由之一。当然，“上菜快”这种表述太过于抽象，不同的人会有不同的标准。因此，西贝莜面村提出了“25分钟上齐一桌菜”，并创造性地配套了“演出道具”——沙漏，增强戏剧效果，加大信号能量。

再往后，应该是西贝莜面村的产品资产、服务体验资产、季节性活动资产，如4月的西贝香椿莜面、6月的西贝儿童餐等。

三、制订品牌资产目标

企业发展，需要目标；品牌建设，也需要目标；品牌资产建设，当然也离不开目标。制订品牌资产目标，其实就是针对通过品牌资产盘点、排序发现的问题，将企业战略目标和营销传播目标转化为品牌资产目标的过程。

以华与华公司为例，从2008年开始，“超级符号”就成了华与华投资的第一目标，并与华与华兄弟一起，在其广告中正式亮相（见图15.4）；其后，“超级符号系列丛书”陆续出版，包括《超级符号原理》《超级符号就是超级创意》等，让“超级符号”成为华与华最为重要的品牌资产之一。

不过，由于“超级符号”概念在实践中存在着广义和狭义的区别，其狭义理解往往等同于品牌图形。因此，一些客户奔着视觉标识而来，误以为视觉标识导入之后，华与华的服务使命也就完成了。这个时候，就需要有针对性地制订新的品牌资产建设目标了。制订品牌资产目标，实际上就是要设计一个顾客易于理解也易于播传的“品牌谈说”，让客户为这个“品牌谈说”而来，并且向别人介绍这个“品牌谈说”。于是，华与华推出了“品牌五年计划”（见表15.2）。

图15.4　超级符号从2008年开始在华与华的广告中亮相

表15.2　华与华“品牌五年计划”

时间	第1年	第2—3年	第4—5年
重心	超级符号	营销日历	企业社会责任
	持续改善	品牌生物钟	品牌积德
产品	模块1：超级符号及品牌三角两翼模型	模块5：内部路演及营销教练	模块8：产品结构及新产品开发
	模块2：元媒介开发及全面媒体化	模块6：品牌营销日历	模块9：公关及公益战略
	模块3：持续改善	模块7：企业战略洞察	—
	模块4：品牌传播策略及广告创意	—	—
效果	1.创意超级符号与品牌谚语，传达核心的品牌认知，建立品牌资产	1.建立营销日历，对内、对外形成品牌生物钟，积累出固定的营销节拍，实现生产力和品牌文化领先	1.成为行业首席知识官，成为社会公器，为品牌积德，为企业定心
	2.开发元媒介系统，降低传播成本，加速购买决策，提升销售效率	2.通过内部路演及教练，打通战略设计到执行的通道，降低内部沟通成本	2.提出可行性新产品开发方案，提升产品开发成功率

续表

时间	第1年	第2—3年	第4—5年
效果	3.通过持续改善，提升流量转化，获得用户增长和销售额增加	3.重新想象企业战略蓝图，绘制企业战略路线图	3.梳理产品结构、每一支产品的角色任务和推出次序，提升企业资源配置和营销投资的效率

“品牌五年计划”是一个理论体系，也是一个新产品开发过程——其实质是重新定义华与华的老产品，让它们成为一个可以“谈说”且可带来效益的品牌资产。

四、品牌资产投入

在制订品牌资产目标之后，接下来就是品牌资产投入了。所谓品牌资产投入，就是根据企业所制订的品牌资产目标，将金钱和时间分配给特定的品牌资产，以达成品牌资产的创建或保值、增值的目的。

第一，按品牌资产排序的优先等级投入金钱。

用金钱来投资，是大家对投资最基本的理解。我们对品牌资产进行盘点和排序的目的，就是确定品牌资产投入的优先顺序及重要性等级。

以西贝莜面村为例，位列第一位的“西贝莜面村”名字当然应该得到最优先、最大份额的资金投入；在品牌名称成为品牌资产后，就可以再优先投入第二品牌资产，即“I love 莜”标识；接下来，第三、第四、第五……依次类推。

第二，时间维度的投资是品牌的科学发展观。

除了金钱之外，品牌资产投资还是一个时间范畴。有时候，时间比金钱更重要。以茅台酒为例，之所以它拥有“国酒”的地位，很大程度上是它对“巴拿马万国博览会金奖”的持续言说。这个言说持续了100多年，成为人们对于茅台酒最为深刻的记忆，也成了茅台酒最为重要的品牌资产。

在超级符号理论看来，广告本质上就是品牌资产投资，是品牌资产盘点、品牌资产排序、制订品牌资产目标、品牌资产投入“四部曲”的循环往复。

第四节　广告投资的“长期主义”：品牌科学发展观

无论是人类早期的品牌实践还是现代意义的品牌管理，其实都源于企业经营的“长期主义”。这种“长期主义”的本质就是品牌的科学发展观。也就是说，品牌发展紧紧地围绕着品牌资产展开，一切营销传播活动都要服务于品牌资产的形成、积累、保值和增值。

（扫描二维码，观看本节课程视频）

一、保持定力

从战略层面上说，“长期主义”的品牌科学发展观就是要企业保持定力，“始终服务于最终目的”，形成和积累品牌资产。

只做积累品牌资产的事。企业的一切都是积累得来的。每一分钱的投资，都要累积资产；不做只火一把的事，无论它有多“火”，也坚决不做。我们每年都会看到一些“全网转发”的广告创意，短时间内火爆，但来得快，去得也快。这些“品牌焰火”，看似绚烂，但瞬间灰飞烟灭，不留痕迹，更谈不上品牌资产的积累。

坚守已有的品牌资产。品牌资产的发展要在过去的、老的东西的基础上，不断地重复去做那些能形成资产、获取利息，以后还能再拿来贴现的事情。以这样的思维去做品牌，时间越长，与竞争者们拉开的差距就越大。比如谈起茅台，大家第一个想到的是什么？也许还是那个“巴拿马万国博览会金奖”。茅台一直讲、一直说，也就渐渐成了其品牌资产。

慎重对待升级和改变。很多企业会经常进行所谓的“品牌升级”，而且一谈升级往往就要抛弃过去的品牌资产，“折腾”出新的东西。华杉、华楠曾强调，“人类在循环中演化，循环的部分是守旧，演化的部分是创新，创新基于守旧，创新的前提是守旧，一切创新首先是守旧”。我们应该格外珍惜品牌资产，不能积累品牌资产的事，宁愿歇着也不做。

二、防止流失

从实践层面来说，“长期主义”的品牌科学发展观，就是要在日常品牌经营与管理中防止品牌资产流失。

其实，品牌资产流失几乎每天都在发生。即使是那些全球知名的品牌，也经常莫名其妙地抛弃自己的品牌资产。当然，一些精明的品牌往往慧眼识珠，善于从别人丢掉的东西里“寻宝”，巧妙地“继承”下来别人不要的宝贵资产，为自己的事业奠定坚实的基础。东鹏特饮就是经典的案例。

2013年红牛用“你的能量超乎你的想象”替换了多年的宣传语“困了累了喝红牛”。这一举措，显然浪费了红牛多年的广告投资，还给其他品牌提供了见缝插针的机会。这个时候，东鹏特饮果断“接盘”，推出“累了困了喝东鹏特饮”①（见图15.5）。

图15.5 东鹏特饮广告

这让东鹏特饮收获了这份品牌资产所带来的巨额“利息”：2017年至2020年，东鹏饮料实现营业收入分别为28.44亿元、30.38亿元、42.09亿元、49.59亿元；2021年东鹏特饮成功上市，作为“中国功能饮料第一股”，其股价一路走高，总市值一度超过1 100亿元。

尼尔森数据显示，2020年12月至2021年11月，东鹏特饮在我国能量饮料市场份额（以销售量为标准）的占比由27%上升至31.7%，一举超越红牛，成为我国销售量最高的能量饮料②。

① 必须强调的是，红牛之前用的是“困了累了喝红牛”，而东鹏特饮宣称的是“累了困了喝东鹏特饮”。这两句广告口号看起来好像一样，但实际上还是存在差异的。

② 销量首次超越红牛！今天，东鹏特饮交出上市后首份年报[EB/OL]. [2022-05-30]. http://app.myzaker.com/news/article.php?pk=621cdb428e9f091352649f2f.

三、零存整取

从本质上说，“长期主义”的品牌科学发展观其实就是让品牌资产成为“储存罐”，实现企业持续的“零存整取”。

也就是说，广告花的钱并不是花掉了，而是在品牌资产上“储存”起来，使企业可以持续地获得利息，获得复利（即利滚利）。有了品牌资产，企业就可以不断地用新产品的开发来“贴现”这个品牌资产，从而用之前花的钱再“变”出钱来。

让我们回到本章开头讲到的小葵花，看看小葵花是怎样“零存整取”的。这就是小葵花2016年推出的新产品——小葵花金银花露（见图15.6）。

图15.6　小葵花金银花露

金银花露是用金银花做的一款OTC（即非处方药）。伴随着OTC营销的“快消品化”，各大药企都在试水不同类型的OTC饮品，其中就包括金银花露这种产品。客观地说，想要把这个产品做起来，即使不能说绝对不可能成功，至少也可以说成功的概率是极低的。

如何把成功概率很小的事情做成功？答案就是品牌资产的“整存整取”。大家看看小葵花金银花露的包装，是不是觉得似曾相识呢？事实上，通过持续10多年的小葵花广告，小葵花的品牌资产已经形成，因此，对于消费者而言，小葵花金银花露虽然是新产品，但一点也不陌生，反而是老朋友。

果然，小葵花金银花露在推出的第一年（即2016年）就拿下了800万元的销售额，第二年则达到了1.5亿元，第三年更跃升至3.5亿元，堪称创造了行业神话[①]！

---

① 药届新星“小葵花露”——挖掘其背后的成功秘密[EB/OL]. [2022-05-30]. https://www.sohu.com/a/298588429_377305.

后记

人生是一场奇遇。遇见了有光的人，于是有了有光的人生。

1999年我考进浙江大学，投身于胡晓云老师门下，攻读传播学（广告学方向）硕士学位。那是一个特殊的时代，中国广告业进入了高速增长时期，并涌现出了一批优秀的广告公司、广告人和广告作品。不过，中国广告在国际广告节上屡战屡败，让整个广告行业弥漫着焦虑和不安。“中国广告创意何去何从”几乎成了一个时代的命题。于是，胡老师鼓励我与另外一位同学“睁眼看世界”，去研究国际品牌的广告创意策略。

在此后的两年多时间里，我们一起“潜入海底”，“去寻找散落在历史的污泥浊水中的品牌与广告‘珠宝’”，梳理“我们所选取的品牌及其传播案例的来龙去脉”（胡晓云老师的原话）。以此为起点，我们围绕着国际品牌的广告创意策略实践，发表了数十篇剖析广告案例作品的小文章。这些文章后来集结为《世界广告经典案例——经典广告作品评析》一书，在高等教育出版社正式出版，并获得“普通高等教育‘十五’国家级规划教材”立项。

我硕士毕业后进入高校任教，从事广告学教学和研究工作。因为教学的需要，我以前述研究成果为依托，开设了“广告赏析”课程；此后，我根据不同专业学生的需求差异，将其打造成专业课和校选课两个版本。虽然我的研究方向在后来有了较大的调整，但我一直没有放下这门课程。近二十年来，这门课陪伴我走过了浙江工商大学（当时为杭州商学院）、湖南师范大学、温州大学，最终落户在浙江传媒学院。

近二十年来，这门课从早期“多媒体课程”到“精品课程”，从“精品在线开放共享课程”再到“线上线下混合式课程”，课程形态经历了数次较大的变化。其间，2019年我将这门课制作成为慕课，以“广告不疯狂——中外优秀广告赏析”为课程名，在中国大学MOOC、学堂在线、智慧树等平台上线。一年多的时间里，选课人数累积近5万人次，被80多所学校引用，累积互动超过15万次。2021年我以该课程为基础，申报并立项了“浙江省一流课程（线上线下混合式课程）”。

在此过程中，我根据行业变化和学生需求，对这门课程的内容进行了持续的调整。调整的原因部分来自教学过程中学生的反馈，另外也因为我对之前的那本教材有了自己新的思考。在那本教材出版之前，国内相关教材涉及国际品牌广告案例时，引用的文献大多是“二手货”。这显然不能反映当时国际上广告创意实践的前沿动态和最新成果，也无法满足年轻的广告学子对于海外广告创意和品牌策略实践的好奇。

因此，在撰写那本教材时，我们决定强化对英文文献的检索和引用，避免选取那些太过古早的广告案例，并尽量使用一手的英文文献资料。在那个拨号上网、网速仅有2~3kb/s的年代，这种现在看起来很简单的想法，要实现起来非常不容易。为了方便检索资料，我们常常在半夜开始上网；即使如此，打开一个网页，也常常需要花费好几分钟。由于经常整夜注视电脑屏幕，我患上了严重的眼疾，并从此落下了病根。可以说，为了写作那本教材，我们已经倾尽了全力。

不过，作为教材的著者之一，我深感那本教材还是留有遗憾的，它暗含的“创意中心主义”契合了学生对广告创意的浓厚兴趣，但却可能无意中弱化了学生对品牌策略的关注和理解；更为重要的是，以品牌为中心的叙述视角虽然让读者能获得较为流畅的阅读体验，但教材知识显得过于零散，不利于学生形成完整的知识框架。因此，我决定启动《广告赏析》教材的自主建设，将自己对于广告创意与品牌策略的理解表达出来。

2019年在慕课制作的推动下，我终于完成了教材的撰写，并将其命名为《广告不疯狂——中外优秀广告赏析》，于2020年3月在浙江工商大学出版社正式出版。之所以称其为“广告不疯狂”，是因为我想表达这样的核心观点：广告创意看起来疯狂，但其实一点也不疯狂。为了阐述这个观点，我以问题为线索，将广告作品和案例有机地串联起来，并引入了心理学、传播学、社会学、符号学等学科的理论资源，让读者深刻理解，“天马行空”的创意背后是一颗“安分守己”“机关算尽”的策略之“心”。半年后，这本教材通过了遴选，立项为“浙江省普通高校‘十三五’新形态教材”。

这个时候，我再次经历人生的“奇遇”。正是在这一年，我有幸与上海华与华营销咨询有限公司（以下简称为“华与华”）结缘，并受托在浙江传媒学院成立“超级符号研究所”。华与华创始人、董事长华杉先生出任研究所名誉主任，华与华董事合伙人、副总经理颜艳女士出任名誉副主任；我担任研究所执行主任，并组织了几位志同道合的“小伙伴”，在华与华、浙江传媒学院文化创意学院的合力支持下，开展超级符号理论的学术研究。

在此后的一年多时间里，华杉董事长多次与我们展开学术研讨，将他20多年所学、所悟倾囊相授，让我们有机会系统性地学习超级符号理论。毫不夸张地说，这一年多的学习，给我带来了前所未有的巨大震撼：华杉董事长的勤奋、博学、通透，让我这个以读书为业的“教书匠”汗颜；超级符号理论的博大精深，让我这个广告学专业的“老教师”有了新的领悟。这些领悟不仅激发着我用一个全新的视角来重新理解广告创意和品牌策略，也倒逼着我突破原有的边界来重新建构自己的知识框架。

华杉董事长总是非常谦虚，始终强调超级符号理论并没有“另立新说”，而只是总结和提炼了前人的观点。但在我看来，超级符号理论作为华杉、华楠以及华与华二十年的经验总结和理论提升，是具有原创性的品牌营销传播理论。诚然，我们赞成汲取全人类的智慧，无论东西，也无论古今，都应该成为我们知识体系的源头；但是，站在百年未有之大变局的历史节点上，我们不应言必称“国际4A”，更不应将国外的理论和方法当作“金科玉律”，而应该扎根于我们脚下的这块土地，探索并总结适应于中国国情、中国市场、中国企业的品牌营销传播理论。显然，超级符号理论正是中国这片土地滋养生长出的原生性理论，是中国本土原创的品牌营销传播理论的代表。

在这一刻，一种强烈的使命感和责任感油然而生，我认为非常有必要将超级符号理论尽早推荐给广大的广告学专业学生，非常有必要将超级符号理论系统地引入广告学专业课程中，从而推动广告学知识体系的重建，并提升广告学专业人才培养的整体质量和水平。基于此，我又一次萌生了重写《广告赏析》教材的想法，并想用超级符号理论与案例，再次重构这门课程的内容体系。

非常幸运的是，这一想法得到了两位小伙伴——刘佳佳、焦玥的全力支持。佳佳和焦玥都是毕业于中国传媒大学的广告学博士，也都是广告学界的青年才俊。佳佳才思敏捷，是我多年前就已结识的“网友”，奇妙的缘分让我们成为同事，还成了超级符号研究所的“战友”；焦玥有着扎实的专业功底，对于业界的动态保持着高度的敏感。在我提出重写教材的想法之后，他们毫不犹豫地给予我支持，并挤出宝贵时间来参与教材研讨，且高质量地完成了相应章节的撰写。

按照本教材的建设规划及实施情况，我们三位作者的分工如下：

徐卫华，负责本书的构思和策划，撰写绪论、第八题、第九题、第十题、第十四题、第十五题；

刘佳佳，负责撰写第一题、第四题、第五题、第六题、第七题；

焦玥，负责撰写第二题、第三题、第十一题、第十二题、第十三题。

各章之所以称为“题”，是因为我们想保留并强化这本教材的“问题意识”，用问题来引导理论和案例的呈现，用问题来牵引学生的学习和思考，用问题来引领学习回归真实的生活世界。为此，我们从超级符号理论中提取了十五个关键问题，构建起较为完整的知识框架，同时串联起广告案例和作品，让读者在享受阅读快感的同时收获理论的启发和思维的训练。正因为如此，我们将本教材定名为《广告赏析：超级符号十五题》。

这本教材的设想也得到了华杉董事长及华与华同事们的鼎力支持。既然是“超级符号理论十五题”，当然绕不开超级符号理论的原创者——华杉、华楠先生，也绕不开大量成功的超级符号案例的生产者——华与华。因此，我们在撰写本教材时较多地引用了华杉、华楠两位原创者的著述，同时也较多地使用了华与华公开出版的广告案例图文。不过，我们要郑重声明：本教材所引用超级符号理论与案例图文，其知识产权依然归华与华所有；同时，本教材是三名合著者的独立创作，我们三个人将对本教材所引起的一切问题承担全部责任。

尽管感谢显得没有创意，但我依然要由衷地表达我的感激之情：感谢华与华董事长华杉先生，华与华董事合伙人、副总颜艳女士，华与华商学总经理夏晓燕女士、胡文俊女士，以及华与华所有的同事们；感谢浙江传媒学院文化创意管理学院张雷院长、林利宏书记、龚立群副院长、赵礼寿副院长以及学院所有的同事；感谢我的两位恩师——武汉大学张金海老师、浙江大学胡晓云老师。感谢这么多年来给予我帮助、支持的所有师长和亲友。遇到你们，是我的福分。

人生就是一场奇遇，因为遇见有光的人，成就了有光的人生。

徐卫华

2022年6月杭州丽泽南苑